AF330734

LA FAVCONNERIE

DE IEAN DE FRANCHIERES,

GRAND PRIEVR D'AQVITAINE, AVEC
tous les autres autheurs qui se sont peu trouuer
traictans de ce subiect.

*De nouueau reueuë, corrigée & augmentee,
outre les precedentes impressions.*

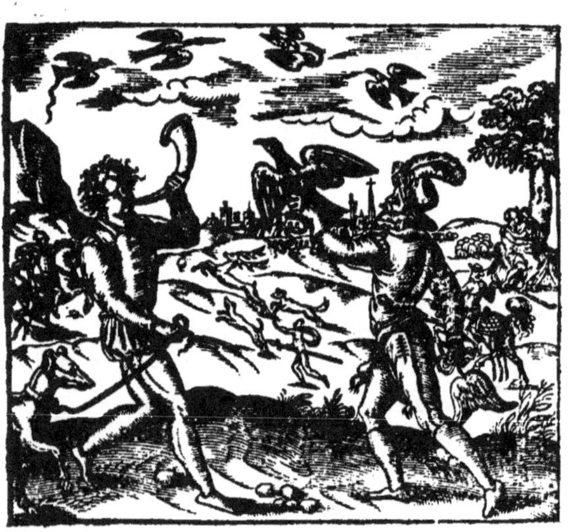

A PARIS,

Chez la veufue ABEL L'ANGELIER, au premier
pillier de la grand'Salle du Palais.

M. D. C. XVIII.

AVEC PRIVILEGE DV ROY.

EXTRAICT DV PRIVILEGE DV ROY.

PAr grace priuilege du Roy, il eſt permis à Abel l'Angelier & Felix le Mangnier Libraires iurez en l'Vniuerſité de Paris, d'imprimier ou faire imprimer les liures intitulez, *la Venerie de Iaques du Fouilloux*, *& la Fauconnerie de Iean de Franchiers &c.* les ſuſdicts liures reueuz, corrigez & de beaucoup augmentez. Et ſont faictes tres-expreſſes defenſes à tous Imprimeurs & Libraires d'imprimer ou faire imprimer ny expoſer en vente les ſuſdicts liures, ny parties d'iceux augmentez ou abregez, ſur peine de confiſcation de tous les liures qui ſe trouueront eſtre imprimez, d'amende arbitraire, & de tous deſpens, dommages & intereſts enuers les ſuſdicts l'Angelier & Mangnier, & outre voulons qu'en mettant ce preſent eztraict du priuilege, il ſoit tenu pour deüement ſignifié comme plus amplement eſt declaré és lettres donnees à Paris le premier iour de Mars 1585.

Par le Conſeil.
LE COINTE.

A TOVS AMATEVRS
DV PASSETEMPS ET VERTVEVX
exercice de la Fauconnerie,   *Salut.*

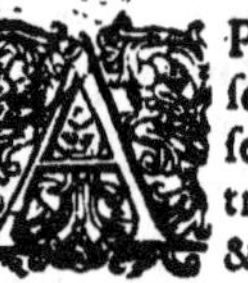Pres auoir imprimé vn traiché de la Venerie,il nous a
semblé côuenable de mettre auſſi en lumiere ces pre-
sens liures côcernans la Faucônerie : d'autant qu'outre cé que ces deux exercices ont quelque ſimilitude
& ſ'accompagnent l'vn l'autre, ils ſont auſſi inuentez
à meſme fin, qui eſt d'accouſtumer les hommes au labeur,& les rendre plus adroicts aux armes:deliurer le peuple des beſtes& oiſeaux
qui luy portent dommage:&quaſi par maniere de guerre chaſſer ſes
ennemis,&ſeruir à la Republique.   Et ſont auſſi moyens honneſtes
pour euiter oiſiuité,mere de tous vices,alleger les enuis qui ſuruiē-
nent quelquefois, & donner plaiſir honneſte à l'homme,pour lequel Dieu à faiĉt toutes choſes.

En la Venerie on pratique pluſieurs inuentions pour ſurprendre
les beſtes, quelques ruſees qu'elles ſoient. Et n'y en a point de ſi fu-
rieuſes, qui ne puiſſent eſtre prinſes ou aux rets, ou à force,ou par
autre induſtrie du bon Veneur:& auec ce il n'y a muſique plus har-
monieuſe,que les abbois d'vne meute de chiens,auec la trompe du
Veneur,dedans vne foreſt.

La Fauconnerie auſſi n'eſt pas moins louable& recrettine:car les
Fauconniers ne prennent peu de plaiſir à traiĉter & dreſſer les oiſe-
aux& les rendre preſts à voler: A quoy ils ſont ſi affeĉtionnez,qu'ils
delaiſſent toutes voluptez deshonneſtes pour y vacquer:tellement
qu'on dit en commun prouerbe, que iamais bon Fauconnier ne fut
mal conditionné.

Mais quand ils lesvoyent au partir de leurs poings paſſer les nuës,
fendre le ciel,ſe perdre de veuë & dôner pointe,ſe fondre en bas ſur

+ ij

leur gibbier, ou faire les autres deuoirs, qu'ils rendent & donnent cōme par les mains à leurs maiſtres la proye qu'ils deſirent, ſe rendãs de
rachef à leur ſeruice & ſubiection: c'eſt vn paſſe tẽps & plaiſir ſi grand,
qu'il ne cede en rien à celuy de la Venerie. Et voilà commẽt ceſte an-
cienne contẽtion tant debatue entre les Veneurs & Faucōniers, à ſçauoir laquelle eſt à preferer à l'autre, a eſté iuſques icy indeciſe. Tãt y a
que l'vne & l'autre eſt ſi recommandable, que les Rois, Princes grãds
Seigneurs, & autres eſprits nobles & bien nez, ne trouuẽt paſſetẽps
plus vertueux, ne plus digne de leur grandeur, que ceſtuy-cy.

Or nous eſperons que ces liures ſeront d'autãt plus recōmandables
que les anciens nous en ont donné moins de cognoiſſance : car il en
ont ſi peu eſcrit, qu'on doute s'ils l'ont pratiquee. Ie laiſſe le iugemẽt
au plus doctes, qui ont amplement leu & fueilleté les aucteurs.

Le premier a eſté compoſé, ou pluſtoſt raſſemblé & extraict de pluſieurs pieces çà & là eſparſes ſans aucun ordre, par Iean de Franchie-
res Cheualier de l'ordre de l'Hoſpital de S. Ieañ de Hieruſalem, Cō-
mandeur de Choiſy en France: retirees non ſans grand labeur, des
memoires & broüillars de trois Maiſtres fort ſçauans & ronommez en
ceſt art: ſçauoir eſt Molopin, Fauconnier du prince d'Antioche, frere
du Roy de Chipre: Michelin, Faucōnier du Roy de Chipre: & Aimé
Caſſian, Crec de nation. Fauconnier des Grands Maiſtres de l'iſle de
Rhodes.

Le ſecond eſt vne Fauconnerie de Guillaume Tardif, du Puy en
Vellay, Lecteur du Roy Charles huictieſme, & dedice à ſa Maieſté.

Le tiers eſt la Volerie de meſſire Arthelouche de Alagona, Sei-
geur de Marauecques, Conſeiller & Chambellam du Roy de Sicile.

Le quatrieſme & dernier eſt vn recueil de tous les oiſeaux de
proye qui ſeruent à la Vollerie & Fauconnerie, par G. B.

Icy dont ſont recueillis & mis par ordre tous les ſecrets de ceſt art,
obſeruez par lõng vſage & bien experimentez: afin que le tẽps glou-
ton deuorateur de toutes choſes, n'en eſgare la ſouuenance : & que
d'autant plus ſoient aduancez les nobles eſprits adonnez au plaiſir
du Vol du Faucõn, & à la chaſſe oiſeliere.

TABLE DE LA FAVCONNERIE DE F. IEAN DE FRANCHIERES, GRAND Prieur d'Aquitaine.

Le premier liure.

Le second Liure.

Le tiers liures.

FIN.

DE L'ART DE FAV-
connerie, Liure premier.

De la difference & diuerse nature des Faucons.

CHAPITRE I.

SELON ce que i'ay peu apprendre des trois maistres Fauconniers dessusdits, il y a sept especes de Faucons de leurre: lesquels sont tous comprins soubs ce nom general de Faucon, pource que tous bons Faucóniers (lesquels aussi ont prins leur nom du Faucon) ont de tout temps appellé Faucon tout oiseau de leurre & de proye. Et neantmoins ont-ils donné à chacune desdites especes vn nom propre & particulier: comme aussi les ayans ainsi particulierement veuz cogneuz & nommez, ils les ont puis apres affaitez & introduicts chacun selon sa complexion & nature. Et pource nous parlerons maintenant de leurs noms pour fin de ce premier chapitre: puis aux chapitres ensui- uans declarerons de chacun à part & par ordre de la complexion & la nature. Ces sept especes doncques sont.

Le Faucon, dit Gentil.
Le Faucon, dit Pelerin.
Le Faucon, dit Tartaret.
Le Faucon, dit Gerfaut.
Le Faucon, dit Sacre.
Le Faucon, dit Lanier.
Le Faucon, dit Thunisian.

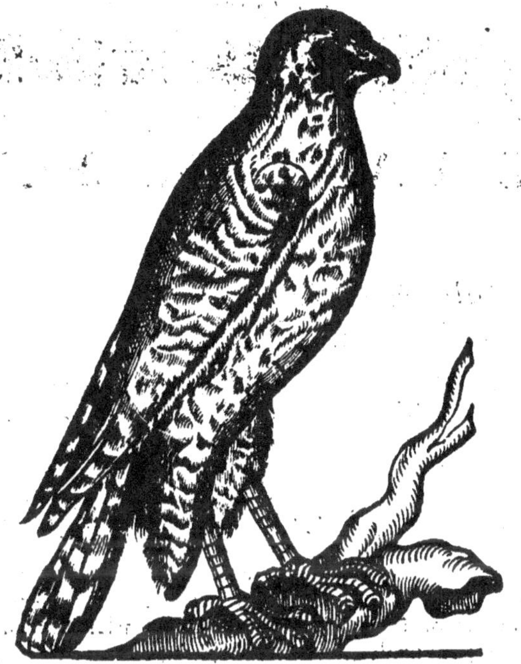

Du Faucon dit Gentil, & de sa nature.   CHAP. II.

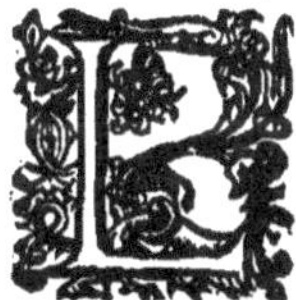

LE Faucon dit Gentil, de sa nature est bon Haironnier dessus & dessouz: est bon pareillement aux Rousseaux ressemblans aux Haironniers, aux Espluquebaux, aux Poches, aux Garsotes, & à plusieurs autres especes d'oiseaux: & principalemēt est bon pour la riuiere. Cestuy Gentil soit prins niais pour mettre à la Gruë, car s'il n'estoit niais il ne seroit pas si hardy: pource que venant du nid il n'a iamais rien cognu. A ceste cause si vous l'oiselez premierement sur la Gruë, il en sera plus vaillant, & en fin deuiendra fort bon Gruyer, pource qu'auparauant il n'auoit point veu d'autre oiseau.

Du Faucon dit Pelerin, & de sa nature.

CHAP. III.

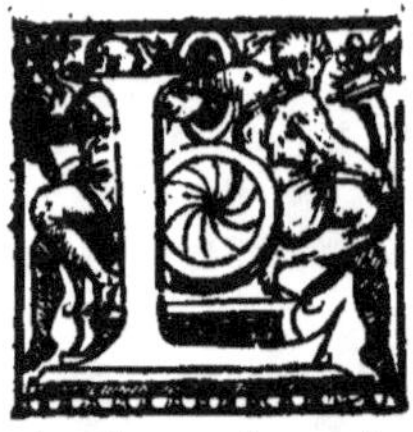E Faucon dit Pelerin, est naturellement vaillant,
hardy & de bon affaire, & il est fort courtois à son
maistre. Cestuy Faucõ est dit pelerin, pource qu'il
est oiseau de passage, & va de region en autre, cõme qui faict vn pelerinage. Et encor dit-on de luy
que iamais ne se rencontra homme, fust Chrestiẽ
ou infidelle, qui ait peu dire auoir veu ou trouué,
ou sçeu où le Faucon faict ses petits, ny son aire:
ains se prend tous les ans enuiron le mois de Septẽbre, en la saison qu'il
fait son passage. Quand vous en autez recouuré aucũ, aduisez premierement à l'affaiter, leurrer & asseurer comme il appartient: puis le pourrez faire à la Gruë, à l'oiseau de Paradis (qui est vn peu moindre que la
Gruë) au Hairon, aux Rousseaux, aux Espluquebaux, à Poches, à Garsotes, & à toutes autres sortes d'oiseaux de riuiere. Aussi le pourrez-vous
oiseler & aduire pour les champs à l'Oye sauuage, aux Oustardes, aux
Olims, aux Fausses-perdrix, & à toutes manieres d'oiseaux de menu gibier. Car de sa nature il est prompt, propre à tout faire, docile & fort
aisé à apprendre.

Du Faucon dit Tartaret, & de sa nature.
CHAP. IIII.

Ous traicterons maintenant du Faucon dict Tartaret, qui
n'est pas commun par tout pays, ains est de passage, aussi
bien que celuy qui est appellé Faucon Pelerin. Mais cestuy
Faucon est plus grand & plus gros que le Pelerin: il est roux
dessus les aisles, au surplus bien empieté, & ayant les doigts
longs. Aucuns disent que ce sont Pelerins d'autre espece: & de faict
les Tartarets sont bien peu differents de ceux que vulgairement on appelle Pelerins. Ceux que l'on appelle ordiniarement Tartarets, sont oiseaux bien vollans, & hardis à toutes manieres d'oiseaux, & se peuuent
facilement oiseler & aduire à tout ce qui a esté dict du Pelerin. Or faites
cestuy Tartaret, & pareillement le Pelerin, leurrer & voller pour tout le
mois de May & de Iuin, car ils sont tardifs en leurs mües: mais aussi

quand ils commencent à muer, ils se despoüillent promptement. Cestuy Faucon se dit Tartaret de Barbarie, pource que communément il
fait son passage par le pays de Barbarie où il s'en prend plus grãd nombre qu'en aucune autre contrée, comme sont aussi prins les Faucons
Pelerins és Isles de Cypre, Candie, Rhodes, & autres Isles de l'Archipel. Neantmoins en ladite Isle de Candie sont en plus grãd & frequent
vsage les Pelerins & Tartarets qu'en tous les autres pays: Pource que
les nobles Candiots les font & aduisent plus à la Grüe, qu'à aucuns autres oiseaux. De fait là plus qu'en autre lieu se treuuent Tartarets &
Pelerins, singulierement bons & adroits.

Du Faucon dit Gerfaut, & de sa nature.　　　　CHAP. V.

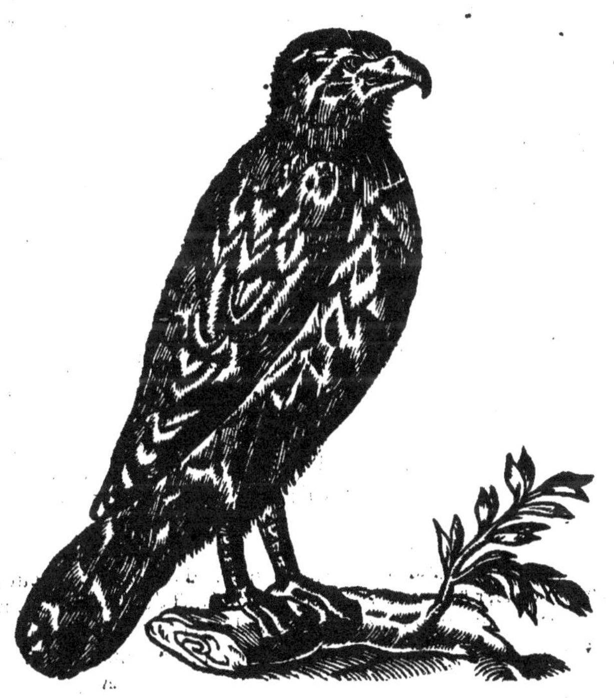

E Faucon dit Gerfaut eſt vn Faucon de grande force & de
rare puiſſance , ſingulierement bon oiſeau , ſpecialement
apres qu'il a mué. Le Gerfaut eſt bien empieté, & a les doigts
longs, & les ſerres fortes. Il eſt fin & hardy de ſa nature: &
d'autant en eſt-il plus fort à faire, car il veut auoir la main douce, & le
maiſtre debonnaire. Ceſtuy Faucon fait ſes petits & ſon aire és parties
de Pruſſe & Dannemarc deuers Lubec. Mais cómunément il ſe prend
és confins de l'Allemagne en faiſant ſon paſſage. Le Gerfaut de ſa nature eſt propre à tout vol, & le pouuez oiſeler & mettre à toutes manieres d'oiſeaux de riuieres & de champs, comme dit a eſté du Pelerin
& Tartaret.

Du Faucon dit Sacre, & de ſa nature.   CHAP. VI.

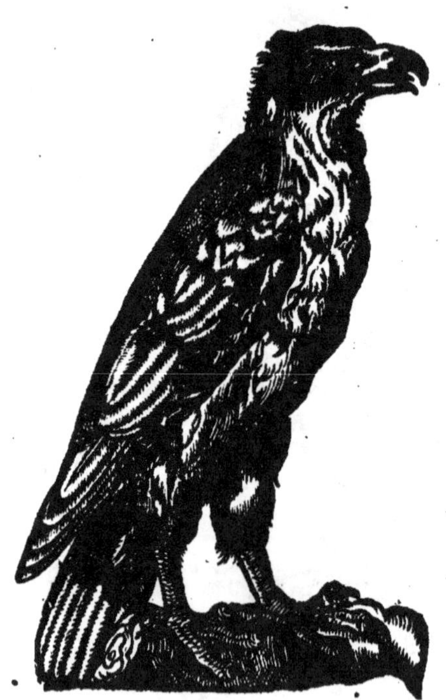

Est chose certaine que le Sacre est vn Faucon assez
grand, & plus grand que le Faucon Pelerin : toutesfois laid de pennage & court empieté. Mais si est-il de
grande force, & hardy à toutes manieres de volleries,
autant ou plus que le Pelerin & le Tartaret : Toutesfois n'est-il point si franc pour faire grands efforts sur
la Gruë, ou faire vn semblable fort vol, comme est le Pelerin. Maistre
Molopin dit que cestuy Sacre est oiseau de passage, & qu'il ne s'est rencontré homme, quel qu'il fust, qui ait peu dire auoir veu, sçeu, ny
trouué le lieu ou vn Sacre feist son aire & ses petits. Combien qu'és
contrées où il se prend, l'on dit qu'il vient de Roussie & de Tartarie,
delà la Mer majeur. Pource qu'és voyages que l'on fait tous les ans
vers les Indes & Isles Orientales, on les prend vers la Natolie & les
contrées de Leuant, tant en Chipre, Rhodes, & Candie, comme és
autres Isles de l'Archipel. Le Sacre encores est plus enclin & plus propre de sa nature pour la vollerie des champs, comme pour l'Oye sauuage, Butors, Gelines de bois, Faisans, Perdrix, Lieures, & toute autre
sorte de gibier : Et est moins dangereux en son viure, mais aussi est meilleur pour la riuiere de Sarret, que le Sacre forme.

Du Faucon dit Lanier, & de son naturel. CHAP. VII.

ON void frequentement le Faucon dit Lanier, estre assez
commun en tout pays, specialement en France & és pays
circonuoisins. Car il fait volontiers son aire & ses petits aux
bois sur les hauts arbres, ou és hautes roches, selon l'aisance
des pays où il se trouue. Ce Lanier est plus petit de corsage que le Faucon Gentil, & est fort beau de pennage, principalement apres la muë :
& est plus court empieté que aucun des autres Faucons. Et dit Maistre
Michelin que le Lanier qui a plus grosse teste, & dont la couleur des
pieds tire plus sur le bleu, soit niais ou sor, est meilleur que les autres.
De cestuy Faucon pouuez vous voler en riuiere & en plusieurs autres
manieres de volerie. Specialement est bon par les prez pour battre les
Lieures, voler Perdrix, Phaisans, Chahuans, & toute autre sorte de
menu gibier. Il n'est point dangereux en son past ny en son viure : car
il supporte mieux son past gras, qu'aucun des autres Faucons de gente
penne.

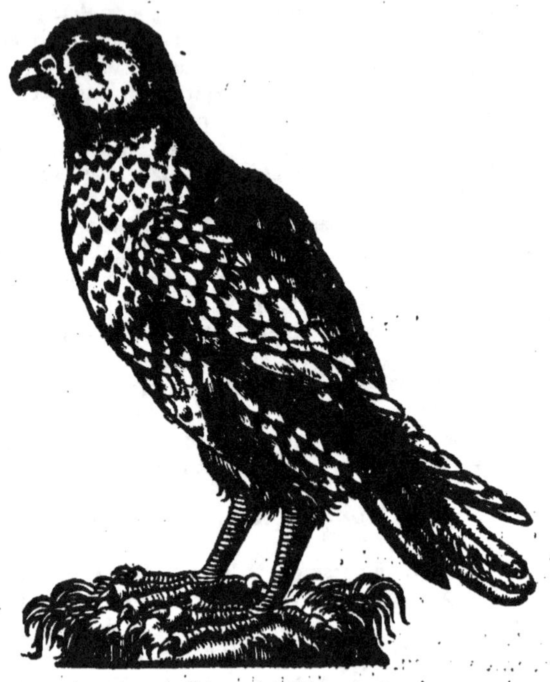

Du Faucon Thunisian, & de sa nature. CHAP. VIII.

Aut maintenant parler du Faucon dit Thunisian, lequel approche assez pres de la nature du Faucon Lanier: car il a semblable pennage & semblable pied, toutesfois a-il le corps plus delié, plus long deuant & mieux croisé, & la teste plus grosse & plus ronde. Il est appellé Thunisian, pource qu'il fait son aire & ses petits au pays de Barbarie, enuiron la ville de Thunis, qui est l'vne des principalles villes de Barbarie, en laquelle le Roy du pays reside auec ses Gentils-hommes, qui font grand compte de tels oiseaux qui naissent là, & y sont bien recueillis, comme les Laniers en Fráce. Le Faucon Thunisian est bon à riuiere, & à tous oiseaux hantans

sur icelle. Encor est-il bon aux champs (ne plus ne moins que le Lanier)
bat volontiers les Lieures, & volle tout autre gibbier. Cestuy Faucon
n'est pas commun ne cogneu par tout pays, ainsi que sont autres oiseaux: & ne s'en trouue gueres ailleurs qu'audit pays de Barbarie & de
Thunis.

De quelques autres oiseaux de leurre & de poing, & de leur nature.

Chap. IX.

L se trouue encor (dit Maistre Aymé Cassian) quelques
autres oiseaux de leurre & de poing, propres au deduit de
la vollerie, comme le Hobier, l'Esperuier, l'Autour, &
l'Esmerillon: combien que l'Esmerillon pour sa petitesse
& delicatesse ne volle gueres qu'aux Allouettes & semblables oisillons,& que rarement il prenne le Cailleteau & le perdriau.
Les trois autres comme ils sont grands & plus forts, aussi font-ils les
vols plus beaux & de plus hautes entreprises. Quelques-vns ont voulu
dire qu'on pouuoit dresser & leurrer le Corbeau & le Milan, pource
que tous deux sont oiseaux de proye, lesquels on void iournellement
chasser de nature, & poursuiure leur gibier: mais ce ne sont bestes si
nobles comme Faucons & Esperuiers, lesquels semblent plus s'effor-
cer à faire vol grand & hautain pour quelque sentiment de gloire &
honneur de la victoire, que pour appetit de la proye. Ou au contraire
Milans & Corbeaux ne vollent & suiuent gibier que pour la cuisine,
& pour contenter leur appetit affamé. Aussi ne se mettent-ils iamais à
suiure ne Grue ne Heron, ny semblables oiseaux de combat, ains seulement Poulets & Pigeonneaux, & semblables qui n'ont ne vol ny autres defences pour se sauuer de leur bec & griffes. Et ceste est la cause
pour laquelle les Gentils-hommes & nobles esprits ne s'amusent à
leurrer & affaiter tels oiseaux, vilains, poltrons & tripiers de nature: &
si quelqu'vn s'est trouué qui en ait voulu prendre la peine, ç'a plus esté
par curiosité que pour le plaisir qui en peust reuenir.

Quels moyens faut garder pour faire bien voller les oiseaux, tant
pour riuiere que pour champs.

Chap. X.

Maistre

MAiſtre Molopin eſtoit d'aduis, que l'oiſeau volant pour riuiere, par celuy qui deſiroit luy voir faire bon vol, deuoit e-
ſtre laſché contre le vent, & au deſſus de ſon gibier, pour luy
donner autant d'auantage de ſa montée. Auſſi qu'il faut conduire les Faucons à l'endroit des oiſeaux de riuiere:& quãd on les verra bien à leur point, eſcrier leſdits oiſeaux de riuiere, & les chaſſer en
ſus,en les faiſant ſortir hors de l'eau.Et s'il auient qu'ils faillẽt à ſe bien
dreſſer vers proye, il les faudra lancer à quelque poulet ou autre oiſeau vif, pour les arreſter, & donner bon enſeignement a ces oiſeaux,
que de nouuel on met a voller, tant qu'ils cognoiſſent bien le vif, &
entendent mieux ce qu'ils doiuent faire. Quant à la volerie du Heron,
maiſtre Michelin dit, que c'eſt la plus noble de toutes : Auſſi que le
Faucon qu'on y affecte, doit eſtre bien inſtruit à cognoiſtre le vif, & à
ſçauoir monter.   Que le Faucon Heronnier ne doit point eſtre employé à autre volerie que celle du Heron: pource qu'en autre volerie
quelconque ne ſe faict telle montée, ny effort ſi grand, qu'au vol du
Heron:partant eſt bien raiſon que Faucons Heronniers ne ſoient mis
plus bas, ny au moindre effort de volerie: attendu auſſi qu'il doit bien
ſuffire au Gentil-homme, ou au Fauconnier, de voir ſon Faucon bon
Heronnier.Car ſi on le veut puis apres appliquer a autre legere volerie de commun gibier: il prẽdra incontinent vn deſdain, & vne pareſſe
telle, qu'au lieu qu'auparauant il eſtoit bon Heronnier, il ne le ſera
plus,& s'appoltronnira de ſorte, qu'il n'aura plus d'enuie de voler le
Heron:& ſe voudra arreſter au commun gibier, qu'il aura trouué le
plus aiſé,quittant & abandonnant toute violance & courageuſe har-
dieſſe: qui reuient à grand dommage & regret à celuy, qui auoit auparauant vn ſi bon Faucon Heronnier.   Bien eſt vray,que le Sacre vole à tous oiſeaux,plus aiſémẽt que tous les autres Faucons, pource
qu'il eſt prompt & franc,& commun a tout: mais il eſt groſſier d'en-
tendement, & mal aiſé a façonner, combien qu'en fin il ſe rende bon,
a qui voudra prendre le trauail,qui eſt neceſſaire.

Comme il faut conduire le Faucon, à bien voler pour les champs.

C H A P. X I.

Aiſtre Aimé Caſſian a dit:pource que quelques ſeigneurs & Fauconniers prennent plus grand plaiſir aux Faucons faits pour la volerie des champs,qu'àceux qu'on fait voler pour riuiere:que pour bien inſtruire les Faucons au vol des champs,il faut commencer à les faire cognoiſtre les chiens,&à les aimer,ſoit pour le poil,ſoit pour la plume.Car il n'eſtpas poſſible ſe tirer de la volerie des champs, le plaiſir qu'on en deſire, ſi les chiens ne cognoiſſent & aiment les oiſeaux,& les oiſeaux les chiés. Et combien que l'oiſeau de ſa nature ſoit mal aiſé à appriuoiſer, & entrer en cognoiſſance & amitié auecques le chien, ne s'en faut point eſtonner. Car auec le temps, & la iournaliere communication que faire on pourra de l'oiſeau auecques le chien, pour l'en aſſeurer,auiendra qu'en fin ils s'entrecognoiſtront & s'entr'aimeront,Auſſi les faut-il ſouuent mener aux champs à la volerie:car ceſte hantiſe fera qu'ils s'entrecognoiſtront,& s'accouſtumeront encores d'auantage de l'vn à l'autre. Et pourra-on faire bons Faucons pour les champs, ſi on les tient bien curez & accommodez, en leur baillant du premier, du ſecond,& du tiers oiſeau qu'on prendra, vne aſſez bóne gorgée:& apres celà le faudra retirer petit à petit, pour le mettre en plus grand erre; car ceſtuy eſt vn bon moyen pour mieux luy faire cognoiſtre le vif, & en faiſant becqueter la teſte de l'oiſeau prins, & en manger de la ceruelle, & de chacun autre qu'on prendra iuſques à ce qu'on le vueille paiſtre à l'heure accouſtumee,& lors luy faudra donner gorgée raiſonnable.

De la volerie des champs pour le gros.

Chap. XII.

L y a vne autre volerie pour les champs, qu'on appelle, vol pour le gros: comme quand on fait voler le Faucon aux Gruës, aux Oyes, aux Butors,à l'oiſeau de Paradis (qui eſt quaſi auſſi grand que la Gruë) aux Rouſſeaux , (qui reſſemblent aux Herons) aux Eſpluquebos, aux Valerans, aux Poches, aux Garſottes, & à pluſieurs autres ſortes d oiſeaux de groſſiere nature, & de cuiſine. En ceſte volerie les Faucons peuuent faire bon vol partans du poing, que l'on dit à la ſource : toutesfois ne ſe peu-

uent-ils bonnement faire, & bien deduire à ce vol pour le gros, pour
prendre Gruës, Oyes, & autres oiseaux de fort, sans Espaigneul, ou
leurette, ou autre chien appris & façonné auecques le Faucon: duquel le vol pour le gros requiert prompt & present secours, auecques
toute diligence. Si pour ce vol de gros, & pour toute autre volerie
que voudrez faire faire à vostre oiseau, vous le voulez rendre
prompt, hardy, courageux & vaillant: il le vous faut souuent & quasi
tout le iour tenir sur le poing, & le paistre de poulets (tant que vous en
pourrez recouurer) enuiron l'heure de tierce: & apres qu'il sera pu,
le mettre au soleil, en lieu où il ait l'eau deuant luy, afin qu'il s'y puisse
baigner, quand il luy plaira. Mesmes qu'il y puisse boire, comme bien
souuent il le desire: car le boire luy fait grand bien, & par fois le prend
tant à propos, qu'il le preserue de maladie. Toutesfois quelques fois
aduient, que l'oiseau beuuant apres vne longue maladie, par le boire se
donne la mort: d'autre-fois que par le boire il se guerit. Apres cela
soit baigné ou non, il le faut encores tenir sur le poing, iusqu'à ce
qu'on s'aille coucher: & quand on se va coucher, mettre deuant luy
vne chandelle ou lumiere, qui dure toute la nuict. Si d'auanture il s'e-
stoit baigné: le lendemain le faudroit mettre vne heure au soleil, & iusqu'à ce qu'il fust r'eschauffé: Mais s'il ne s'estoit point baigné, faudroit
prendre du vin & de l'eau meslez ensemble, puis l'arrouser auecques
la bouche enuiron l'heure de tierce, & apres le remettre au soleil, & à
faute de soleil, deuant le feu, tant qu'il soit bien sec: & si on le cognoist bien essuyé, net, & asseuré, trente ou quarante iours apres
on le pourra seurement mener aux champs, pour le faire voller au gibier. Lors si on voit qu'il soit en bonne disposition & volonté de voller, le faudra laisser voller à son aise: & s'il prend, luy donner à manger de l'oiseau qu'il aura prins vne assez bonne gorgée: mais si
ce iour là il ne prend rien, le faudra paistre d'vne cuisse ou aisle de poule lauée en eau fresche: en le tenant tousiours sur le poing, ainsi que
dit est. Le lendemain le faudra encores porter à la volerie: & s'il prend
quelque chose, le traicter comme dessus, & le tenir & conduire en ceste façon, tant qu'il soit bien enoiselé: cependant le gouuerner &
conduire tousiours auecques prudence & sage discretion: pour ce
que par fois il se pourroit mettre bas, & ne pourroit satis-
faire à la force & continuation de son vol. Autres disent, que si
l'oiseau se monstre rebelle au Fauconnier, qui prend peine de l'enseigner à bien voller, sera bon l'arrouser de rechef d'eau chaudette

ou tiede, puis le mettre la nuiĉt au ſerein, & la matinée enſuiuant le remettre au ſoleil ou au feu : & quand il ſera bien eſſuyé, & aura bien tiré,
on pourra le porter au deduit de la volerie. Et lors s'il oiſelle & prend
bien, luy faudra continuer celle trempe : autrement pourroit-il ſe rendre enclin à quelque mauuais vice. Et ſi voulez que les oiſeaux ayment
mieux le gibier, prenez de la canelle, & du ſuccre candy, autant d'vn
que d'autre : & en faites de la poudre : & quand vous luy baillerez ſa
gorgée de l'oiſeau qu'il aura prins, ſaupoudrez-en ce que luy en donnerez, & vous le verrez puis apres bien aymer ſon gibier.

Les moyens qu'on doit obſeruer, pour bien inſtruire & gouuerner
Faucons & autres oiſeaux, ſoient niais, ou hagars,
& les apprendre à voler & oiſeler.

CHAP. XIII.

Aiſtre Aymé Caſſian a enſeigné, que pour bien appriuoiſer
vn oiſeau tout neuf, & le rendre à droit & prompt au vol : eſt
beſoin en premier lieu le mettre ſur le poing, puis le chappe-
ronner : & le voiller trois iours & nuiĉts, ſans le deſchappe-
ronner ou deſcouurir, meſmes en luy dõnant à manger. Apres ces trois
iours & trois nuiĉts paſſez, il n'y aura point de danger de luy oſter le
chapperon, ne de le faire manger deſcouuert : mais apres qu'il ſera
repu, le faudra recouurir, & ne le deſcouurir point, ſi ce n'eſt pour
le paiſtre, iuſques à ce qu'il cognoiſſe bien la chair. Quand il commencera de s'aſſeurer, il ſera bon de ſouuent le deſcouurir, & ſouuent
le recouurir : car c'eſt le moyen de le rendre bon chapperonnier, pourueu qu'il ait main douce, & gouuerneur patient. Pour mieux aſſeurer
voſtre oiſeau, & pluſtoſt auſſi, ſera-il bon de le porter touſiours, ou le
plus ſouuent que faire ſe pourra, aux lieux auſquels il y aura grande
compagnie, & pluſieurs eſbattemens. Lors qu'il ſera bien aſſeuré, petit à petit faudra le faire venir ſur le poing : & en luy monſtrant la barre,
& le liant ſur icelle, mettre auecques luy ſur ladite barre quelque
poulaille viue, ou autre oiſeau vif, le plus ſouuent qu'on pourra, &
luy faire plumer & manger à ſon aiſe & plaiſir, iuſques à ce qu'il en
ait prins gorge raiſonnable. Apres que vous l'aurez ainſi aduit & façonné par quelque eſpace de temps, deux fois le iour, meſmes auec le
leurre, lequel il cognoiſtra & le vif auſſi, vous le pourrez lors laſcher

à tout la filiere(qu'on furnomme, vn Tien le bien)en le leurrant de plus
loing en plus loing deux fois le iour. Et apres qu'il fera bien reclamé
& bien leurré, luy faudra apprendre à roder haut en l'air, tant qu'il fçache bien monter & roder. Puis apres luy faudra lafcher quelque oifeau vif: & quand il fera defcendu, luy laiffer tenir & plumer tout à fon
plaifir, luy en donnant gorge competante, comme a efté dit cy deffus.
Faudra auffi continuër à luy donner plaifir fur le leurre: de maniere
que iamais il ne voye, qu'il n'y ait touffours quelque morfelet de
chair lié ou autrement attaché deffus iceluy: de faict cela luy fera toufiours aimer fon leurre & fon maiftre, & l'engardera de iamais fe perdre:
& continuant d'ainfi le traicter, par l'efpace de quarante iours ou enuiron, vous le pourrez puis apres faire feurement voler. Mais fera befoin auparauant qu'il foit baigné, & nettoyé dedans le corps, & pu
de chair bien lauée & bien nette: & que chaque nuict on luy ait baillé
les cures, qu'on a de couftume de dôner aux oifeaux volans. Au furplus
quand vous aurez quelque oifeau niais, vous le faudra fouuent paiftre
de poulaille, de chair de bœuf, ou de cheure: car les paiffant de telle
viande, elle les empefchera d'encliner à quelque fafcheux & mauuais
vice. Et quand ils feront bien arreftez & allongez, les faudra tenir fur
le poing enchapperônez: & les penfer & gouuerner en la maniere deffufdite au commencement de ce chapitre. Et ápres les trente ou quarante iours, mis là où il faudra voler: & au premier, fecond, & tiers
vol, bien doucement traittez, en les retirant peu à peu, tant qu'il demeurent en temperature de vol, en leur arroufant fouuent la bouche
de vin & d'eau. Car les maiftres deffufdicts tiennent que les aucuns
d'entre eux fe veulent baigner. Toutesfois il y doit bien auoir de la
difcretion, pour le regard du rocher: pour ce qu'en fin l'oifeau pourroit eftre maigre & bas, qui plus auroit befoin d'vne bonne gorge,
que du bain, du rocher, & de la bouche. Ce qu'il faut entendre des
Faucons ou autres oifeaux, fiers de leur nature, lefquels ne veulent
eftre baignez.

De la difference des Faucons, & de leurs naturelles.
conditions.

CHAP. XIIII.

Ifferent eſt le naturel desFaucons &ciſeaux de proye.Car les vns veulent oiſeler & voler haut & gras, & les autres plus bas & plus maigres. A ceſte cauſe doit le Fauconnier ſur ce auoir bonne cognoiſſance du naturel de ſon oiſeau, & bonne diſcretion pour le bié gouuerner. Car tous Faucons ſont pour voler, & prendre grands & petits oiſeaux, pourueu qu'ils ſoient ſelon leur nature bien gouuernez & conduits.Car lesFaucons noirs ſont d'vne nature, les blancs d'vne autre, & ceux de roux pennage d'vne autre. Neantmoins ie trouue, & eſt vray, que les Faucons blancs ſont ſur tous les plus hauts,& de meilleur affaire:auſſi pour bien voler deſirent-ils d'eſtre tenus plus hauts & plus gras, qu'aucuns autres. Auſſi ſe trouuera le blanc Faucon, paſt pour paſt, plus gras & plus haut, que tous autres complexions d'oiſeaux : & l'occaſion de cela eſt, que le Faucon blanc eſt plus doux & gracieux, & plus courtois enuers ſon maiſtre en toutes ſes actions : & pource s'enrretient mieux en bon eſtat, & plus haut en ſa nature & condition, qu'aucun des autres Faucons.

D'aucuns Faucons Gentils differens des autres.

CHAP. XV.

Ntre les Faucons Gentils s'en trouue vne eſpece, qui eſt ordinairement de grand courage, mais au ſurplus d'aſſez peruerſe nature. Aucuns les appellent Faucons Gentils d'eſtrange pays , & dit Molopin que telle eſpece de Faucons eſt mal-aiſée à garder ſaine, comme les autres : ains ſe veut tenir maigre, & eſtre bien ſoignée. Car elle deſire eſtre tenuë ſur le poing, & la faut faire ſouuent voler: pource qu'elle en vaudra, & s'en portera mieux : & s'il aduenoit, que tels Faucons fuſſent trauaillez des maladies, deſquelles les autres oiſeaux ſont couſtumierement vexez , ne leur faut appliquer ne donner aucune medecine : Seulement eſt beſoin les paiſtre de quelque pigeon, & leur en faire boire le ſang, puis empliſſez vn pot neuf plein d'eau, & la faites boüillir au feu, où il n'y ait point de fumée:& l'ayant verſée en vn baſſin, ou autre vaiſſeau bien net,apres que elle ſera refroidie, & comme tiede, la faudra preſenter à l'oiſeau : & s'il en boit, on le pourra curer & medeciner comme on a accouſtumé de faire les autres oiſeaux : combien que aucunesfois,quand l'oiſeau malade ſe met à boire,ce ſoit vn vray ſigne de ſa mort: nómeement quand

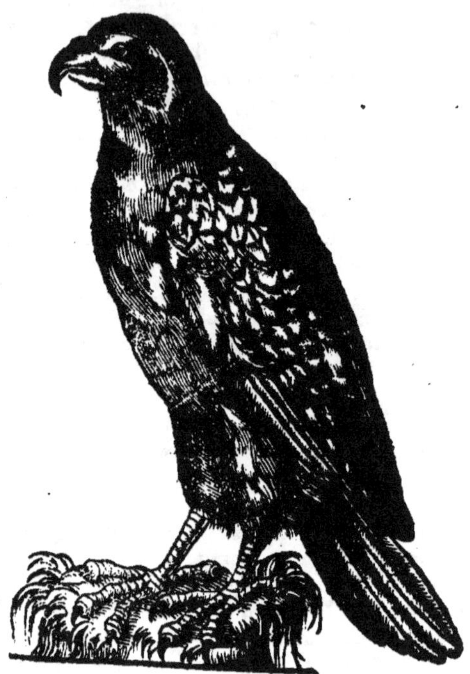

il eſt griefuemēt malade, & la bouche luy deuient blanche & palle. Tāt
eſt, que ſi vn tel Faucon ſe peut garder ſain: il ſe trouuera à la fin des
meilleurs qu'on puiſſe ſouhaitter: pourueu que la nuict il ne ſoit point
tenu dehors: & quand on le voudra faire voler, qu'auparauant il ſoit
pu de quelque poulaille, & qu'il ait eu cure de plume auec vne ioin-
te: s'il ſe trouue de bonne volonté, & en humeur de voler, lors le faudra-il laiſſer oiſeler tout à ſon aiſe, & à ſon plaiſir, & roder çà & là
auec les autres oiſeaux ainſi qu'il voudra. Et s'il ne fait tant de ſon deuoir, que ſon maiſtre le deſireroit, meſmes qu'il ne prenne rien
ne s'en donner autre peine : car en luy continuant le deſſuſ-
dict traictement, il ne peut manquer à deuenir tres-bon : Et

pour bien cognoiſtre, ſi le Faucon gentil ſera pour deuenir bon, ſelon
l'aduis de Michelin, faut aduiſer s'il a la teſte ronde, le bec court & gros
le col long, les eſpaules larges, les pennes des aiſles ſubtiles, les cuiſſes
longues, les iambes courtes, & les pieds lõgs, larges, & grands. L'oiſeau
qui aura toutes ces conditions, bien le pourra ton tenir pour Gentil, &
à cela ſe pourra bien cognoiſtre. Le Faucon Pelerin, à la verité, auance
& ſurmonte de beaucoup du pied, le Faucon Gentil, car il a plus grande priſe, & plus longs doigts.

De la difference qu'il y a entre le Faucon Pelerin & le Faucon Gentil: & comme
on les pourra remarquer, & diſcerner l'vn de l'autre, tant à la
compoſition du corps, qu'à la maniere de voler.

C H A P. XVII

DE ces deux manieres de Faucons, i'ay maintesfois diſcouru &
diſputé auec pluſieurs excellens Fauconniers, de diuerſes na-
tions, & comme on les peut bien cognoiſtre, & diſcerner les
vns d'auecques les autres: à quoy faut bien pres auiſer: car la cognoiſſance en eſt bien ſubtile, & malaiſee à ceux qui n'en ont veu, & ſouuent tenu des vns & des autres. Et certainement les Fauconniers de
Leuant ſont fort experts en ceſte cognoiſſance : comme ceux du
Royaume de Chypre, de Rhodes, de Syrie, & de pluſieurs autres
Iſles de l'Archipel, où s'en prend grande quantité en la ſaiſon du paſſage : & parce moyen les Leuantins les ſçauent cognoiſtre & diſcerner
naturellement. Toutesfois pource que ie ſçay, que nos François deſirent auoir l'addreſſe de les bien diſcerner & recognoiſtre: ie vous en
vœil icy declarer quelques enſeignes & marques. En premier lieu,
le Faucon Pelerin eſt plus grand, & plus gros que le Faucon Gentil, a
les iambes plus longues, les pieds plus grands, les doigts plus longs,
le col plus long, la teſte plus longue & plus ſubtile, le bec plus long.
Quant aux pennes des aiſles, il ne les à pas ſi longues, comme auſſi n'a-il pas le col ſi long, que le Gentil: mais il a la queuë vn peu plus
grande qu'iceluy. Le pennage du Pelerin grand & petit eſt tout bor-
dé, & plus que du gentil ſor ou muë: & ſe tient en ſor plus qu'en muë.
Encores a le Pelerin la cuiſſe plus platte, & le Gentil l'a plus ronde. Et ſi
on regarde tout au long du plat de la cuiſſe du Pelerin, & on y trouue
tout le duuet entierement blanc, ſans aucune macule ou differéce: on

ſe

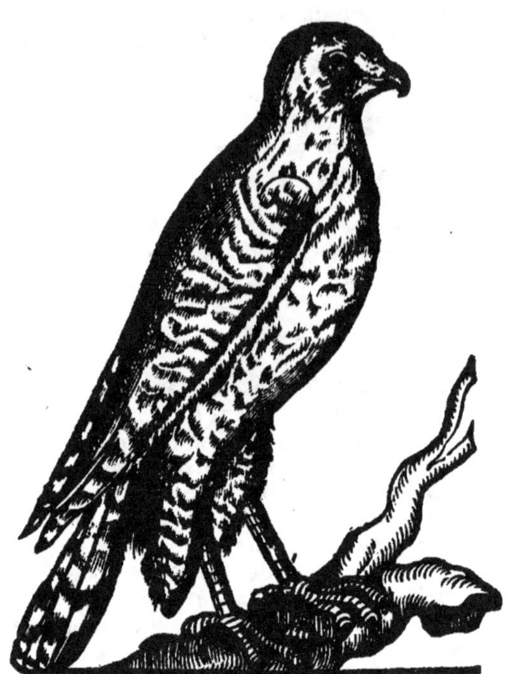

se peut bien asseurer qu'il est Pelerin. Et ce peu que i'en ay dit doit suffi-
re pour la seure cognoissance & remarque du Faucon Pelerin. Toutesfois encores sont les Faucons Pelerin & Gentil, bien differents l'vn de
l'autre, quant au vol. Car le Pelerin se tient mieux & plus longuement
son aisle, & en son vol bat plus au loisir & à son aise, que ne faict le Gentil: car le Gentil volant sur aisle, bat plus fort & plus viste que le Faucon Pelerin. De fait plusieurs Fauconniers experts, discernent bien
l'vn de l'autre au seul battement de l'aisle: neantmoins ils disent que de
prinsaut le Gentil passe le Pelerin: mais qu'au long vol, le Pelerin passe
tous autres oiseaux, pour bon aisle qu'ils puissent auoir: & se peut di-
rePelerin, mesmement pour le passage qu'il fait, comme cy dessus a esté
dict. Encor se peut louër le Pelerin d'vne grande douceur & courtoi-

sié qui est en luy: car quand il aura eu cure au matin, l'heure estant venuë qu'ó le deura mettre sur le poing, & le paistre, si on le met sur aisle,
il regardera çà & là à l'entour de luy, ou il deura prendre sa contree &
sa proye. Et s'il void quelques autres oiseaux de proye le suiuás derriere, ou à costé, abbatra tout ce qu'il pourra de proye pour les paistre:
puis la laissera passant outre pour trouuer autre gibier, duquel il puisse
estre pu. Et disent lesdits maistres Fauconniers, que plusieurs fois ils
ont veu maints Faucons Pelerins de la proye par eux prinse faire telle
largesse & courtoisie aux autres oiseaux de proye, tant ils sont de bóne
& douce nature. I'ay pareillement ouy dire à plusieurs estrangers Fauconniers, singulierement à ceux des pays par lesquels ils passent & re-
pairent: comme d'Egypte, de Surie, de Chipre, de Rodes, & autres
lieux circonuoisins, qu'en ces contrees de Leuant ès lieux par lesquels
ils passent en la saison du passage, se prend si gráde quátité de ces Faucons dicts Pelerins, que les vilains qui les prennent les védent à d'autres vilains du pays, qui les achetent pour manger. Et à la verité ils sont
si frequents & à grand marché, qu'ils les ont & donnent le plus souuent
pour trois ou quatre medins la piece. Le medin est vne piece d'argent
monnoyé, qui peut reuenir à la valeur de deux sols monnoye de France. Mais pource que les Maures, Sarrazins, Barbares, & toutes autres
personnes des pays où on les prend, sçauent que les Chrestiens en font
cas, ils leur en enuoyent tant qu'il leur est possible, & leur vendent trë-
te ou quarante medins la piece. Les Faucós Pelerins, enuiron le mois
de Septembre & Octobre passent au pays d'Inde la Majeur, où ils se
tiennent de trois à quatre mois, puis s'en reuiennent és parties Septen-
trionnales, subjectes à la Tramótane, pour faire leur aire & leurs petits:
mais on ne peut sçauoir où ils les peuuent faire. De fait ne s'est oncques trouué ny Maure ne Chrestien, cóme a esté dit cy deuant, où i'ay
parlé du naturel des Faucons, qui ait peu dire auoir iamais veu aucune
aire ny petits de quelque Faucó Pelerin. Et le mesme se dit de celuy
qui est dict Sacre. Disent aussi les maistres & experts Faucóniers qui
ont longuement tenu & nourry ces deux especes de Faucons: que le
Faucon Gentil, de sa nature en toutes ses actions est plus prompt, plus
ardent & plus remuant que le Pelerin: & l'estiment folastre & outra-
geux, à comparaison de l'autre. De foict quand ils viennent à voller ensemble, le Gentil est plus tost sur aisle, & plus hatif à monter & à descendre que le Pelerin. Et quand de malheur il viét à faire vne faute par
desaduenture, il commence à se depiter & à se mettre au change sur auj

tre gibier, ou oiſeau puiſſant. De maniere que ſouuentesfois il eſt bien
mal-aiſé de les faire reuenir. Toutesfois aucuns diſent du Faucon Pelerin tout le contraire, & qu'il eſt d'autre complexion : car il eſt poſé & attrempé en tous ſes
faicts, & ſçait bien prendre ſon a-
uantage en telle façon
qu'on veut.

FIN DE CE PREMIER LIVRE.

C ij

Liure Second.

Chap. i.

Ovs vous auons cy deffus declaré la diuerfité desFaucons &autres oifeaux de leurre& de poing,& leur nature brief-uement & fommairement. Pour ce que les Gentils-hommes qui prennent plaifir à la Fauconnerie pourront d'eux mefmes affez practiquer & apprendre la nature & complexion de chacun oifeau , fans ce qu'il foit befoing vous amufer à plus long difcours de cefte matiere. Ie ne me fuis point auffi voulu arrefter à plus longs enfeignemens de filler, affaiter & leurrer oifeaux,pour ce qu'en telles petites pratiques ne confiftét les fecrets de l'art de la Fauconnerie:& qu'il eft aifé à chacun de cognoiftre en peu de temps tout ce qui en eft.Mais les plus gráds fecrets que i'y voye&que i'aye apprins des trois maiftres deffufdits, font pour conferuer les oifeaux en fanté, & les guerir des maladies & autres petits accidents qui leur peuuent furuenir par fortune ou par la negligéce & pareffe de ceux qui en ont la charge.Tous lefquels fecrets ie vous veux enfeigner cy apres.Nommément en fe fecond liure les moyens de conferuer les oifeaux en fanté, & de les guerir des maladies & accidents qui leur peuuent furuenir en la tefte & parties d'icelles.

Enfeignement pour conferuer tous oifeaux de proye en fanté.

Chap. ii.

Our côferuer Faucons & toutes manieres d'oifeaux de proye en fanté , maiftre Molopin dit qu'il fe faut fur tout garder de leur donner groffe gorge.Specialement de groffe chair, comme de bœuf , porc & femblables chairs de dure digeftion & fafcheufe concoction.Encores vous faut il bien plus foigneufement donner garde de paiftre voftre oifeau de chair,dôc la befte foit en rut : car vous le verriez toft apres mourir , fans luy en auoir dôné autre occafion.Or tiennent tous les trois maiftres deffufdits que pour auoir dôné aux oifeaux groffes gorges,nómémét de telles groffes chairs,& autres chairs froides,ils les ont fouuét veuz fe perdre,ou enchoir en maladies plus dangereufes , que toutes maladies qui leur puiffent furuenir. Et partant veux-ie bien aduifer tous Fauconniers de fe don-

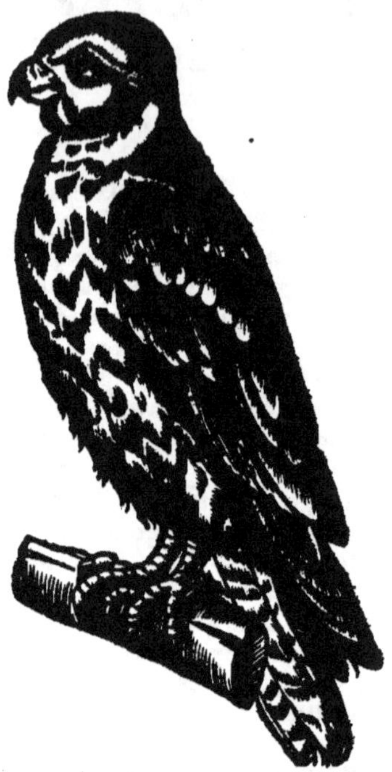

ner garde de bailler grosses gorges à leurs oiseaux. Et que si en defaut
de meilleure chair ils sont contraincts les paistre de grosse chair, qu'ils
la trempent premierement en eaüe nette, fraische en Esté, chaude en
Hyuer: puis l'espreignent, toutesfois ne leur donnent trop espreinte,
car l'eau qui est laxatiue, sera moyen de la faire plustost passer & cou-
ler, & leur enduire la gorge : aussi leur tiendra-elle les boyaux plus
larges : lesquels se purgeront encores mieux par bas des phlegmes &
grosses humeurs que les oiseaux pourront auoir dedans le corps. Et
ce côuient il entendre des grosses chairs, dont on est parfois cõtrainct
paistre l'oiseau à faute d'autres : mais non des autres passez vifs & de
bonne digestion. Car faut auoir ceste discretion de recompenser &
refaire quelquesfois son oiseau de quelque bon past vif & chaud : au-

C iij

trement onle pourroit bien mettre trop bas. Combien que donner chair lauee à l'oiseau, non trop espreincte toutesfois en Esté fraische, en Hyuer chaude, est bon & certain moyen de le tenir en santé. Disent aussi lesdits maistres, que pour entretenir tous oiseaux en bonne santé, & les guarátir de maux, leur faut dõner de 15.en 15.ou de 20.en 20.iours de l'aloës cicotrin, le gros d'vne petite febue, & leur mettre au bec enueloppé de quelque petit de chair, ou d'vn boyau de geline pour leur oster le goust & sentimẽt de l'amertume. Et quãd l'oiseau l'aura mis bas le faudra tenir sur le poing, apres toutesfois qu'il aura tenu le plus long temps que possible sera. Apres ce, le faudra laisser ietter les phleg-mes & coles qu'il aura dans le corps tout à son plaisir: en reprenant le reste de l'Aloës qui ne sera point fondu, car il sera bon pour vn autre fois. Puis soit mis l'oiseau au soleil ou au feu en chapperõné:& ne soit pu de deux heures apres, qu'il luy sera donné de quelque bon past vif, gorge raisonnable. Vous pourrez encores à vostre discretion au lieu dudit Aloës faire vser à vostre oiseau de ceste maniere de pillules com-munes que les hommes prennent communément pour lascher le ven-tre,& est maistre Michelin d'opiniõ qu'elles sont beaucoup meilleures que ledit Aloës, pour ce qu'elles chassent par bas, & font plus grande purgatiõ. Toutesfois de l'vn ou des autres pouuez vser à vostre plaisir: mais choisissant les pillules, vous en baillerez à l'oiseau vne ou deux à discretion, selon qu'elles seront grosses: puis apres le mettrez au feu ou au soleil,& ne le paistrez que deux heures apres, & lors luy donne-rez quelque bon past vif, car il aura tout le corps destrempé.

ITEM, par autre moyen paruiendrez-vous à ce mesme effect: Pre-nant d'Aloës cicotrin & de graines de filandres, autãt de l'vne comme de l'autre le gros d'vne febue,& le mettant dedans vn boyau de geline du long d'vn pouce en trauers lié des deux bouts, puis le faisant aualler à l'oiseau, de maniere qu'il le mette à bas. Puis soit mis au soleil, ou au feu,& soit pu de poulaille ou autre past vif deux heures apres. Ainsi vo-stre oiseau se tiendra sain. Mais notez qu'à vn Autour, il ne suy en faut pas tant donner: pource qu'il n'est de si forte complexion comme les autres oyseaux de proye. Moins encores à l'Esperuier, pour ce qu'il n'est assez fort pour supporter si forte medecine. Ainsi pareillemẽt faut il entendre toutes les choses dessusdites, a in d'en donner à chacun oyseau selon sa complexion auec la bonne discretion des personnes, qui à ce s'appliquent.

Autre aduis a encores donné Maistre Molopin pour la santé des oy-

feaux, qui eſt, quand aucuns oiſeaux tiennēt trop leur cure, ou l'on eſt
en doute ſ'ils ont cure ou non: en ce cas vous leur pouuez donner vn
petit d'aloës, & en defaut daloës, de la racine d'vne herbe nommee
chelidoine ou eſclere, le gros d'vne febue en deux ou trois lopins : &
voſtre oiſeau puis apres viēdra à eſmutir, & àiettet flegmes & coles: ce
qui fera grand bien à la teſte & au corps. Autre àduertiſſement a dauā-
tage donné M. Caſſian: qui eſt, que pour tenir oiſeaux en ſanté, & les
faire bien voler, on les doit ſouuent baigner, & leur mettre de l'eau au
deuant, encore qu'ils ne ſe vueillent baigner: pource que, par ce moyē
les oiſeaux prennent aucuneſfois appetit de boire, & faire boyau, qui
leur ſert de remede & allegement aux accidents qu'ils peuuent auoir à
cauſe de l'eſchauffemēt du foye, ou autre intemperie du corps. Et alors
l'eau qu'on leur preſente eſt ſuffiſante pour les remettre en meilleur e-
ſtat. Ce que l'on pourra aiſément recognoiſtre au ſemblant que fera
l'oiſeau, ſe monſtrant puis apres plus gaillard & allegre. Soient auſſi aduiſez tous Fauconniers que quand ils viēdront de voler, ou de gibier,
ou d'ailleurs, & leurs oiſeaux ſeront baignez par pluye ou autre incō-
uenient, il les face eſſuyer diligemment au ſoleil ou au feu : car autrement ils ſe pourroient morfondre & refroidir, ou prendre rheumes en
la teſte ou au corps : & de là ſe pourroient auſſi engendrer le mal de
pantois, & autres maladies qui de iour à autre ſuruiennent aux oiſeaux
par la negligence des Fauconniers. Et apres qu'ils auront ſeiché leurs
oiſeaux, qu'ils ſe gardent bien de les mettre en lieu humide ou rheumatique, ains en quelque lieu chaud & ſec, en leur mettant deſſoubs
les pieds quelques draps à la perche ou deſſus le bloc: car bien ſouuent
il aduient que les oiſeaux qui auront battu ou feru le gibier, ou à la riuiere, ou aux champs, aurōt les pieds foulez froiſſez ou eſchauffez: & à
ceſte occaſion ſ'engendreront les galles & cloux aux pieds, à cauſe des
humeurs qui y deſcendent & arreſtēt: laquelle maladie, qu'aucuns appellent podagre, aduient par la pareſſe des Fauconniers, qui ne prennent garde à ce que deſſus. Par ce defaut auſſi viennent ſouuent aux oiſeaux les pieds & iambes enflez, qui ſont maux perilleux & forts à guerir. Admonneſte auſſi maiſtre Michelin, que pour tenir voſtre oiſeau
bien ſain, vous le deuez tous les iours faire tirer vers le veſpre, auart
qu'il ſe mette à dormir. Et apres qu'il aura enduit & paſſé ſa gorge, luy
donner cure à voſtre diſcretion. Et pourrez, ſi bon vous ſemble mettre vn petit d'aloës en ladicte cure : ou bien luy bailler vne pillule qui
luy pourra deſcharger la teſte, & ce de huict en huict, ou de dix en
dix iours. Aucuns toutesfois leur en donnent beaucoup plus ſouuent,

quand ils ne veulent point faire tirer leurs oiſeaux. Neantmoins faut-il
bien entêdre que le tirer du matin eſt moult bon apres que les oiſeaux
ont cure. Mais ſi le tirer eſt de plume, gardez-le bien de prendre plume:
afin que ne mettiez riē en cure iuſques au veſpre. Car deuers le veſpre
n'y a nul danger. Soient auſſi aduertis les Fauconniers de faire tirer
leurs oiſeaux contre le Soleil, en les abecquant vn petit, à diſcretion,
ſelon ce qu'ils ſont las & affamez, & en attendant qu'ils voyent aller au
deduit.

Maiſtre Aimé Caſſian dit, qu'il a veu & cogneu aſſez de Fauconniers
qui iamais ne faiſoient tirer leurs oiſeaux, diſans: Que ce n'eſt pas bonne accouſtumance, & que le tirer n'eſt point neceſſaire: ains que les oiſeaux en tirant ſe greue le corps & les reins. Toutesfois il eſt d'opinion contraire, & ſouſtient qu'entant que l'oiſeau prend exercice à tirer raiſonnablement, il en eſt plus ſain de corps, & plus leger de teſte,
comme on peut apprendre de tous exercices qui ſe font auec modera-
tion. Dict encores que ceux qui tiennent ces opinions de ne point
faire tirer leurs oiſeaux, ſont appoltronnez de pareſſe: qui leur procede du peu d'amour, qu'ils portent à leurs oiſeaux, auſquels ſemble par
ce moyen qu'ils craignent faire trop de bien.

Le tirer doncques ſoit deuers le Soleil, comme cy deſſus a eſté dict:
car l'oiſeau ſ'en deſcharge mieux des rheumes & eaux qui luy deſcendent de la teſte & le mettez puis apres au preau, ou à la perche au Soleil
afin qu'il s'y eſgaye & esbatte mieux à ſon plaiſir, puis le remettez au
lieu accouſtumé.

Autre remede pour oſter rheumes & eaux de la teſte, en lieu de tirer.
CHAP. III.

N doit prendre agaric & mis en pouldre, hiera-piera, De ces deux ſimples ſoit faicte vne pillule groſſe
comme vne moyenne febue. Toutesfois ſera bon y
mettre la tierce partie moins d'hiera-piera que d'a-
garic pour mieux lier enſemble l'vn & l'autre. Ceſte
pillule ſoit baillee à l'oiſeau ſur le Veſpre, enuelop-
pee d'vn peu de cotton, apres qu'il aura paſſé la gorge & en defaut d'hiera-piera, luy pourrez donner cu-
re du ſeul agaric du gros d'vne febue, ainſi que dict eſt. Laquelle luy
fera

sera continuée en ceste forme par trois iours cõsecutifs. Apres lesquels
vous pourrez voir voftre oifeau deschargé des eaux & rhumes de la tefte & encores de groffe humeurs dont il auoit le corps plein. Et de cefte maniere de cure pourrez vfer de mois en mois, ou plus ou moins à
voftre difcretion, & felon la complexion de voftre oifeau. Laquelle à
efté experimentée moult profitable, mefmes contre toutes fortes d'aiguilles & filandres qui peuuent aduenir aux oifeaux. Et encores font
d'opiniõ les trois maiftres deffufdits, & plufieurs autres expers Fauconniers, qu'à faute d'autre remede cefte pillule eft bonne pour toutes
maladies d'oifeaux. L'Agaric & l'Hiera-piera fe trouuent aux bouti-
ques des apothicaires.

Autre recepte pour garder oifeaux en fanté.
C H A P. IIII.

Oit prins Chamelon furmontain (dit en Latin) Siler mon-
tanus, bafilicum, mil, fleurs de geneft, demie once de chacun: yfope, fauge, pouliot, calamitte, quart d'once de chacun, noix mufcades, quart d'once, iuiubes, fidrac, borac,
mommie, armoife, macis, ruë, tiers d'once de chacune: myrabo-
bolans indes, myrabolans belleris, myrabolans emblis, demie once de chacun: aloës cicotrin, vn quart d'once. De toutes ces chofes
foit faite poudre, de laquelle vous donnerez de huiĉt en huiĉt, ou de
douze en douze iours à voftre oifeau (à voftre difcretion) & luy en
pulueriferez fa chair iufques à la concurrẽce de la groffeur d'vne moyẽ
ne febue. Et fi l'oifeau faifoit difficulté ou refus d'ainfi la prendre ef-
parfe fur la chair, mettez la poudre dedans vn boyau de geline, comme cy-deffus vous à efté dit, & ainfi la prendra aifément. Mais faut bien
auifer que le tout foit fait nettemẽt, & qu'en quelque forte que ce foit
luy foit couuerte ou defguifee l'amertume de la poudre, de façõ que
l'oifeau la prêne & la mette en bas. Mais fi voftre oifeau venoit à rẽdre fa
chair, au moyen de l'amertume ou force de la poudre, ne luy en faudra
puis apres plus bailler fur fa chair, mais feulemént dedans le boyau de
geline, en la forme cy-deffus declarree. Il fe faudra biẽ garder de le paiftre d'vne heure ou demie heure apres. Ainfi pourrez-vous donner de
cefte poudre à voftre oifeau à voftre difcretion, & felon fa complexion
& bonne difpofition. Car quelquesfois les oifeaux font bien ords par
dedans le corps, à l'occafion des mauuaifes chairs dont on les à puz, &

D

qui leur ont fait engendrement & mouuement d'aiguilles & de Filandres. A cause de quoy se perdent & meurent plusieurs oiseaux. Partant
sera bon d'vser de la poudre dessusdite pour les conseruer en santé.

Les causes & signes du mal de teste qui aduiennent pour auoir donné aux oiseaux trop
grosses gorges, & de males chairs, & les remedes propres pour les guerir.
CHAP. V.

L est certain que les trois maistres Faucôniers dessusdits s'accordent sur ce point, & disent que le mal de la
teste vient & procede d'auoir donné aux oiseaux trop
grosse gorge, specialement de trop grossiere & mauuaise chair. Pource que quand l'oiseau à trop grosse
gorge, il ne la peut passer ne digerer : tant qu'elle viét
puis apres à se corrompre & empuantir par dedans pour la tenir & garder trop longuement.   Et en ce cas prend plustost mal l'oiseau maigre
que loiseau gras : puis apres il luy est force de la remettre toute puante.
Et s'il aduient qu'il la passe ainsi puante & corrompuë, ceste chair & la
puanteur d'icelle luy vient à esteindre & assecher les boyaux, de façon
que les fumées & vapeurs montans à la teste luy causent vn rheume ou
catharre qui luy reserre & estouppe les aureilles, & autres conduits du
col de la teste : les constipant auecques le temps de telle sorte, que les
humeurs qui ont accoustumé de descendre & purger le cerueau, y demeurent arrestez. A ceste cause s'enfle la teste, au moyen de la douleur
& repletion : tant que nature cherchant à vuider, & se descharger de
ce qui l'offence, s'efforce de ietter ces humeurs pechans par les aureilles, les narilles, & la gorge, & cela met l'oiseau en grãd danger de mourir, si promptemét n'y est remedié. Vous pourrez cognoistre ceste maladie de teste à ce que vostre oiseau esternuera souuent, & sur le vespre
fera les grands yeux, fermant par fois l'vn, & puis par fois l'autre, & faisant contenance de dormir, & plus mauuaise chere que de coustume.
Il regarde aussi bien fort les personnes quand il est atteint de ce mal, &
enflé entre l'œil & le bec. Mais quãd le rheume fait semblant d'yssir par
les yeux, les narilles, & les aureilles, lors se faut dôner garde de l'oiseau :
pource qu'il est en danger de se perdre s'il n'est secouru promptement.
Pour guarir ceste maladie, nous enseigne M. Aymé Cassian vn bon &
souuerain remede. Et dit que pour purger l'oiseau, & luy alleger son
mal de teste, il faut prendre lard de porc, qui ne soit rance ne trop vieil,

& du plus gras faire deux lardons, comme pour larder de la chair, ou
peu plus menus, puis les mettre tremper dedãs eau fraiche toute vne
nuict, ou plus long temps, iufques à ce qu'ils foient fuffifamment trẽ-
pez: en changeant l'eau par trois ou quatre fois cependant qu'ils trem-
peront, & de la moüelle de bœuf bien nette, & du fuccre de premiere
cuitte, autant de l'vn comme de l'autre, & les battre tres-bien enfemble: puis en faire vne pillule du gros d'vne bonne febue, ou deux plus
petites, & les donner à voftre oifeau en luy ouurant le bec par force
pendant qu'vn autre le tiendra. Puis foit mis ledit oifeau au feu ou au
foleil: & toft apres vous pourrez voir comment il fe nettoyera, & purgera de groffieres & mauuaifes humeurs dont il auoit le corps remply.
Et apres qu'il aura bien efmuty par trois ou quatre fois, foit leué du
feu, ou du foleil, & remis en fa place ordinaire: & ne foit pu iufques à
vne heure ou deux heures apres, que vous le paiftrez de poulaille, ou
de mouton à demy gorge. Et luy foient baillées & continuées lefdites
pillules par la forme cy deffus recitée par trois iours confecutifs. Et les
trois iours paffez apres que l'aurez ainfi purgé, verfez vn peu de vin
aigre en vne efcuelle, auec poudre de poiure bien fubtile, & les meffez
bien enfemble. Puis ouurez le bec à voftre oifeau, & luy frottez le
haut du palais de cefte poudre ainfi deftrempée, le mettant puis apres
au feu ou au foleil. Ce faict vous apperceurez toft apres qu'il fe def-
chargera fort de la tefte. Mais auffi gardez vous bien de donner de cefte poudre & vinaigre à oifeau qui foit trop maigre. Car à peine les
pourroit-il fupporter. Tant eft que l'oifeau auquel vous en aurez fait
prendre deura vne heure ou deux apres eftre pu d'vne cuiffe de ieune
poulaille. Et le lendemain pu à fes heures deux autres fois de gorge
raifonnable. Mais auffi vous faut-il fouuenir de ne luy faire plus d'vne
fois vfer de cefte poiurade. Au lieu de laquelle aucuns donnent d'vne
graine qu'on appelle Saphifagria. Toutesfois eft ladite graine moult
forte, qui ne la fçait attremper. Mais fi vous en voulez donner à voftre
oifeau, prenez en feulement trois ou quatre grains, & les liez dedans
vn linge, & battez en poudre. Puis verfez vn peu d'eau nette en vne
efcuelle, & mettez voftre poudre dedans, & les meffez enfemble,
comme fi en vouliez faire leffiue: vous en mettrez puis apres trois ou
quatre goutes ès narilles de voftre oifeau, lequel ce faict fera mis au
feu ou au foleil, ainfi que j'ay dit apres la poiurade: & vne heure apres
gorge de quelque bon paft comme de cuiffe de ieune geline, ou autre
telle viande delicate.

Remede pour guarir l'oiſeau, qui a mal aux yeux, à cauſe de rhume, ou diſtillation de cerueau.

CHAP. VI.

Vand voſtre oiſeau aura mal d'yeux (dit Maiſtre Molopin) prenez marguerite franche, auec deux ou trois grains de ſel, & les ayans broyez dedans le creux de voſtre main, faictes-en diſtiller le ius dedans les yeux de voſtre oiſeau, toſt apres il guarira. Autrement, prenez de la ſoucie (dit M. Michelin) & la pilez : puis faictes-en diſtiller le ius dedans les yeux de voſtre oiſeau, & il s'en trouuera bien. Autrement, prenez de la couperoſe blanche (dit Maiſtre Aimé Caſſian)& vn œuf frais. Faites cuire voſtre œuf en l'eau, tellement qu'il ſoit bien dur : puis le couppez par moitié, coque & tout, mais il faut oſter le moyeu, & au lieu d'iceluy mettre en chaſque moitié de l'œuf de ladite couperoſe blanche, auſſi gros qu'vne noiſette, puis l'empliſſez d'eau roſe pardeſſus la couperoſe, & la faites chauffer pres du feu iuſqu'à ce que la couperoſe ſoit fonduë. Cela faict eſpreignez le tout enſemble, puis le paſſez par vn linge net, & en mettez le ius en vne phiole, duquel vous ferez diſtiller le plus ſouuent que vous pourrez dans les yeux de voſtre oiſeau, continuant par pluſieurs fois. Et vous aſſeurez que ſoit homme ſoit oiſeau auquel mal d'yeux vous appliquiez tel remede, il s'en ſentira bien toſt guary.

Moyen aiſé & propre pour conſeruer l'oiſeau en ſanté, & en bonne haleine.

CHAP. VII.

Ous auez auſſi à noter, ſelon l'aduis de Maiſtre Aymé Caſſian, que pour reconforter voſtre oiſeau, & le côſeruer en vigueur & ſanté, vous luy pourrez donner au veſpre quatre ou ſix clouds de girofle, ſelon ce qu'ils ſeront gros, enueloppez en la cure : car ceſte choſe eſt ſouuerainement bône à tous oiſeaux, contre le rheume & eaux de la teſte, leur fait auoir l'haleine bonne, & leur garde de puir, leur reconfortant au ſurplus tout le corps, mais auſſi ſuffira d'vſer deſdits clouds de girofle de ſix en ſix, ou de huict en huict iours, en la maniere deuant dicte.

Remedes pour le mal de rheume enraciné de long temps,
& qui procede de froidure.

CHAP. VIII.

Ous vous auons cy deuant traicté des remedes propres pour alleger & guerir les oiseaux des maux &
maladies qui leur aduiennent pour raison des groffes gorges : c'est à dire, des mauuaises chairs : maintenant nous parlerons des remedes plus conuenables pour guerir le mal du rheume, qui aduient aux
oiseaux par froidure de cerueau de longue main
enracinée. Or est-il qu'à cause de la douleur qui prouient dudit rheume froid, le plus souuent les oiseaux ne peuuent bonnement ouurir
les yeux, ne les tenir ouuerts. Et de ce mal renaissent souuentesfois
plusieurs autres maladies : comme la taye en l'œil, dont plusieurs oiseaux perdent la veuë, l'ongle en l'œil, comme aux cheuaux : & par
fois aussi leur en vient la pepie en la langue, qui s'appelle les efforcil-
lons. Leur aduient aussi le mal de palais enflé, & souuent le mal de
chancre : qui sont maladies bien perilleuses, si tost n'y est remedié. Maistre Cassian dit que telles maladies se concreent & aduiennent aux oiseaux à cause des flegmes & mauuaises humeurs accumulées dans leurs
corps, ainsi que cy-deuant a esté dict de l'autre rheume. Aussi leur peuuent elles aduenir pour les tenir en lieux rheumatiques & froids, principalement quãd on reuient des champs par temps pluuieux, que l'on
remet les oiseaux baignez & moüillez au billot & à la perche, sans les
auoir faict seicher au soleil ou au feu. Pour ces causes donc aduiennẽt
souuent aux oiseaux lesdites maladies : mais pour y remedier est besoin
faire ce qui ensuit. En premier lieu, soit faict faire vn petit fer en forme
d'espreuue ou sonde, qui soit rond par le bout, de la grosseur d'vn pois.
Soit ce fer mis au feu tant qu'il soit rouge, puis en soit donné le feu à
l'oiseau malade, tout au plus haut de la teste : car coustumieremẽt en ce
lieu luy tient la douleur : mais aussi gardez vous bien que ne luy en dõ-
niez trop, & luy reuersez vn peu les plumes en cet endroict. Puis à la
mesme heure que vous luy aurez ainsi donné le feu sur la teste, prenez
vn autre fer bien subtil, delié & aigu par l'vn des bouts, comme vne aiguille, lequel mettrez pareillement au feu iusques à ce qu'il soit rouge,

D iij

& apres en percerez les narilles à voftre oifeau de part en part, puis au
bout de deux ou trois iours prenez vn autre fer qui foit plat par l'vn
des bouts, qui foit enuiron de la longueur d'vn caniuet dont on taille
les plumes, lequel mettez femblablement au feu tant qu'il foit rouge :
puis en donnerez le feu audit oifeau du taillant dudit fer droictement
entre l'œil & le bec : mais entendez bien, quand ie dy du taillant dudit
fer : que ce n'eft pas à dire qu'il foit trenchant comme pourroit eftre
vn coufteau ou trencheplume, ains fuffit qu'il foit plat de cefte forme,
& rabattu & moufse par l'endroict que i'appelle trenchant, ou taillant.
Mais ce faifant donnez vous garde que le feu ne touche au tournant
des oreilles ny aux narilles : auffi vous faudra-il couurir l'œil de voftre
oifeau d'vn petit drapeau moüillé, à fin qu'il ne puiffe eftre offenfé de
la fumée : Et toutes ces manieres de feu fe doiuent donner deuers le
Vefpre : Et puis apres donner à l'oifeau demie gorge (ou moins) de bõ
paft vif. Or ce iour mefmes que le feu aura efté donné à l'oifeau, le Fauconnier deura auoir faict prouifion de limaçons qui fe trouuent aux
vignes ou aux iardins fur les arbres & herbes : toutesfois ceux que l'õ
pourra trouuer fur le fenoil, & qui auront les coquilles rayées, feront
les meilleurs : & d'iceux en mettra cinq ou fix tremper dedans laict d'afneffe ou de cheure, & en defaut de laict d'afneffe ou de cheure, dedans
laict de femme, qui fera mis en vn verre couuert, afin que les limaçons
n'en puiffent fortir. Et le lendemain matin apres auoir rompu les coquilles, & auoir laué lefdits limaçons en autre laict fraifchement tiré,
en donner à voftre oifeau quatre ou cinq felon ce qu'ils feront gros : &
incontinent apres le mettre au feu ou au Soleil, d'où il ne le faudra leuer iufques à ce qu'il ait efmeuty quatre ou cinq fois : Toutesfois s'il
enduroit bien la chaleur, l'y faudroit laiffer plus longuement : pource
qu'elle luy feroit grand bien : Et apres midy le paiftre d'vne cuiffe de geline, ou de petits oifeaux, rats, ou fouris qui valẽt encores mieux : puis
le mettre en lieu chaud & non rheumatique auec bien petite gorge, &
venu le vefpre, qu'il aura enduit & paffé fa gorge, prenez cinq ou fix
clouds de girofle qui foient rompus en deux, & les enueloppant en vn
petit morceau de chair, faites tant qu'il les mette bas, par force ou autrement, en luy ouurant dextrement le bec : Continuez cefte medecine par cinq ou fix iours, & voftre oifeau guarira.

Autre remede pour la maladie deſſuſdite.
Chap. XII.

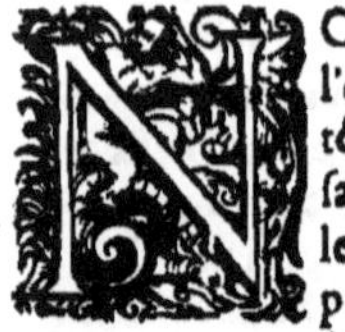Oſtre maiſtre Molopin a enſeigné, que pour guarir l'oiſeau du rheume ſuſdit, eſt bon & bien experimenté luy faire vſer de la medecine qui enſuit. Prenez du ſaffran & de la camomille battus en poudre, de chacun le gros d'vn petit pois, & les meſlez enſemble. Puis ſoit pris du lard qui ne ſoit ne rance ne trop fort, & ſoit faict tremper vne nuict & vn iour, en luy changeant d'eau trois ou 4.fois: ſi lauerez puis apres ledit lard ainſi trempé en eau fraiſche & nette: & meſlant ledit lard auec ſuccre de premiere cuitte & moüelle de bœuf, autant d'vn comme d'autre enſemble auec leſdites poudres, en ferez cinq ou ſix pillules de la groſſeur d'vne febue, & chaque matin en dônerez vne à voſtre oiſeau iuſques à ce qu'il les ait toutes vſees. Puis le mettez au ſoleil ou au feu, & le paiſſez qu'vne heure ou deux apres la pillule prinſe, que vous luy dônerez d'vne cuiſſe de geline, ou petits oiſeaux, rats ou ſouris, à demie gorge. Et au ſoir apres qu'il aura bien enduit, luy donnerez quatre ou cinq clouds de girofle enueloppez dans quelque petit lopin de chair ou de peau de geline, ainſi que deſſus à eſté dict. Auſſi auant ceſte medecine pouuez-vous dôner le feu à voſtre oiſeau par la forme cy deuant deduicte & ſemblablement luy faire puis apres vſer de medecine de limaçons deſſuſdits.

Autre remede pour deſcharger l'oiſeau du rheume de la teſte.

Chap. X.

Aiſtre Michelin dit qu'vn iour ou deux apres que l'oiſeau aura vſé des pillules deſſuſdites, eſtãs par le moyen d'icelles les humeurs deſia eſmeuês, il ſera bon prendre poudre de poyure, auec vn peu de bon vinaigre, & les battre enſemble, puis luy en froter le haut du palais, & luy en faire encor' diſtiller deux ou 3. goutes dãsles narilles: puis apres le mettre eſſorer au feu ou au ſoleil: & lors luy pourrez-vous voir les flegmes & mauuaiſes humeurs yſſir & couler hors de la teſte. Ce faict, & vne heure ou deux apres, ſera pu de quelque bõ paſt vif. Au lieu de poyure, vous pourrez vſer de trois ou

quatre grains de ſtaphiſagria en la forme deuant dicte: mais ne luy en
faudra bailler qu'vne fois. Et ſi vous voyez que l'oiſeau ait trop grande
peine a vuider les humeurs peccantes, iettez luy de l'eau fraiſche par la
teſte, & és narilles, & elles paſſeront plus legerement.

Remede pour le mal des aureilles qui vient aux oiſeaux
de rhume ou froidure.

C H A P. II.

Vcunesfois aduient aux oiſeaux vn mal d'aureilles à cauſe de froidure & rheume de teſte. Et ſe cognoiſt ceſte
maladie quand l'oiſeau met l'œil de trauers, & ne faict
point ſi bonne chere que de couſtume, à cauſe des humeurs qui luy fluent par les aureilles, comme vous pourrez apperceuoir en y regardant. Pour remede à ceſte maladie enſeigne
maiſtre Caſſian, de prendre le fer cy-deſſus mentionné, qui à l'vn des
bouts rond comme vn petit bois, & de l'huille d'amendes douces, &
s'il ne s'en trouue, de l'huille roſat: & apres que le fer ſera vn peu chauffé, ſoit ce bout rond trempé dedans l'huille, lequel huille ſera faict degoutter dedans les aureilles de l'oiſeau: & pour empeſcher qu'elles ne
ſe conſtipent & eſtoupent, ſera bon faire entrer tout doucement ce
bout de fer rond & ainſi trempé que dit eſt dedans les aureilles de l'oiſeau: ce qui profitera auſſi pour faire entrer l'huille plus auant. Mais auſſi gardez vous bien de mettre le fer trop auant, ou trop chaud: car l'vn
& l'autre pourront grandement offenſer l'oiſeau. Continuez ceſte medecine par quatre ou cinq iours conſecutifs, en luy oſtât & leuant touſ-
jours bien doucement les humeurs fluans aux oreilles, & luy viſitant
par fois ſa gorge pour voir ſi elle ſera nette? & vous en cognoiſtrez voſtre oiſeau bien toſt & bien fort allegé: & ſera beſoing d'y pouruoir
d'heure: car de tel mal aduient aucunesfois le chancre au cerueau de
l'oiſeau: qui eſt vn mal incurable, & eſt force que l'oiſeau en meure. Vo˘
en pourrez ſemblablement en ceſte maladie faire vſer à voſtre oiſeau
des pillules de lard, ſuccre & moüelle de bœuf, dont cy-deſſus au neuf-
ieſme chapitre à eſté fait mention: car ie vous veux bien donner aduis
des vnes & des autres, afin d'en vſer à voſtre choix.

Remede

CHAP. XII.

N autre maladie aduient aux oiseaux que l'on appelle mal de paupieres: pource que les humeurs tombêt sur la paupiere, & la font enfler au dessus de l'œil. Et si prompt remede n'y est mis, l'enfleure gaigne tout l'entour de l'œil, & par fois croist tant que l'œil mesme en est offensé, & bien souuent se perd ou creue, si l'oiseau porte longuement ce mal: & de fait a-on veu mourir plusieurs oiseaux, à faute d'estre à temps secourus. Or enseigñe le bon maistre Cassian pour remede à ceste fascheuse maladie de prendre ce fer rond par le bout, ainsi qu'à esté diuisé cy-dessus au huictiesme chapitre: le faire chauffer, & luy en dôner le feu sur la teste, ainsi qu'à esté dit audit chapitre: & semblablement de l'autre petit fer pointu & agu par le bout luy percer les narilles par la forme deuant dite: puis luy donner la medecine des limaçons trempez en laict d'asnesse ou de cheure, ainsi qu'a esté enseigné au mesme endroit. Ou au lieu de ceste medecine, luy pourrez faire vser des pillules faites de poudre de saffran & camomille, lard, sucre, & moüelle de bœuf, comme cy-dessus a esté monstré. Et si d'auenture il ne pouuoit guerir pour toutes ces choses, vsez de la medecine que maistre Molopin dit auoir extraicte du liure du Prince, dont la recepte ensuit. Soit prinse casse fistule, & la faictes battre auec l'escorce: puis la passez par vne estamine auec le blanc d'vn œuf meslé ensemble. De tout cela faites vn emplastre estendu sur vn linge delié, & l'appliquez sur l'œil de l'oiseau par trois ou quatre iours côsecutifs. E là où vous cognoistrez qu'il n'y aura plus grand amas de flegmes, donnez luy en cet endroit la vne touche du cautere ou fer dessusdit. Mais aussi si vous cognoissez qu'il y ait autre plus apparente enfleure, abstenez vous de luy bailler le feu: ains continuez luy seulement ledit emplastre. Et si feu luy voulez donner, faites mesches de papier: dont chacune soit de la grosseur d'vn fer d'eguillette, & les ayant allumées au feu, touchez l'en tout doucement sur l'enfleure, mais sur tout donnez-vous garde de luy donner le feu trop aspre, & par ce moyen il guarira,

E

Du mal de l'ongle, qui vient en l'œil des Faucons, de ses causes, &
signes, & des remedes propres pour le guarir.

CHAP. XIII.

Vcunesfois aduient en l'œil des oiseaux d'vn mal qu'on
appelle l'ongle, qui vient ainsi comme aux cheuaux, quelquefois de coup, quelquefois de froidure & mal de teste:
autrefois au moyen du chapperon, qui trop longuement
& rudement aura pressé & foulé l'œil de l'oiseau, & autresfois par autre accidens que l'on ne peut euiter. Ce mal d'ongle se
cognoist & apperçoit, quand l'on void comme vne petite taye en l'œil
de l'oiseau, qui luy vient comme vne bande couurir peu à peu le coin
de l'œil du costé du bec, estant vn peu noir pardeuant: & c'est pourquoy on l'appelle l'ongle. Et aduient souuent lors qu'elle surmonte la
prunelle de l'œil, qu'elle le creue ou perd tout à fait. Pour y donner
própt remede enseigne M. Aymé Cassiã, de prendre vne petite aiguille
bien subtille enfilee de fil de soye, & en enfiler & enleuer l'ogle biê doucement & dextrement: puis auec vn petit cizeau coupper mignonnement ledit ongle, en la forme & maniere que les bons mareschaux ont
accoustumé de le coupper aux yeux des cheuaux : mais aussi donnez
vous bien garde d'en trop coupper, car l'œil en demeureroit trop laid
& difforme. Ce fait soit l'œil arroulé de bonne eau rose par trois ou
quatre iours consecutifs: & par ce moyen l'oiseau guarira.

Remedes pour guarir l'oiseau, qui a en coup en l'œil

CHAP. XIIII.

Duient parfois que l'oiseau a mal en l'œil à raison de
quelque coup qu'il y a receu. Et dit maistre Cassiã, que
si le mal est encores petit & recent, en luy lauant l'œil
d'eau rose & d'eau de fenoil meslees ensemble en
egale quantité, il en ressentira prompt allegement.
Maistre Molopin ayant bonne cognoissance de ce
que dessus, enseigne que si l'oiseau à coup en l'œil, il faut prendre de
l'herbe aux Arôdelles, vulgairemêt appellee Chelidoine ou Esclere, la
broyer, en tirer le ius, & le mettre en l'œild e l'oiseau: lequel par ce moyê

guarira. Et si ne pouuez trouuer de ceste herbe verde, trouuez-en de seiche, & en faites poudre, de laquelle auec vn bout de plume vous soufflerez dans l'œil de l'oiseau malade. Et quand n'en pourrez recourer ny verde ny seiche, prenez la semence de jusquiane, & la broyez, & apres mettez-luy du jus dedans l'œil, & il guarira.

Remede pour le mal de la taye en l'œil des oiseaux, qu'aucuns appellent verole.

CHAP. XV.

Ous voyons souuent arriuer aux oiseaux certaine maladie appellée cômunement la taye en l'œil, toutesfois aucuns l'appellent verole, qui procede du mal de la teste & de rheume, descendãt sur les yeux par froidure. Et encor ce mal peut venir de ce que le chapperon touche trop longuemét ou serre trop fort le dessus de l'œil de l'oiseau. Pour remede à ce mal, maistre Cassian ordonne qu'on face & donne à l'oiseau la medecine deuant dicte au chapitre cinquiesme de ce second liure, composée de lard, de sucre, & moüelle de bœuf, cy dessus deuisée pour purger & nettoyer le corps de l'oiseau. Et faut qu'elle luy soit continuée par trois ou quatre fois à diuers iours: puis le mettre au feu ou au soleil, & puis apres le paistre d'vn bon past vif, vt supra : & le garder bien du vent & d'humidité. Apres que vostre oiseau aura esté ainsi purgé, ainsi la taye se monstre & descouure fort. Lors luy faudra donner le feu au haut de la teste, & pareillement l'autre petit feu entre l'œil & le bec, en la maniere dicte by dessus au chapitre huictiesme de ce liure, où nous auons enseigné les excellents & souuerains remedes pour guarir le rheume. Puis apres vous luy lauerez l'œil de bonne eau rose : & si vous voyez que besoin soit, luy pourrez aussi appliquer comme dessus a esté dict, du jus ou de la poudre de l'herbe d'arondelle, vulgairement appellé esclaire. Maistre Molopin a laissé par escrit que pour prompt & asseuré remede à ce mal de la taye en l'œil, que luy-mesme appelloit verolle, faut prendre de l'escaille d'vne tortuë, puis la mettre boüillir dedans vn pot neuf, puis la bien battre & mettre en poudre, qui soit puis apres passée au trauers d'vn linge bien delié, ou d'vne estamine. Il sera bon aussi de prendre vne de ces coquilles de mer, qui sont longues, en maniere d'vn cor, puis la faire bien cuire au feu, iusques à ce qu'on la

puiſſe battre & en faire poudre bien ſubtile, qui ſoit puis apres paſſée
par vn linge bien delié, ou eſtamine, cõme cy-deuant a eſté dit de l'autre poudre d'eſcaille de tortuë. Prend encor ſuccre candy en poudre :
& de toutes ces trois poudres faire vne compoſition, y mettant autant
de l'vne que de l'autre, & les meſlant fort bien enſemble. De ceſte cõpoſition & mixtion vous mettrez puis apres dedans l'œil de l'oiſeau
malade, luy continuant ainſi ceſte medecine iuſques à ce que le voyez
bien guary. Le bon maiſtre Michelin a enſeigné encor vn autre remede, qui eſt de prendre vn œuf frais, & y faire vn petit pertuis, par lequel
on en puiſſe tirer tout le blanc dehors. Le blanc donc eſtant ainſi tiré,
faut prendre de bonne eau roſe, & de la poudre de ſang de dragõ, puis
en mettre dedans ledit œuf auecques le moyeu qui y ſera demeuré, &
le tout bien battre & meſler là dedans enſemble auecques vn petit ba-
bon. Puis apres prendre de la paſte, & en bouſcher & couurir tellemét
ledit œuf que rien n'en puiſſe ſortir : puis le mettre au feu, & le faire
cuire iuſques à tant que la paſte deuienne noire ou rouge quand le tirerez hors dudit feu. Prenez puis apres tout ce qui ſera dedans l'œuf,
& en faites poudre bien ſubtile, que vous paſſerez par vn linge bien delié, ou eſtamine, & de ceſte poudre mettrez dedans l'œil de voſtre oiſeau malade, continuant iuſques à ce qu'il ſoit bien guary, l'arroſant
toutesfois par interualles d'eaux de fenoil, & de roſes meſlées, comme
cy deſſus a eſté dit. Maiſtre Molopin a encor laiſſé recepte d'vne autre
poudre, qui dit eſtre ſouueraine pour remedier à ce mal. Prenez, dit-il,
fiante de Lezard, dit Prouençal, & en faites poudre : prenez auſſi poudre de ſuccre candy, & de ceſte plus que de l'autre, & les meſlez bien
toutes deux enſemble, & en mettez dedans l'œil de voſtre oiſeau, puis
le lauez & arroſez par fois des eaux de roſes & de fenoil, comme cy
deſſus a eſté dict. Et eſt ceſte poudre de ſingulier effect ſur toutes autres, comme nous recite ledit maiſtre Molopin.

Du mal de la couronne du bec, de ſes cauſes & ſignes, & des remedes
propres pour le guerir.

Chap. XVI.

Vcunesfois aduient vne maladie ſûr la couronne du bec
de l'oiſeau, qui deſcharne ledit bec d'auec la teſte. Et dit M.
Aimé Caſſian que c'eſt comme vne fourmillere qui leur
mange par dedans ladite couronne: dont l'oiſeau eſt ſouuent en bien grand danger. Vous pourrez apperceuoir ce mal lors que
verrez ladite couronne du bec deuenir rouſſe, & peu à peu deſchar-
ner & ſeparer d'auec le bec & la teſte. Or enſeigne le bon Maiſtre Caſſian que pour remedier à ceſte maladie, faut prendre le fiel d'vn bœuf,
ou d'vn taureau, qui vaut mieux, & le rompre & eſpandre dans vne eſcuelle, puis meſler & deſlayer parmy ledit fiel del'aloës cicotrin à diſcretion, & tant que de raiſon. De ceſte mixtion oignez la couronne du
bec & fourmillere de voſtre oiſeau deux fois le iour, iuſques à ce qu'il
ſoit guary. Mais en l'oignant gardez vous bien de toucher à l'œil ny
aux narilles, pource que cela luy pourroit beaucoup nuire.

Remede pour le mal des narilles & du bec.

CHAP. XVII.

L aduient ſouuent auſſi aux oiſeaux, vn mal qui leur fait
enſler les narilles tout à l'entour, & leur monte aucunesfois
iuſques à la couronne du bec, & puis ſe fait vne crouſte, laquelle ſe venant puis apres à leuer, le bec ſe trouue tout
deſcharné par deſſoubs: Encor par le moyen de ce mal eſ-
chet bien ſouuent que l'oiſeau accueille pluſieurs petits poux en la teſte, qui luy couurent & deſcendent iuſques ſur le bec, & entrent dedãs
ſes narilles, & adoncques l'oiſeau ſe donne des pieds eſdites narilles,
dont luy procede ceſte maladie. Pour prompt & ſeur remede à ce mal,
nous enſeigne Maiſtre Caſſian, faut prendre du papier, & en faire de
petites meſches, qui ſoient groſſes comme vn fer d'aiguillette: puis
prendre & tenir l'oiſeau dextrement, & apres auoir allumé leſdites meſches à vne bougie, luy en donner le feu ſur l'enſleure: mais qu'il ne luy
donne trop aſpre. Apres ſoit oingt l'endroict auquel on luy aura donné le feu, d'vn peu de graiſſe de geline, & par ce moyen il guarira. Aucuns ont eſté d'aduis de luy donner le feu d'vn fer rond, mais il eſt plus
dangereux que le feu des meſches ou allumettes ſuſdits.

E iij

D'vn autre feu qui se donne aux narilles des oiseaux pour les embellir.

CHAP. XVIII.

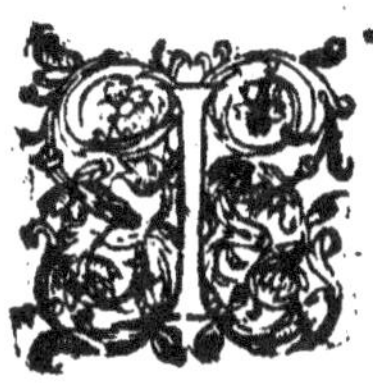IL se rencontre des oiseaux qui de leur naturel ont les narilles fort petites: aucuns Fauconniers cuidans les amender leur y donnent le feu, mais le plus souuent au lieu de les amender ils les gastent. Toutesfois si pour cet effect vous préd fantaisie de donner le feu à vostre oiseau, faire le pourrez en ceste maniere. Prenez vn caniuet de moyenne taille, & le faictes chauffer bien chaud, puis appuyez-le doucement & dextremét sur le bord de la narille de l'oiseau, en esleuant la main, à fin de toucher plus sur le dehors: mais mieux vaudra que ce soit du taillant du caniuet, pour luy donner le feu moins paroissant: puis oignez l'endroict eschaudé d'vn peu de graisse de geline: & vous sera seur moyen de rendre à vostre oiseau plus belles narilles.

Du mal de barbillons qui vient dedans le bec des oiseaux, de ces causes & signes, & des remedes propres pour le guarir promptement,

CHAP. XIX.

L'occasion du rheume ou de la froidure qui descend de la teste sur bec & maschoires des oiseaux, souuentesfois leur aduient vn mal appellé les barbillons, ou fourcillons: lequel s'engendre dedans le bec de l'oiseau, & luy fait enfler, puis se rend & s'estend iusques à la langue, de sorte qu'il luy fait perdre l'appetit. Enfin croist de telle façon que les oiseaux ne pouuans plus serrer le bec, sont forcez & contrainĉts de mourir. Qui par consequent est vne maladie fort dangereuse. Pour laquelle bien cognoistre dés le commencement d'icelle, prenez l'oiseau, & luy ouurez le bec, & luy contemplez bien la langue & les barbillons, s'ils sont plus enflez qué de coustume. Pour vous en esclarcir dauantage, vous pourrez prendre vn autre oiseau, & luy ouurir semblablement le bec, pour voir s'il aura la langue & les barbillons en mesme poinĉt que celuy que pensez malade: & par ceste conference discerner le poinĉt & la grandeur du mal. Pour remede, M. Molopin, au liure du Prince, enseigne qu'il faut prendre amendes douces, ou huile d'oliues lauée en quatre ou cinq eaux, puis auec vne plume de ceste huile arroser la gorge & la lague de l'oiseau trois ou quatre fois le iour, cinq ou six iours durant. Cependant si vous voiez que l'oiseau ne puisse paistre, taillez luy la chair en petits morceaux, & luy ourant le bec dextrement & doucemẽt, faictes la luy aualler auec vn petit baston : mais ne luy donnez que demie gorge de moutõ ou de poulaille. Ces cinq ou six iours passez, luy soit ouuert le bec dextrement, & auec vn petit cizeau ou cániuet, taillez le bout des barbillons, tant que le sang en sorte : mais aussi gardez vous bien d'en trop tailler. Apres cela soit l'oiseau oingt & arrosé de syrop de meures par dedans la gorge, & quelque temps apres d'huille d'amãde douces ou d'oliues, & ainsi faut continuer iusques à ce qu'il soit guary.

Du mal de chancre, de ses causes & signes, & des remedes propres pour les guarir.

CHAP. XX.

Ouuent aduient le mal de chancre aux oiseaux puz de mauuaises chairs, & de grosses gorges, qui leur ont esté baillees sans prealablement les lauer ou tremper, ou sans les monder en Hyuer d'eau chaude, & en Esté d'eau froide. Ce qui est bien souuent cause que plusieurs flegmes & autres mauuaises humeurs s'engendrent dedans le corps & les entrailles des oiseaux, lesquelles venant puis apres à s'esmouuoir, montent ou font monter des fumees en la teste, qui leur cause vne grande eschauffaison de foye, puis font naistre & croistre le chancre en la gorge & en la langue de l'oiseau. De ce mal vous pourrez facilement apperceuoir lors que le paissant, il laissera cheoir ce qu'il prendra auec le bec, ou l'auallera à grand' peine. Lors luy ouurant le bec comme auec de coustume, vour luy apperceurez clairement le chancre en la gorge & en la langue. Le vray remede pour guarir ce tant fascheux mal, M. Cassian enseigne qu'il faut prendre huile d'amandes douces, ou huille d'oliues, lauee ainsi qu'il à esté dict au chapitre precedent, & luy en oindre la gorge & la langue trois ou quatre fois le iour. Puis apres faire vser à l'oiseau des pillules de lard, de succre & moüelle de bœuf, ainsi que cy-dessus elles ont esté deuisées, & ce par trois ou quatre iours consecutifs. Et ce fait luy donner le past de poulaille ou chair de mouton graissée de l'huile dessusdite : & si ne sera aucun besoing que ceste huile d'amandes soit lauee. Mais toutesfois il vous faudra voir & visiter le chancre : & vous le voyez blanc, ayez vn petit fer, fait par l'vn des bouts en forme de racloire ou ratissoire, & par l'autre bout taillant. Si la langue est par trop chargee de chancre,

& tant qu'il ne fe puiffe tirer auec la racloire, fendez luy bien dextrement & doucement auecques le taillant du long du cofté de la langue,
puis dudit raclet rafclez toute celle blancheur de chancre que vous
y verrez & trouuerez, & gardez bien que rien ny demeure: Puis prenez
vn peu de cotton pour effuyer le fang de la langue. Et fitant eftoit que
l'autre cofté de la langue fuft pareillement chargé de chancre, fendez
le tout ainfi que l'autre: puis prenez l'herbe dite, Capilli Veneris, &
en tirez le ius, & l'en arrofez: & fi ne trouuez de ladite herbe, prenez
vn peu de vinaigre. Mais encores mieux vaudra le ius de limon: du
quel lauerez fa langue & fa chair, iufques à ce qu'il foit du tout bien
guary. Encores enfeigne maiftre Michelin vn autre remede tel qu'il
enfuit. Prenez dit-il du firop de meures, & en oignez bien la langue &
la gorge à l'oifeau qui aura le chancre par deux ou trois iours confecutifs. Ayez puis apres du camphre en poudre, du fuccre candy, ou autre
fuccre blanc, autant de l'vn comme de l'autre & meflez bien tout enfemble: & de cefte poudre mettez en vn petit deffus le châcre: car fi vo°
en mettiez par trop, il le pourroit manger trop afprement: mais y en
mettant mediocrement, encor donnera elle atteincte au fort chancre
iufques à la racine: puis apres foit l'oifeau pu de chair bonne & fraifche
de vollaille ou de Mouton: laquelle ait efté preallablement lauee en
bonne huille d'oliues ou d'amendes douces.

Du mal de la pepie qui vient aux Faucons fur la langue à caufe de rheume,
de fes caufes & fignes, & des remedes propres pour la guerir.

C H A P. XXI.

E mal de la pepie vient le plus fouuét en la langue des Faucons, à caufe qu'ils ont efté pus de mauuaifes chairs & puã-
tes, qu'on leur à baillees fans lauer ou nettoyer: & à cefte
occafion s'engendrent flegmes & groffes humeurs dedans
leurs corps & entrailles, dont les fumées & vapeurs leur
montent puis apres en la tefte: lefquelles puis apres condenfees en pi-
tuite leur defcendent fur la langue, & de leur corruption s'y engendre
la pepie au bout d'icelle, tout ainfi que l'on void aduenir ordinairement aux poullailles. Vous appercouerez ceftuy mal, lors que vous
verrez voftre oifeau fouuent efternuer, & apres auoir efternué faire vn cry par deux ou trois fois. Ce que luy voyant faire, & le
prendrez & luy vifitant la langue vous luy trouuerez la pepie au deffous

ſoubſ d'icelle, Pour y donner remede, dit maiſtre Molopin au liure du
Prince, qu'il faut prendre bonne eau roſe, & d'vn morceau de cotton
attaché au bout d'vn petit baſton, & trempé en icelle eau roſe frotter
& lauer tres-bien la langue à l'oiſeau : puis apres d'huille d'amandes
douces, ou d'oliues, ainſi lauee comme cy deſſus a eſté enſeigné, lui oindre la langue deux ou trois fois le iour par trois ou quatre iours conſecutifs. Ce faict vous verrez la pepie toute blanche & mollifiee. Alors
vous prédrez vn caniuet, & de la poincte d'iceluy ſouſleuerez la pepie,
en la tirant tout doucement dehors, ainſi que l'on a accouſtumé de la
tirer aux poulailles. Mais donnez-vous garde de ne la tirer tant qu'elle
ſoit bien mollifiee : car auttement vous pourrez faire grand mal & grãd
dommage à l'oiſeau. Et n'oubliez, apres que luy aurez oſté la pepie, de
luy oindre & arroſer (trois ou quatre fois le iour) la langue de l'vne des
huiles ſuſdites, iuſques à ce qu'il ſoit guary.

Du mal de palais qui enfle aux oiſeaux par froidure & rheume de teſte, de ſes cauſes &
ſignes, & des remedes propres pour les guarir.

CHAP. XXII.

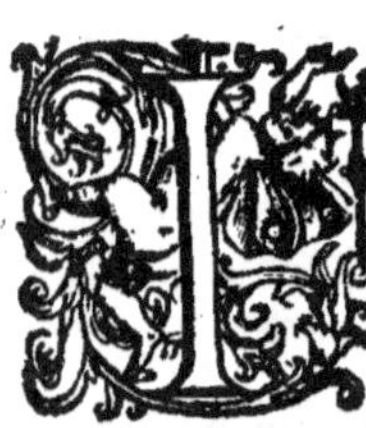

L aduient par fois aux oiſeaux vne autre maladie,
qui eſt, que le palais leur enfle, pource qu'ils ſont
morfondus & chargez de rheume en la teſte. Ce
mal pourrez vous cognoiſtre & apperceuoir lors
que verrez voſtre oiſeau ne pouuant & n'oſant
bonnement ſerrer le bec, & au ſurplus faire chere
triſte & mauuaiſe plus que de couſtume, & mettre auec bien grande peine ſa chair en bas. Voyant
celà ſi vous luy ouurez le bec, vous luy trouuerez le palais blanc & enflé. Mais auſſi ayant trouué quelque commencement de ce mal, il vous
faudra bien diligemmét viſiter le bec de l'oiſeau, & regarder s'il y a aucune choſe qui l'empeſche de le ſerrer ainſi que de couſtume. Car aucunesfois le bec croiſt & ſurmonte d'vne bande plus que de l'autre, &
faict ceſte excreſcence que l'oiſeau ne peut en aucune façon reſerrer le
bec à ſon droict poinct.

Pour remede à ce mal, enſeigne maiſtre Caſſian, qu'il faut faire des
pillules de lard, ſuccre, & moüelle de bœuf, compoſees par la forme cy
deſſus enſeignee, & en donner à l'oiſeau malade, chaſque matin vne
ou deux par l'eſpace de quatre ou cinq iours. Et ne le paiſtre iuſques à

ne heure ou deux apres la prinſe deſdites pillules: mais à ſon paſt luy
donner chair de moutõ ou poulaille arroſee des huilesdeſſuſdites.Ces
cinq ou ſix iours paſſez,luy faudra ouurir le bec,& auec la racloire mẽ-
tionnee cy deſſus au chapitre du chancre, luy racler tout doucement
ceſte blancheur apparoiſſant en ſon palais.Toutesfois ſi vous apperce-
uez que l'enfleure ſoit diminuee,ne ſera beſoing d'y faire autre choſe,
ains ſeulement luy continuer l'arroſement des huiles ſuſdites. Mais ſi
l'enfleure ſe trouuoit haute outre meſure, vous la luy pourriez fendre au long, ou vn peu gerſer, ſans entrer trop auant, pource qu'on le
pourroit legerement faire mourir. Puis apres ayant eſprainct du jus de
l'herbe de Capilli Veneris, l'en pourriez lauer par deſſus le mal,luy arroſant touſiours ſon paſt des huiles deſſuſdites, iuſques à ce qu'il fuſt
bien guary.

Du mal des ſangſuës, de ſes cauſes & ſignes, & des remedes propres pour le guarir
CHAP. XXIII.

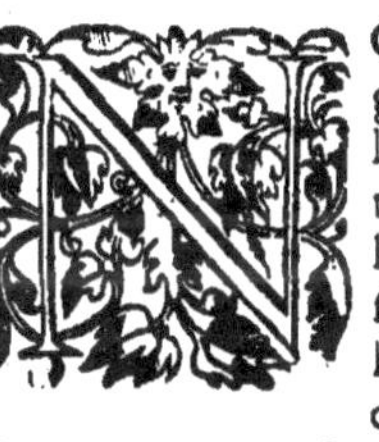

Ous voyons aucunesfois que les oiſeaux ſe bai-
gnans en eaux coyes & croupies, ou en fontaines
limonneuſes, s'amuſent à y boire, & lors leur entrent petites ſangſuës dedans la gorge, ou dedans
les narilles: leſquelles viennent puis apres à s'enfler du ſang qu'elles boiuent dedans le corps de
l'oiſeau, qui eſt la ſeule cauſe que bien ſouuent ils
cheent en peril de mort,à faute d'y donner vn bon
& prompt remede. De ce mal vous pourrez apperceuoir, voyant la
ſangſuë ſe remuer dedãs la gorge de l'oiſeau,lors qu'il prend ſon paſt,
& aucunesfois ſe monſtrer par les trous des narilles. Pour remede à ce
mal, maiſtre Aimé Caſſian nous enſeigne qu'il faut prendre quatre ou
cinq punaiſes toutes viues, & les mettre ſur vn charbon de feu ardent:
puis faire ouurir la gorge à l'oiſeau,& luy faire pancher la teſte ſur ledit
charbon, de telle façon que la fumée de ces punaiſes bruſlantes luy
puiſſe entrer en la gorge & és narilles: car leſdites ſangſuës y ſeront incontinent qu'elles auront ſenty la fumée, & cherront dehors. Autre
excellent remede extraict du liure du Prince, nous enſeigne maiſtre
Molopin: Prenez, dit-il, deux ou trois gouttes de jus de limon, & les
faites degoutter dedans les narilles de l'oiſeau, vous verrez qu'incontinent apres il mettra les ſangſuës dehors. Et encore a dit maiſtre Mi-

chelin, qu'en mettant de la mouſtarde ſur les narilles de l'oiſeau, il a
par pluſieurs fois experimenté que les ſangſues en ſont iſſues.

Du mal des maſchoires, qui vient dedans le bec, de ſes
cauſes & ſignes, & des remedes propres
pour les guarir.

CHAPITRE XXIIII.

AVcunesfois aduient dedans le bec des oiſeaux vn mal, que
les Fauconniers appellent vulgairement, le mal des maſchoires: & procede le plus ſouuét de trop leur ſerrer le chapperon, ou de ce que le chapperõ eſt trop petit. Aduient auſſi
par fois du rheume de la teſte, qui leur deſcend ſur l'os du bec. Vous
apperceurez ce mal de ce que l'oiſeau ne pouurra bonnement ouurir
ne fermer le bec. Pour remede à ceſte maladie enſeigne maiſtre Aymé Caſſian, prendre de l'huile d'amendes douces, & en arrouſer tres-
bien la gorge & l'os du bec de l'oiſeau par trois ou quatre iours conſecutifs. Et au defaut de ceſte huile d'amendes, prendre de bonne huile
d'oliues, & la lauer en l'eau deux ou trois fois, & luy en faire ſemblable
arrouſemét: meſmes luy en oindre & lauer ſa chair, comme a eſté dit cy
deſſus. Auſſi dit ledit maiſtre Caſſian que pour oſter la premiere &
principale cauſe du mal, il ſera bon luy faire prédre des pillules de lard,
ſuccre, & moüelle de bœuf, par la forme cy deuant plus au long de-
duitte.

Du mal de bec, de ſes cauſes & ſignes, & des remedes
propres pour le guarir.

CHAP. XXV.

PAr fois il aduient vn autre mal & faſcheux inconuenient aux
oiſeaux par la faute des Fauconniers qui les gardent & pen-
ſent. Qui eſt vn certain mal de bec, qui le fait rompre & eſclat-
ter. Et procede de ce qu'en paiſſant les oiſeaux, aucunesfois il leur demeure quelque petit de chair au deſſus du palais pres le bout du bec:
laquelle chair ſe vient puis apres à pourrir, & pourriſſát corrõpt & gaſte
le bec de l'oiſeau tellemét qu'õ le void ſe rõpre & choir par eſclats. Autresfois aduiét auſſi ce mal à faute d'affiner & appointer le bec à l'oiſeau

ainſi qu'il eſt requis : car il croiſt tant d'vne part & d'autre, qu'en fin eſt
force qu'il ſe rompe : & puis ſ'engendre vne formiere, qui les fait eſclat-
ter & dechoir. Pour remede à ceſte maladie, dit maiſtre aymé Caſſian
qu'il faut prendre l'oiſeau, & diligemment luy viſiter le bec, en le luy
taillant & bien nettoyant. Et ſi on y trouue formiere, la lauer & nettoyer auſſi tresbien, tant qu'on la mette dehors

Du haut mal ou Epilepſie, dont les oiſeaux tombent
par fois, de ſes cauſes & remedes propres
pour les guarir.

CHAP. X.

Velquesfois il aduient que les Faucons tombent de
l'Epilepſie ou haut mal : & leur procede ce mal, comme dient les maiſtres Fauconniers, de certaine chaleur de foye qui leur fait monter les fumees au cerueau
& puis apres tomber du haut mal. Pour remedier à
ce faſcheux inconuenient, maiſtre Molopin au liure
du Prince, dit qu'il faut chercher derriere la teſte de l'oiſeau, & là on luy
trouuera deux foſſettes, leſquelles il luy faut chauffer d'vne verge d'ai-
rain ou fil de richard, & il guarira. Et ſi celle recepte ne profite, faites
celle qui cy apres enſuit. Prenez le petit rond, duquel a eſté cy deſſus
parlé & le faites fort chauffer : puis luy en baillez le feu ſur la teſte par la
maniere deuant dite : mais que ce ſoit doucemēt & dextrement : car autrement le pourriez tuer. Ce fait prenez lentilles rouſſes, & les mettez
ſecher au four, & en faites poudre ſubtile, & encores de la limeure de fer
la plus deliee que pourrez trouuer autant de l'vn cōme de l'autre, & les
meſlez & battez fort enſemble auec du miel de mouſche recent. Puis
en ayant fait des pillules de la groſſeur d'vn moyen pois, prenez voſtre
oiſeau & luy en faites aualler deux ou trois : le tenant puis apres touſiours ſur le poing, tant qu'il ait eſmuti vne fois ou deux : puis ſoit mis
au feu ou Soleil, & ne ſoit pu iuſques à deux ou trois heures apres, que
vous luy donnerez d'vne aiſle de Pigeon : luy continuant ainſi ceſte
façon de medecine & regime iuſques à ſept ou huiὸ iours conſecutifs.
Et ce pendant ſoit ledit oiſeau tenu de nuiὸ à la fraiſcheur, & pareillement de iour en lieu obſcur. Autre recepte pour guarir de ce mal à
enſeigné maiſtre Aymé Caſſian, diſans qu'il faut fendre à l'oiſeau la

peau deſſus la teſte à l'endroit des foſſettes deſſuſdites, & là ſont petites
veines ou arteres qu'il faudra ſerrer & lier auec vn petit fil de ſoye:
puis apres oingdre & en graiſſer ceſt endroit de ſang ou graiſſe de
poulaille: & conſequemment luy donner des pillules de lentiſles & limure de fer par la forme cy deſſus eſcrite, par l'eſpace de ſept ou huict
iours. Et de nuict ſoit tenu au ſerain & au vent, & de iour en lieu obſcur, comme cy deſſus a eſté dit, & deux ou trois heures apres ſoit pu
d'vne aiſle de Pigeon ou de vollaille de moyenne gorge: mais donnez
vous garde de tenir autre oiſeau pres de luy, ou le paiſtre ſur le meſme
gant: car ceſte maladie eſt dangereuſe & contagieuſe, & pourroit prendre à autres oiſeaux qui en ſeroient approchez, ou pus ſur le meſme
gant.

FIN DE CE SECOND LIVRE.

F iij

Liure Troisiesme.

CHAPITRE I.

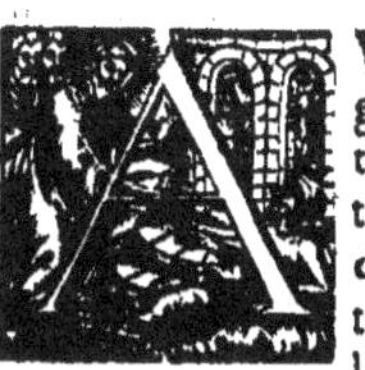V liure precedent nous vous auons declaré & enseigné au plus pres de bien qu'il nous a esté possible tous les moyens laissez par escrit & monstrez par ces trois bons & excellents maistres Fauconniers cy dessus nommez, tant pour conseruer Faucons en santé, que pour les guarir des maladies & accidents qui leur peuuent aduenir en la teste & parties d'icelles. Or reste-il maintenant à vous declarer par ordre les maladies qui suruiennent dedans le corps des oiseaux, & les remedes propres & requis pour icelles guarir & saner, & remettre les oiseaux au premier & bon estat de leur santé : ce que i'ay entreprins vous enseigner en ce troisiesme liure : & ne vous rien celer des notables secrets & bons enseignemens que i'ay peu par experience apprendre & sçauoir des trois maistres dessusdits : nommément du bon maistre Aimé Cassian, qui sur tous a esté expert & bien experimenté en ce noble art de Fauconnerie.

Du mal de la pierre, ou de la croye qui aduient aux boyaux ou bas fondement
des oiseaux, de ses especes, causes & signes, & des remedes propres
pour le guarir.

CHAP. II.

Oncques vous serez aduertis qu'il aduient souuent aux Faucons vn mal de pierre (qu'aucuns maistres Fauconniers ont voulu appeller mal de croye) qui les tourmente & vexe merueilleusement. De ce mal de pierre y a deux especes : l'vne se prend aux boyaux & intestins de l'oiseau : l'autre se tient au bas du ventre pres

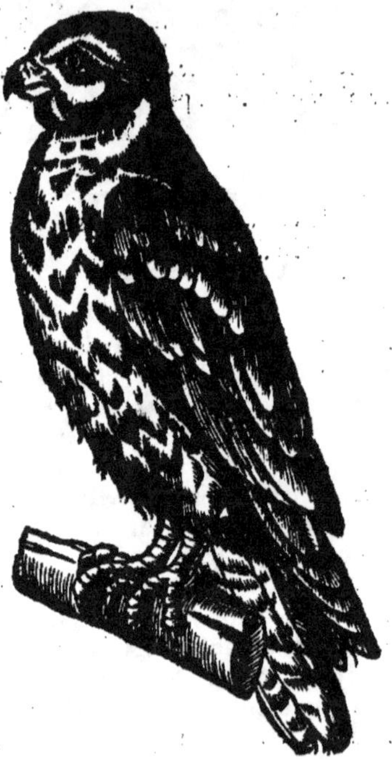

du fondement. Et se peuuent bien guarir & tirer toutes deux ensemble.
Maistre Aimé Cassian nous enseigne, que le mal de la pierre, dite croye,
vient à l'oiseau de manger mauuaises viandes & grosses chairs, lesquelles leur opilent & aboutissent tous les boyaux & le ventre, comme
cy dessus à esté dit en parlant du mal de rheume qui prend aux oiseaux
par la teste. Et de telles ordures & boutesses leur aduient vn eschauffement de foye: lequel estant ainsi excessiuement eschauffé, leur desseche
les boyaux, de telle façon qu'ils ne peuuent esmutir, & faut que la mort
s'en ensuiue, si on ne leur donne vn prompt & seur remede. La pierre
du bas intestin pres le fondement, procede ordinairement de l'ordure
que faict l'oiseau à l'esmutir, & se concree ladicte pierre au bout du
boyau cullier, ou fondement : & deuient tant grosse que l'oiseau ne

la pouuant ietter dehors, deuient tout maigre & alangouré, & en fin
demeure constipé de telle sorte qu'il luy conuient mourir. Toutesfois
quand le Faucon est de sa nature chaud & gras, il la iette bien dehors.
Vous pourrez facilement apperceuoir ce mal de pierre ou croye, lors
que vous verrez vostre oiseau esmutir piece à piece, Car lors se cōmen-
çant la croye à engendrer & concreer, le passage des intestins deuient
estroict, d'autant qu'en emporte & estouppe la pierre, qui commence à
se former. Et quand vous le verrez esmutir à deux fois coup sur coup,
& à vne autre fois vn peu plus retardée, lors vous pourrez estre bien asseuré que la pierre sera formée dedans le corps. Mais pour ne rien oublier, ie vous veux bien aduertir que luy voyant le fondemēt eschauffé
& sortant vn peu dehors, les plumes de son brayer ordes de son esmu-
tissement, & le voyant pareillement souuent mettre son bec dedans
son fondement: & lors pourrez-vous bien seurement apperceuoir
qu'il aura la pierre ou croye au fondement. Encore quand il esmutit
& fait semblant de se coucher sur le poing du Fauconnier qui le tient,
& a les yeux troubles plus que de coustume, lors pourrez croire de
verité qu'il a la pierre pres du fondemēt: & pource qu'il ne la peut vuider, est en danger apparent de mourir. Pour donner remede à ce mal,
dit M. Aymé Cassian, qu'il faut faire vn petit lardon de lard frais, & non
rance, de la grosseur d'vne plume d'Oye, & de la longueur d'vn pouce
en trauers: puis prēdre aloës cicottin en poudre, & en poudrer entierement ledit lardon: apres auoir prins l'oiseau, & luy auoir dextremēt ouuert le fondement, luy mettre là dedans ledit lardon, en la forme qu'on
baille aux hommes vn suppositoire. Et si le lardon est trop tendre &
mol pour entrer dedans le fondement de l'oiseau, soit embroché d'vne
plume de geline, laquelle neantmoins ne deura passer tout outre ledit
lardon: car passant outre elle pourroit faire grand mal à l'oiseau. Par
le moyen donc de ladite plume vous pourrez plus aisément paruenir à
l'effect dudit lardon, mais aussi vous le faudra-il tout doucement retirer apres que verrez le lardon entré dedans le fondement de l'oiseau.
Ce faict prendrez des limaçons, & les ayans preparez & accoustrez en
la forme dite cy dessus, au huictiesme chapitre du second liure, en baillerez à vostre oiseau, ainsi que plus amplement est declaré audit chapitre. Et luy sera baillée ladite medecine de limaçons incontinent a-
pres luy auoir mis le lardon dedans le corps. Et en defaut de limaçons,
vous luy pourrez bailler aussi les pillules cōposées de lard, mouëlle de
bœuf, & succre, par la forme cy dessus deduicte au cinquiesme &
neusies-

neufiefme chapitre dudit second liure. Puis sera mis l'oiseau au feu ou
au soleil, & ne sera pu iusques à vne heure apres midy. Et si voyés qu'il
endure bien le feu ou le soleil, laissez le y plus longuement, car la chaleur luy est fort profitable: Puis soit pu d'vne cuisse de geline à demie
gorge ou peu plus. Et si pouuez recouurer rats ou souris, ne faillez à
l'en faire paistre. Car trop mieux valent que pigeons ou gelines. Et se
soit tenu au vent, sinon quand il sera grand chaud. Puis apres au vespre quand il aura enduit, luy soient donnez cinq ou six clouds de girofle enueloppez en vn petit de cotton ou peau de geline, ou rompus vn
peu auec les dents: Soit ceste forme de medecine continuée par trois
ou quatre iours (excepté le lardon suppositoire qui ne se doit donner
qu'vnefois) & parce moyen vostre oiseau sera fort bien purgé. Mais
aussi donnez vous bien de garde, qu'il ne remette hors les clouds de
girofle. Car meilleur drogue ne plus propre ne pouuez vous donner
à l'oisean malade, specialement de rheume de la teste, combien qu'en
toute manieres de filandres & autres maladies, celuy soit fort idoine
secours. Maistre Molopin au liure du Prince a enseigné encores vn autre bon remede à ce mal, de pierre: soit prins, dit-il, le fiel d'vn petit
cochon de laict, aagé de quinze iours ou trois sepmaines, & mis au
bec de l'oiseau de telle addresse & dexterité, qu'il le puisse aualler sans
le rompre, & sans rien en remettre ou reietter: puis luy soit donné vn
petin lopin du cœur d'iceluy cochon de la grosseur d'vne febue moyé-
nement grosse: Et l'ayant puis apres mis au feu ou au soleil, laissez le
ainsi ieusner iusques au vespre. Ceste medecine est moult propre &
bien approuuée pour tous oiseaux de proye qui ont mal de pierre ou
de croye. Mais si c'estoit vn Autour ou vn Esperuier qui eust ceste
maladie de la croye, ne luy en faudroit donner qu'vne fois: & aux
autres oiseaux estans de plus forte nature & compleccion n'y aura danger de leur en faire prendre par trois diuers iours. Or l'heure du vespre venuë vous paistrez vostre oiseau de poulaille, ou mouton, ou
bien de quelques petits oiseaux. Et le lendemain ayez laict de cheure si en pouuez recouurer, sinon prenez laict de femme, & y trempez
la chair dont voudrez paistre vostre oiseau: Si ainsi le paissez trois iours
à petite gorge sans doute il se guarira. Autre remede enseigne encores
maistre Michelin, pour cestuy mal de croye, ou pierre, disant. Soit
faite la medecine dessusdite de lard, moüelle de bœuf, & succre en
poudre de moyenne cuitte, & saffran en poudre, moins la moitié
que de succre, & des trois autres autant de l'vn que de l'autre: Mais

que le lard ait trempé, ainſi que cy-deſſus a eſté dit, par l'eſpace de
vingt & quatre heures, luy changeant l'eau trois ou quatre fois, & ſoit
mis de nuict au ſerain : Puis ſoient faictes vos pilulles de la groſſeur
d'vne moyenne febue, & vne ou deux d'icelles (à voſtre diſcretion)
données à l'oiſeau qui ſoit mis au feu ou au Soleil, & puis apres à ſon
heure peu de mouton ou de poullaille par raiſon : continuez ceſte medecine par trois ou quatre iours, luy donnant, ſi bon vous ſemble, des
cloux de girofle, par la forme cy-deuant enſeignée, & vous l'en verrés
bien fort allegé. Luy-meſmes à laiſſé par eſcrit & enſeigné encores
autre bon remede. Prenés, ce dit-il, le cœur d'vn mouton, & l'ayant
couppé en petits morceaux, mettés le tremper en laict d'aſneſſe ou de
cheure, ou de femme, tout vne nuict : Et le lendemain matin poul-
drez voſtre laict d'vn petit de ſuccre de premiere cuitte, puis de ce
cœur de mouton ainſi trempé dedans ce laict ſoit pû voſtre oiſeau
raiſonnablement. Si vous luy continuez par trois iours ceſte medeci-
cine, vous le trouuerrez grandemét ſoulagé de ſon mal de croye, & en
pourrez faire vſer indifferemment à tous oiſeaux ſans nul danger.
Autre recepte pour guarir ce mal a enſeigné maiſtre Molopin. Prenez,
dit il, d'vne herbe laquelle eſt appellée Naſitort, & la pillés dedans vn
mortier: puis en prenés le ius, & le mettez dedans vn boyau de geline
long d'vn poulce en trauers, qui ſoit lié par les deux bouts : preſentez
puis apres ce boyau bec de voſtre oiſeau, & faites tant qu'il l'aualle &
mettre en bas. Et ſi ne trouuez du Naſitort, recouurez s'il eſt poſſible,
d'vne autre herbe, comme Theodoin, de laquelle vous ferez comme de la precedente: Puis mettez voſtre oiſeau au feu ou au ſoleil, &
ne ſoit puiuſques à quelque my-iour, de quelque bon paſt vif : pource que telle medecine luy aura deſtrempé tout le corps : laquelle
neantmoins vous continuerez par deux ou trois iours, ou moins, ſelon ce que verrez que la premiere prinſe aura fait bonne ou moindre
purgation. Et par lequel moyen voſtre oiſeau guarira. Autre recepte
pour guarir ce mal met encores maiſtre Molopin au liure du Prince:
Prenez, dit-il, de la ſemence de Lambruſque peſant vn tournois, & auſſi de la ſemence d'Eſpargoutte peſant vn tournois, ſemence de perſil peſant vn tournois, ſemence d'ache peſant vn tournois, ſuccre de premiere cuitte vne dragme, graine de Staphizagria peſant vn tournois, la
moitié de la coquille d'vn œuf, vn demi ſeptier ou peu plus d'eau
de riuiere bien nette, & vous pourrez mettre le tout enſemble en vn
petit pot neuf, & le faictes boüillir tant qu'il vienne à la moitié moins.

Apres ſoit coulé & paſſé par vn linge delié. Puis ſoit prins caſſe fiſtule
le peſant d'vn tournois, Turbithile, le peſant d'vn tournois, Hermoda-
&yles, le peſant de deux tournois, Aloës de Cicotrin peſant trois tournois: Et de tout ce ſoit faiĉt poudre ſubtile, qui ſoit miſe dedans ladite
eau boüillie auec les autres mixtions. Puis mettez ladite eau ainſi mix-
tionnée dedans la veſſie d'vn porcelet, au col de laquelle vous attacherez bien proprement le tuyau d'vne plume d'oye, ou de quelque
autre oiſeau pour ſeruir de cõduit au clyſtere que voulez bailler à voſtre oiſeau, & le lierez ſi bien que rien n'en puiſſe ſortir ou eſchapper.
Puis apres appliquerez tout doucement ledit tuyau au fondement de
voſtre oiſeau, & luy ferez peu à peu entrer ladite eau dedans le corps,
par la meſme forme & maniere que l'on baille des clyſteres aux hommes. Puis ſoit mis au ſoleil ou au feu: & ne ſoit pu iuſques apres midy,
que vous luy donnerez de la cuiſſe d'vne ieune volaille: & par ce moyen il guarira. Or deuez-vous ſçauoir & notter diligemment, que de
toutes les receptes cy deſſus declarées vous pouuez choiſir celles qui
vous ſembleront mieux à propos: & d'icelles vſer à voſtre bonne diſcretion, pour donner guariſon à voſtre oiſeau malade de la pierre ou
croye deſſuſdite.

Du mal des filandres, qui aduient aux Faucons en pluſieurs parties interieures de leur
corps, & des remedes pour le guarir: Et de ſes eſpeces, cauſes & ſignes,
Et premierement des filandres de la gorge.

CHAP. III.

 Es maiſtres Fauconniers dient & tiennent pour choſe aſ-
ſeurée, que tous oiſeaux ont des filandres: Dont ils ſont
trois ſortes ou manieres communes & ordinaires: & en ad-
iouſtent vne quatrieſme eſpece, pire que les autres (qu'ils
nomment aiguilles): dont ſera cy apres parlé en ſon lieu &
ordre. De toutes ces quatre manieres de filãdres aucũs oiſeaux en ſont
plus, & aucuns moins affligez. Et leur aduiennent ces maladies pour a-
uoir eſté pus & nourris de groſſes & mauuaiſes chairs, & aucuneſfois
puantes ou autrement mal nettes: à cauſe dequoy s'engendrent & mul-
tiplient en leurs corps les humeurs groſſes & vicieuſes qui ſont leſdites filandres. Par fois auſſi leur aduient ce mal du vol qu'ils peu-

ment auoir faict, foit aux champs, foit en riuiere: C'eft à fçauoir, quand
l'oifeau vollant a battu fa prinfe, & s'efforçant à la battre s'eft rompu
quelques petites veines dedans le corps: Et à cefte occafion s'efpand le
fang dedans fes entrailles, & là fe feiche & caille, dont viennent & s'engendrent ces filandres en grand nombre. Et puis pour la puanteur du
fang ainfi caillé & figé, qui eft tout corrompu dedans le corps, comme
eftant le fang hors de fes vafes, les filandres viennent à chercher le plus
net du corps pour fuir celle puanteur, & montent ou au cœur de l'oifeau, ou iufques à la gorge, tellement qu'il en meurt. Lors quelques vns
difent que l'oifeau eft mort du mal de la tefte, ou de croye: mais ils s'a-
bufent, car il eft mort de filâdres, ou d'aiguilles, qui pis eft. Or nous dirons premier des filandres, l'abondance defquelles eft aucunesfois fi
grande, qu'elles viennent à monter iufques à la gorge des oifeaux, &
iufques aux pertuis pres du palais, par où l'oifeau préd & remet fon haleine, & par iceluy montent au cerueau, dont aduient qu'ils en peuuët
mourir. Et pourrez cognoiftre que l'oifeau aura cet inconuenient à la
gorge, fi quand vous l'aurez pu les filandres fentans la fraifcheur de la
chair fe remuent en telle maniere, que verrez voftre oifeau qui fe préd
à baailler fouuentesfois, penfant fecourre & ietter ces filâdres dehors,
dont par fois viennent à ietter leur gorge. Encore pourrez cognoiftre
que l'oifeau a des filandres en la gorge, quand il s'y grattera du pied. A-
donc foit prins gentiment, & luy foit regardé dedans la gorge, & vous
le verrez remuër dedans icelle. Pour faire mourir lefdites filandres,
dit maiftre Aimé Caffian, prenez vne groffe raue, & faites vn trou dedans, en maniere d'vne fouffette, & l'empliffez d'eau, puis mettez ladite
raue dedans la braife bien chaude, & en luy changeant la braife iufques
à ce qu'elle foit bien cuitte par l'efpace de demie heure ou plus. Et fi
voftre eau fe diminuë, rempliffez toufiours voftredite foffette: combien que de fa nature la raue rende affez d'eau. Apres foit mife la raue
en vne efcuelle, & preffez tout le ius tant qu'il ne demeure rien. Puis
prenez faffran en poudre, du gros d'vn petit pois, & le mettez en ladite
eau, & luy en lauez fa chair quand le paiftrez, & ne luy en donnez que
demie gorge. Et fi d'auenture il ne fe veut paiftre, gardez la luy iufques à ce qu'il ait plus grand appetit de manger. Si vous luy continuez
cefte medecine par trois ou quatre iours continus, fans doute lefdites
filandres mourront, & voftre oifeau guarira.

D'vne autre seconde espece de filandres, qui viennent aux estraines & aux reins des oiseaux, & des remedes propres à les guarir.

CHAP. IIII.

L y a vne autre espece de filandres, qui s'engendrent & concreent pareillement dedans le corps des oiseaux, lors qu'ils se retrouuent chargez de grosses humeurs, ordures, & putrefaction : dont naissent lesdites filandres. Puis cherchans quelque endroict plus net, montent aux reins, & aux estraines des oiseaux, qu'ils percent & gastent, tellement que tost apres on les void mourir. De ceste espece de filandres vous pourrez appercevoir, lors qu'entendrez vostre oiseau crier & se plaindre la nuict, auec vne voix lamentable, comme, crac, crac. Encore autrement le pourrez-vous descouurir, quand portant au matin vostre oiseau sur le poing, vous sentirez qu'il vous estreindra plus fort qu'il n'auoit accoustumé : & il fera semblant de se coucher sur la main, ou se plumera sur le dos à l'endroit des reins ou estraines. Et lors tenez-vous tout asseuré que les filadres ou aiguilles des reins le tourmentent : & qu'il est en grand danger de mort, si vous n'y donnez quelque bon & prompt remede. Lequel, si vous en voulez croire le bon maistre Aimé Cassian, sera tel. Vous prendrez des lentilles des plus rouges que vous pourrez recouurer, & les ferez bien essuyer & seicher au Soleil, ou deuant le feu : & prédrez aussi de la graine à vers, la moitié moins toutesfois que lesdites lentilles : puis de tous ces deux simples meslez ensemble ferez poudre bien deliée & subtile, laquelle vous delayerez en huile d'oliue, puis en ferez vne emplastre, que vous estendrez sur toile ou cuir, & puis l'appliquerez sur les estraines ou reins de l'oiseau, & la changerez apres qu'elle y aura demeuré quatre ou cinq heures. Et par ce moyen ce dit M. Cassian, mourront lesdites filandres. Vne autre recepte enseigne M. Michelin, pour faire mourir lesdites filandres. Prenez, dit-il, fueilles de pescher, herbe de ruë, & herbe de mēte : & apres les auoir bien pilées en vn mortier, tirez & exprimez-en le ius, puis dedans ledit ius delayez de la poudre à vers : & en faites emplastre sur toile ou cuir, qui puis apres soit appliquée sur les reins de l'oiseau, deux fois le iour : c'est à dire, vne fois au matin, & autre fois au vespre, & ainsi continuée par quatre ou cinq iours. Et cestuy, vous sera vn bon moyen pour faire mourir lesdites filandres.

D'vne autre eſpece de filandres qui viennent aux cuiſſes des Faucons, & les remedes pour les guarir.

CHAP. V.

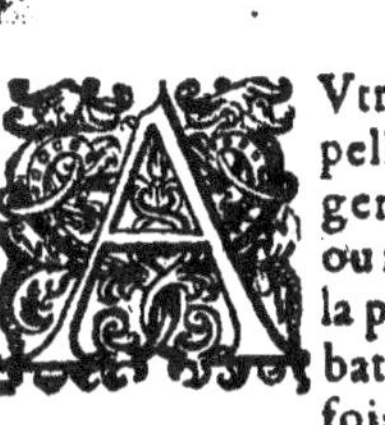

Vtre maniere de filandres (leſquelles aucuns ont appellées vers) viennent aux cuiſſes des oiſeaux. Et s'engendrent à l'occaſion de ce que par fois les negligens ou mal aduiſez Fauconniers mettent leurs oiſeaux ſur la perche ſans chapperon : qui eſt cauſe de les faire debattre à grande force : tellement qu'ils ſe rompent par fois les veines des cuiſſes, ſpecialement les oiſeaux Hagars pluſtoſt que les Sors. Par ce moyen le ſang eſcoulât des veines rompues s'eſpand au long des cuiſſes, & encores au long du bas ventre entre cuir & chair : & de ce ſang ainſi caillé & corrompu ſe concreent & engendrent puis apres tant de vers ou filandres, qu'il eſt force à l'oiſeau de mourir. Encores aduient par fois cet inconuenient à l'oiſeau de ce que ſe battant ſur le poing du Fauconier, il ſe donne aucunefois forte eſcouſſe, & le Fauconnier qui le porte par colere ou autrement luy en redonne auſſi par fois vne autre : qui eſt cauſe de luy faire rompre les veines, & engendrer (ainſi que cy deſſus eſt recité) leſdites filandres. Deſquelles vous pourrez apperceuoir, voyant voſtre oiſeau ſe plumer ſouuent les cuiſſes & le ventre, & en faire cheoir des plumes. Pour remede à ces vers ou filandres, maiſtre Molopin enſeigne & commande de faire à l'oiſeau malade la medecine ou emplaſtre du ius de fueilles de peſcher, ruë, & mente, & poudre à vers, dont a eſté miſe la recepte au chapitre precedent ceſtuy. Ou bien du ius deſdites fueilles & herbes, lauez les cuiſſes & le ventre de l'oiſeau malade deux fois le iour par quatre ou cinq iours : & ſans doute mourront leſdits vers & filandres, & voſtre oiſeau guarira.

D'vne autre eſpece de vers ou filandres, que l'on nomme vulgairement aiguilles, & ſont pires que toutes les autres : & des remedes pour les guarir.

CHAP. VI.

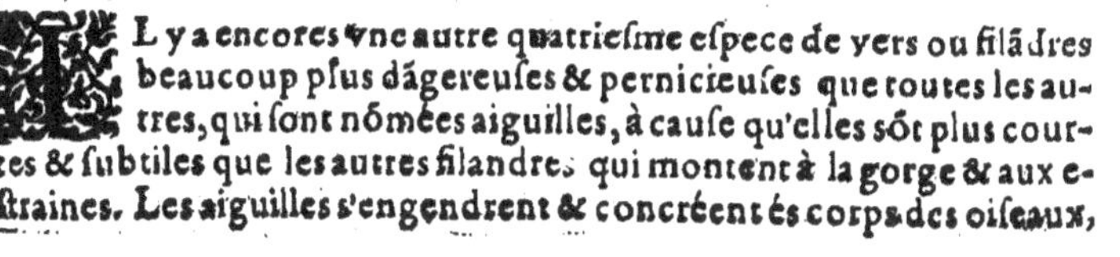

L y a encores vne autre quatrieſme eſpece de vers ou filâdres beaucoup plus dágereuſes & pernicieuſes que toutes les autres, qui ſont nómées aiguilles, à cauſe qu'elles ſôt plus courtes & ſubtiles que les autres filandres, qui montent à la gorge & aux eſtraines. Les aiguilles s'engendrent & concréent és corps des oiſeaux, à cause des mauuaises humeurs qui y abondent, comme nous auons dit des autres. Mais elles sont beaucoup pires, pource que fuyans la puanteur desdites humeurs corrompuës, & cherchans lieu plus net passent au trauers des boyaux & montent iusques au cœur. Et si plustost n'y est remedié, l'oiseau ne peut fuir qu'il ne meure. Vous vous pourrez apperceuoir de ce mal d'aiguilles, lors que vous verrez vostre oiseau s'escourre dessus le leurre. Ou quand le tenant sur le poing vous le sentirez vous estreindre & serrer beaucoup plus fort que de coustume. Pour remede à ce mal des aiguilles, enseigne maistre Molopin ceste medecine. Prenez, dit-il, Stafisagria, & de l'herbe de Barbarie ou rheubarbe autant de l'vne comme de l'autre: & de l'aloës cicotrin autant que des deux autres ensemble, & ayant tout mis en poudre, meslez les bien l'vn parmy l'autre, puis enueloppez ladite poudre en peau de geline, ou en cotton la grosseur d'vne noisette, & la faites aualler à vostre oiseau. Apres ce donnez luy de la chair aussi gros qu'vne febue: puis le mettez au feu ou au soleil: & ne le paissez iusques apres midy, que vous luy donnerez demie gorge. Si vous luy continuez ceste medecine par trois iours consecutifs, vous y cognoistrez grand amendement. Mais soyez aduertis de ne faire vser de ceste poudre à oiseau qui soit maigre: car il ne la pourroit endurer: soyez aussi aduisé de luy mettre sur sa chair du poil de porc taillé bien menu: car il luy pourra grandement profiter. Vn autre bon & seur remede pour le mal des aiguilles, à enseigné maistre Michelin au liure du Prince: duquel vous pourrez aider & accommoder au defaut du precedent. Prenez, dit-il, de la corne de Cerf, & la mettez au feu, tant qu'elle soit tres-bien cuitte, & comme reduite en charbon. Puis apres qu'elle sera bien refroidie mettez-là en poudre bien subtille. Prenez aussi d'vne grosse graine, que l'on appelle en Latin Intybus, autant comme ladite corne, & la mettez pareillement en poudre. Prenez encores de la poudre à vers, autant côme des deux autres: & de l'aloës cicotrin la moitié moins que de la poudre de corne de Cerf: & de la theriaque (qu'on appelle vulgairement triacle) la moitié moins que dudit aloës. Et toutes ces choses bien meslées ensemble, soient destrempées dedans du miel, & lesdites poudres y mixtionnées peu à peu, tant qu'elles soient reduites en masse pour faire pillules: lesquelles vous pourrez former puis apres de la grosseur d'vne noisette, & en donner tous les matins à vostre oiseau par l'espace de cinq ou six iours : & puis en apres soit pu à demie gorge . Et si pour la premiere fois que luy en aurez donné vous

aperceuez qu'il ait vouloir de remettre dehors, les iours enfuiuãs vous
pourrez enuclopper ladite pillule de peau de geline ou de cotton, cõme auons cy-deſſus remonſtré. Et tiennent leſdits maiſtres Faucõniers,
que ceſte forme de medecine eſt vn prompt & ſeur moyen pour faire
mourir leſdites aiguilles. Maiſtre Aymé Caſſian dit, que pour remede
à ce mal d'aiguilles eſt propre la medecine cy-deſſus recitée, & par luy
enſeignée pour les filãdres. Prenez, dit-il, de l'herbe de ruë, & de l'herbe d'abſince, (ou encens puant) autant de l'vne comme de l'autre, fueilles de peſcher autant que des deux autres, pillez toute enſemble, & en
eſpreignez le jus: dedans lequel mettrez puis apres vn peu de la poudre à vers: puis mettez la medecine ainſi compoſée en vn boyau de geline, & en faictes vſer en la maniere deſſuſdite à l'oiſeau malade des aiguilles. Auſſi ſoyez aduiſez que de tous les remedes cy-deſſus recitez
vous pouuez faire vſer à voſtre oiſeau, ſelon voſtre bonne diſcretion,
tant pour les filandres que pour les aiguilles. Mais donnez vous bien
garde de donner à voſtre oiſeau fortes medecines, s'il n'eſt haut & graſt
autrement il ne les pourroit ſupporter.

Des apoſtumes qui s'engendrent aucunefois dedans le corps des oiſeaux : de
leurs cauſes & ſignes, & des remedes pour les guarir.

CHAP. VII.

Duient ſouuent que dedans le corps des Faucons, s'engendrent & forment groſſes & dangereuſes apoſtumes : & leur
vient ce mal, pour prendre trop les hayes & les buiſſons: ou
pour trop ſe debattre, ſoit ſur poing, ſoit à la perche : de
frapper ſur leur proye, en quoy faiſant ils ſe froiſſent, & s'eſchauffent,
puis ſe refroidiſſent, & de ce leur viẽt l'apoſtume. De ce mal vous pourrez prendre indice & demonſtration quand vous verrez les narilles de
voſtre oiſeau ſouuent s'eſtouper, & le cœur luy battre biẽ fort dedãs le
corps. Pour remede à ce mal enſeigne M. Molopin au liure du Prince
ceſte medecine. Prenez, dit-il, le blanc d'vn œuf, & le battez bien fort,
& fueilles de chou que ferez piller & en eſpraindre le ius, puis le meſle-
rez auecques le blãc de l'œuf battu, & en cõpoſerez vne medecine, laquelle vous mettrez dedans vn boyau de geline, & la ferez le matin
prendre à voſtre oiſeau, que vous ferez tenir puis apres au feu, ou
au ſoleil, & ne le paiſtrez iuſques apres midy, que luy donnerez d'vn
cœur de mouton, ou d'vne ieune poulaille. Le lendemain prendrez
du roſmarin, que ferez bruſler & reduire en cendre & en poudre:
de laquelle poudre vous luy en poudrerez ſa chair quand vous le

voudrez

voudrez paiſtre à diſcretion. Puis par trois iours luy donnerez du ſuccre: & le quatrieſme iour enſuiuant retournez à luy donner de telle
pouldre ou cendre de Romarin, changeant ainſi le ſuccre & la pouldre
de trois en trois iours, par l'eſpace de quinze iours : pendant leſquels
il faut aduiſer ſoigneuſement à le tenir chaudement iour & nuiᏝ, & ne
le paiſtre que de bon paſt à moyenne gorhe.

Du mal du foye aduenant aux oiſeaux, de ſes cauſes & ſignes, &
des remedes propres pour le guarir.
CHAP. VIII.

IL aduient ſouuent mal ou eſchauffement de foye aux oiſeaux
par la faute des Fauconniers, qui les gouuernent: c'eſt à ſçauoir, pour les paiſtre de groſſes & mauuaiſes chairs le plus
ſouuᏝt vielles & puantes à faute de les lauer & nettoyer : ou au defaut
de ce qu'ils ne ſont baignez, & qu'on ne leur donne l'eau commode &
neceſſaire quand il en eſt meſtier: ou par trop & longuement les faire
voler, & a ieun: Qui ſont tous moyẽs de faire eſchauffer le foye de l'oiſeau. De ce mal vous pourrez apperceuoir, voyant voſtre oiſeau auoir
les pieds fort eſchauffez, & la gorge changée de couleur, & comme
blanchie a cauſe des fumées montans du foye eſchauffé : Mais ſi vous
trouuez que la langue luy deuienne noire, lors le pourrez vous croire
en grand danger de mort. Pour remede à ce mal, maiſtre Ayme Caſſian enſeigne pour prompt & propre remede, la medecine ci-deſſus enſeignee pour le mal de teſte, & le mal de pierre : C'eſt à ſçauoir, de limas
deſtrempez en laiᏝ d'aſneſſe ou de cheure, par la forme cy-deſſus
d'eſcritte au ſecond liure chapitre huiᏝieſme : & luy en donnez au
matin par trois ou quatre iours conſecutifs: Et ſi ne pouuez recouurer
des ſimples requis pour ladiᏝe medecine: vous pourrez vſer de l'autre
medecine, de lard, de moüelle de bœuf, & de ſuccre, d'eſcrite au
cinquieſme chapitre dudiᏝ ſecond liure, & en donnᏝr par chaſque
matin à voſtre oiſeau l'eſpace de quatre ou cinq iours. Car par la purgation des humeurs vicieux qu'il aura dedans le corps, luy fera diminuer la chaleur du foye. Puis apres vous le pourrez paiſtre de mouton ou poulaille baignée en laiᏝ: & luy continuer ce paſt huiᏝ ou
dix iours. Car le laiᏝ eſt vn ſimple fort propre pour temperer la chaleur qui eſt au foye : Mais auſſi gardez vous bien de luy donner a manger pigeons, ny autre gros paſt. Apres que voſtre oiſeau aura eſté

H

purgé par le moyen des medecines deſſuſdiċtes, & la langue luy ſera
amendée:Prenez huile d'amendes douces, & ſi n'en trouuez, prenez
huile d'oliues lauée deux ou trois fois,& luy en arroſez la langue auec
vne plume & la gorge trois ou quatre fois par iour: puis d'vne petite
racloire d'argent ou d'autre metail, raclez luy la langue & la gorge iuſques a ce qu'il ſoit bien guary:mais ſur tout qu'il vous ſouuiéne de luy
lauer touſiours ſon paſt dedans du laiċt. Cependant ſi tant eſtoit malade qu'il ne peuſt manger, gardez vous bien de l'abandóner : mais auec
vne petite fourchetteouvergette,mettez lui ſa chair à petits morceaux
tout doucement dedans la gorge & tant auant qu'il la puiſſe aualler &
mettre bas.Car ce n'eſt que le mal de la langue enflee, qui le garde de
manger:& partant ne doit eſtre abandonné. Maiſtre Michelin enſeigne encores la medecine qui enſuit pour rafreiſchir le foye de l'oiſeau.
Prenez,dit-il, de la Reubarbe, & la mettez en lieu frais tremper toute
vne nuiċt en belle eau claire: & de ceſte eau lauez le lendemain la chair
dont voudrez paiſtre voſtre oiſeau,luy continuant ceſte medecine par
quatre ou cinq iours,vous verrez que le foye luy retournera en bon e-
ſtat,& guarira. Mais auſſi deuez vous entendre que ceſte eau de Reubarbe pourra profiter à l'oiſeau qui ne ſera tant ord dedans,comme ci-
deſſus a eſté declaré.   Car ſi ainſi eſtoit qu'il euſt bouteſſe dedans le
corps:mieux luy vaudroient les autres medecines deſſuſdiċtes.

CHAP. XI.

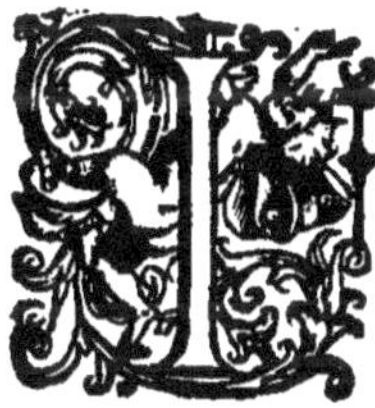

I aduient aucunefois qu'à l'occaſion de l'exceſſiue
chaleur eſchauffant le foye de l'oiſeau, le chancre
le prent en la langue ou en la gorge : Pour a quoy
obuier & remedier, dit maiſtre Aimé Caſſian, qu'il
luy faut faire vſer de la medecine deſſuſdite faite
de limaçons : ou de l'autre compoſee de lard,
moüelle de bœuf, & ſuccre, le tout par la forme
& maniere cy-deuant recitee auſdits cinquieſme
& huiċtieſme chapitres du ſecód liure.Et luy ſoit lauée ſa chair de laiċt
ou d'huile d'amédes douces,ou d'huile d'oliues,au defaut de l'autre:&
en ſoit le chācre arroſé deux ou trois fois le iour tant qu'il ſoit bié blāc
& meurt,puis le faut racler auecques la racloire tant qu'il n'y demeure

rien. Et ſi chair morte s'y prenoit, mettez y vn peu d'Alum en poudre:
& côtinuez le laiſt ou huille deſſuſdite tant que voſtre oiſeau ſoit bien
guary.

CHAP. X.

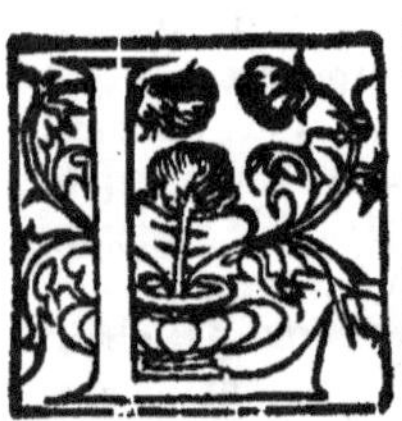
E Pantais eſt de trois ſortes: qui eſt vn mal dont les
oiſeaux ſont bien ſouuent affligez: C'eſt à ſçauoir,
de Pantais de la gorge: l'autre pantais qui vient
de froidure: & le tiers qui aduient aux reins & rongnons des oiſeaux: comme de chacune d'icelles
ſera cy apres parlé en ſon lieu & ordre. Or ce mal
de Pantais de la gorge aduient aucunesfois de ce
que l'oiſeau eſtant fort, ſe debat ſur la perche ou
ſur le poing: & ſe debattant ſe rôpt aucunes petites veines du cerueau,
puis s'eſpand ſur le goſier le ſang eſcoulant des veines rompuës, & ſe
deſſeche, & eſtant ſec ſe defait par petites eſcailles: puis de rechef l'oiſeau ſe debat, & ſe debattant eſmeut quelqu'vne deſdites eſcailles, qui
luy viennent à couurir quelques conduits approchans de la gorge, &
lors il commence à pantaiſer. Puis de rechef viét à ſe debattre, & ſe de-
battât fait approcher leſdites eſcailles plus pres de la gorge: leſquelles
par fois ſe mettent de trauers, & luy empeſchent tellement la reſpira-
tion & le cours de l'haleine, qu'en fin il eſt forcé de mourir. Et à la verité c'eſt ceſte eſpece de Pantais qui fait principalement & ordinairemét
mourir les oiſeaux. De faiſt qui en voudra faire preuue plus certaine,
face ouurir & fendre la gorge à l'oiſeau que l'on croit mort de ce mal
du Pantais: & on y trouuera l'eſcaille ou eſclat qui en aura donné l'occaſion. Maiſtre Aymé Caſſian dit que bonnement on ne peut donner
remede à ce mal: pource qu'il tient à vn pertuis appellé la quenoüille
de la gorge, par lequel l'oiſeau prend & remet ſon haleine: Toutesfois
dit lediſt Caſſian, qu'il a veu reſſentir quelque allegement aux Faucons malades du Pantais de la gorge, les mettât en vne chambre claire
& nette, de laquelle toutes les feneſtres ſoient ouuertes, treillées neantmoins de façon que l'oiſeau ne puiſſe yſſir dehors. Faut auſſi qu'en
ladite chambre ſoiét miſes deux ou trois perches, afin qu'il puiſſe ſaillir
de l'vne à l'autre: & que la châbre, s'il eſt poſſible, ſoit expoſée au ſoleil

de leuant. Faut auſſi que l'oiſeau ait touſiours de l'eau deuant ſes yeux:
Et quand on le veut paiſtre, que ſa chair ſoit taillée en petits morceaux
afin qu'il ne s'efforce point à tirer: mais qu'il ne ſoit pu qu'à demie gorge, & ſeulement vne fois le iour : Et ſur tout ſe faut bien donner garde
de luy donner bœuf, ou autre groſſe gorge. Ainſi vous le pourrez tenir trois ſepmaines ou vn mois, puis aduiſerez s'il ſera point amendé.
Et ſi le trouuez amendé, ſoit remis tant qu'il ſoit bien guary. Cependant n'oubliez à luy lauer & baigner touſiours ſa chair dedans du laiƈt,
ou en huile d'amendes douces : & celuy pourra eſtre cauſe d'vn grand
bien : Car bien peu d'autres remedes ſe trouuent pour amender ou
guarir ce mal de pantais de gorge, depuis que l'oiſeau en eſt ſurpris.

*De la ſeconde eſpece de Pantais qui vient de froidure, des cauſes & ſignes,
& des remedes qui y ſont propres.*

CHAP. XI.

N voit auſſi aduenir vne autre maniere de Pantais aux
oiſeaux par froidure & morfondure: C'eſt à ſçauoir
quand ils ſe baignent aux champs en volant, & puis
apres ne ſont ſechez ne eſſuyez à propos, ne mis en
lieu ſec & chaud, où l'humidité par eux accueillie ſe
puiſſe eſparer & aſſecher. Aduient auſſi aucunesfois
le Pantais à l'oiſeau pour auoir eſté mis en vn lieu re-
mugle & humide, ou auquel il ait fumée ou poudre remuée : qui ſont
tous moyens de le faire pantaiſer: c'eſt à dire de luy faire remettre ſon
halcine à peine, qui eſt le propre accident du Pantais. Maiſtre Molopin
au liure du Prince côtre ceſte eſpece de Pantais, enſeigne le remede qui
enſuit. Il faut prendre, dit-il, limures de fer bien menuës , & farine de
lentilles, autant de l'vn que de l'autre : & faut meſler tout enſemble a-
uecques miel, de maniere que vous en puiſſiez faire quantité de pillules : leſquelles ferez de la groſſeur d'vn pois, & en faut bailler deux ou
trois le matin à voſtre oiſeau par trois ou quatre iours côſecutifs : puis
le paiſtrez apres le midy de quelque bon paſt vif & delicat. Et ſi au bout
deſdits quatre iours vous y trouuez quelque amendement, mettez luy
puis apres par deux ou trois iours de la poudre d'orpiment ſur ſa chair
lors que viendrez à le paiſtre, & celuy pourra eſtre moyen de guarir.
Toutesfois où toutes les choſes deſſuſdites ne luy profiteroient, vous
pourrez eſſayer de la medecine qui enſuit, laquelle maiſtre Aimé Caſſian enſeigne pour bien fort remediable à ce mal. Prenez, dit-il, d'vne

herbe qui fe nomme en Latin Pulmonaria: & apres l'auoir fait bië def-
fécher au foleil, faites en poudre bien fubtile: puis prenez beurre frais
trois fois autant que de ladite poudre, & trois fois autant de miel que
de beurre, puis il faut mettre tout enfemble en vn pot neuf, & le faites
bouillir, & n'oublier de l'efcumer en bouillant, & apres qu'il fera bien
refroidy, faites en pillules qui foient de la groffeur d'vn pois: & luy en
donnez deux ou trois tous les matins, de quatre ou cinq iours, ainfi
que dit a efté en la recepte precedente : & le paiftre & gouuerner au
furplus en la forme y mentionnée.

Autre medecine enfeigne maiftre Michelin pour le mal du Pantais.
Quand l'oifeau pantife, ce dit-il, il faut prendre de l'herbe de Capilli
Veneris, qui croift aux prez, racines de perfil, & racine d'ache, & pommes de fainct Iean vieilles, qui foient parées (ces pommes viennent
couftumierement pluftoft que les autres:) toutes ces chofes foient mi-
fes enfemble en vn pot neuf de moyenne grandeur, & faites boüillir
au long du feu : puis en foit l'eau du bouillon coulée par vn linge net,
& en icelle mis du fuccre fin, auec vn peu de moüelle de bœuf taillée
bien menu, & le tout bien battu & meflé enfemble. De cefte compofition vous baillerez à voftre oifeau vne fois au matin, & vne fois au
vefpre, vne cuillerée, que luy ferez prendre auec vn cuillier ou auec
vn petit entonnoir: comme verrez qu'il vous fera & à l'oifeau plus aifé & commode, & continuez d'ainfi le faire par l'efpace de quatre ou
cinq iours: pendant lefquels vous ne paiftrez voftre oifeau iufques
apres midy de poullaille auecques le fang : & toufiours luy arrouferez
fon paft d'huile d'amendes douces : ou d'huile d'oliues au defaut de
l'autre. Apres toutesfois que vous aurez laué ladite huile dedans deux
ou trois eaux. Et encores apres que fa chair fera, ainfi que dit eft, arrou-
fée, il la faudra poudrer d'vn peu de fuccre fin, & d'vn peu de faffran,
moins la moitié que de fuccre. Apres lefdits quatre ou cinq iours, fi
vous voyez que meftier en foit, vous luy pourrez d'abondant par quatre ou cinq autres iours poudrer fon paft d'orpigment fans graiffe : &
puis apres reprendre l'huile deffufdite iufques à ce qu'il foit bië guary.

De la tierce efpece de Pantais, qui tient és reins & rongnons, de fes
caufes, fignes, & accidens: & des remedes
propres pour la guarir.

C H A P. XII.

H iij

O v s trouuons qu'il y a vne tierce efpece de Pantais, qui afflige les Faucons de la part des reins & rõ-
gnons. Et leur aduient fouuent ce mal, apres qu'ils
ont efté vexez de quelque autre griefue maladie :
de laquelle neãtmoins ils font r'efchappez par le bõ
foing & diligente cure que le Fauconnier en a peu
auoir, Et par le moyẽ du reliqua des mauuaifes humeurs qui auoient caufé ladite maladie, l'oifeau a-
pres qu'il femble en eftre guary vient à pantaifer. Or gift la caufe de cefte maladie és reins de l'oifeau, éfquels fe cõcrée & engendre ie ne fçay
quel mal reffemblant à chancre, qui eft de la groffeur d'vne febue : qui
fait que l'oifeau vient toufiours de plus en plus à s'éfler : & fe trouue en
fin auoir l'eftomach pãtais, & empefché de telle façon, qu'il eft cõtraint
rendre & reietter fon paft. Cefte efpece de Pantais eft moult differente
des autres : car vous verrez fouuẽt aduenir que le Pãtais laiffera l'oifeau
par l'efpace de fix ou fept iours, & puis le reprẽdra plus fort que deuãt :
aucunesfois le lafche & intermet de mois en mois, ou de trois en trois
mois : de maniere qu'il le portera quelquesfois tout vn an. Vous pourrez apperceuoir de ce mal, lors que verrez l'oifeau pantaifant mou-
uoir les reins pluftoft & plus fort que les efpaules : ou au contraire aux
autres efpeces de Pantais, l'oifeau remuë pluftoft & plus fort les efpaules que les reins. Encores en aurez-vous plus certain indice, quand
vous verrez le Pantais, lafcher par intermiffiõ huiĉt ou dix iours voftre
oifeau, & puis apres le reprendre. Et s'il aduenoit qu'il en mouruft, faites le ouurir : & vous trouuerez comme vne glãde au deffus de fes roi-
gnons ou eftrenes. Pour remede à ce mal, enfeigne maiftre Aimé Caffian cefte recepte. Prenez, dit-il, racines d'afperges, racines de capres,
racines de fenoil, racines de perfil, & racines d'ache, & les faites toutes boüillir enfemble dedans vn pot neuf, tant que l'eau en laquelle
elles auront bouilly vienne de trois parts aux deux. Prenez auffi vne
tuille qui foit vieille [car tant plus fera vieille, mieux vaudra] & en faites poudre bien fubtile. Puis quand voudrez paiftre voftre oifeau, ayez
toufiours frefche & bonne chair, & non de bœuf : & la faiĉtes tremper
en l'eau, en laquelle auront cuit lefdites racines, dedans vne efcuelle,
enuiron vn quart d'heure deuant que le paiftre : mais dõnez vous garde que voftre eau où vous tremperez voftre chair, foit toufiours nettement gardée. Et quand vous aurez le matin donné à voftre oifeau
malade fa chair trempée en ladite eau : donnez luy au foir fa chair pou-
drée de ladite poudre, changeant ainfi de fois à autre ; mais le paiffant

ne luy donnez que demie gorge par fois,& autre fois quand le verrez
en appetit , donnez luy tant de chair qu'il en voudra manger, & prendre. Continuant ceste medecine par huiçt ou neuf iours, ou plus si
voyez que besoin soit, vous en resentirez quelque amendement. Toutesfois si ceste maladie estoit trop enracinee, & l'oiseau l'auoit portée
longuement,à bien grãde peine en pourroit-il guarir:tant est qu'y ob-
uiant & pouruoyant diligemment du commencement plusieurs Fauconniers & Gentils-hommes ont trouué & experimenté grand soulagement de la medecine dessusdite. Maistre Cassian a enseigné encor
vn autre moyen de guarir l'oiseau de ce mal : lequel est souuerain &
biẽ approuué,cõbien qu'il semble dãgereux & difficile.Si vostre oiseau
dit-il a porté cestuy mal de pantais six ou neuf mois, ou vn an, & vous
le voulez guarir,tenez-le haut & en assez bon poinçt,& s'il est possible
qu'il soit tousiours bien net dedans le coprs. Si le prendrez tout doucement & le mettez en maillolet, puis sera ouuert, ainsi que l'on ouure
vn cocq, quand on le veut chapponner. Et quand aurez fait ceste ouuerture,vous tournerez tout doucement les boyaux de l'oiseau, tant
que luy puissiez voir l'eschine à l'endroit des reins. Lors regardant en
haut, vous voirrez comme vne petite vessie qui commencera à durcir
& sera aussi grosse qu'vne febue. Aucunes-fois vous y en trouuerez
deux, pendans à vn petit filet : esquelles entre aussi par fois quelque
chancre,& ont la forme d'vne glãde.Et quand vous les aurez choisies
de l'œil,prenez quelques petites pincettes,& les tirez dehors, en sorte qu'il ny demeure rien : puis soit recousuë l'ouuerture de fil de soye
rouge ou blanche,ou au defaut de ces deux de quelque autre couleur.
Mais quand la recoudrez dõnez vous bien garde d'atteindre ou prendre les boyaux de l'oiseau:lequel vous mettrez puis apres sus vn coussin en quelque lieu obscur & haut, qui ne soit point rheumatique:puis
le paistrez de bon past vif taillé bien menu: qui luy fera encores plus
grand bien, si le voulez arrouser de la bonne huile d'amendes douces.
Toutesfois si vous cognoissiez qu'il feist quelque difficulté d'en manger à cause de l'huile,il se faudroit abstenir de l'arrouserpour ceste fois.
Et dit ledit maistre Aimé Cessian,qu'il en a ouuert plusieurs en son tẽps
de la façon c, dessus recitée, qui ont recouuert leur santé. Mais doit
estre aduisé le Fauconnier qu'il vaudra mieux faire telle ouuerture au
decours de la Lune qu'en son croissant , combien que, de ce, maistre
Michelin au liure du Prince n'ait fait aucune mention.

*Du mal de morfondure, qui aduient à l’oiseau par quelque accident:
des signes & causes dudict mal & des remedes
propres pour le guarir.*

CHAP. XIII.

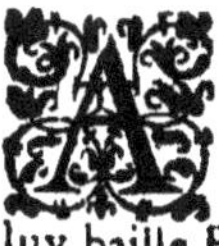

Arfois les Faucons se morfondent à l’occasion des
trop grosses gorges qu’on leur donne: specialement
quand ils sont moüillez : car ils ne peuuent passer
ny enduire leur gorge, à cause du froid qui les res-
traint : & ne la pouuans bien cuire & digerer, force
est que elle se conuertisse en flegmes & autres grosses humeurs, qui font perdre à l’oiseau l’appetit du
past, & puis apres vient à mourir, côme dit le liure du Prince. Or vous
pourrez vous apperceuoir de ceste morfondure, lors qu’apres auoir
sur le vespre baillé à vostre oiseau grosse gorge, vous verrez le lendemain matin qu’il aura perdu l’appetit du past, à cause qu’il sera refroidy
& lent plus que de coustume. Pour remede à ceste maladie, dit maistre Molopin au liure du Prince, qu’estant l’oiseau ainsi morfondu & de-
gousté, il ne doit estre pu de tout le iour que commencerez à vous en
aduiser : ains doit-on seulement mettre de l’eau deuant luy : & s’il en
veut boire ou s’y baigner, le laisser faire à son desir : puis luy ietter vn
pigeon vif deuant luy: & s’il le prend & tuë, luy en laisser boire le sang
tant qu’il voudra, puis apres ne luy en dôner à manger sinon vne cuisse pour le plus: apres cela le mettre reposer en lieu chaud & sec, pourueu qu’il y ait tousiours de l’eau deuant luy, & se bien garder de luy dôner grosse gorge. Mais sera bon de luy bailler par l’espace de quatre ou
cinq iours, cinq ou six clouds de girofle enuelopper en peu de cotton.

*Du mal vulgairement appellé le mal subtil, de ses causes & signes,
& des remedes propres pour le guarir.*

CHAP. XIV.

Vcunesfois sont les oiseaux vexez d’vne maladie, que les
Fauconniers ont nommée, le mal subtil: ou pource qu’elle
rend l’oiseau maigre, delié & subtil, ou pource que promptement & subtilement il passe & esmeutist tout ce qu’on
luy baille. Et de ce mal se perdent plusieurs oiseaux à faute de s’en dô-

ner

ner garder de bonne heure. Or le pourrez vous defcouurir & apperceuoir à ce que verrez, que quád vous luy aurez le matin don né quelque
groffe gorge, il l'aura incontinent paffee. Et fi vous luy en donnez puis
apres vne autre pareille à midy, il la paffera encore plus leger ement. Et
fi luy en donnez encore vne tierce au vefpre, elle fera auffi toft paffee.
Qui pis eft, tant plus il mangera, plus il deuiendra maigre : Ce mal aduient couftumierement de ce, que quád vous voyez voftre oifeau fort
maigre, vous efforcez de bien toft le remettre fus, & pour y cuider paruenir, vous luy donnez de trop groffes gorges de pigeons, ou autres
bonnes chairs, penfans par ce moyen le remettre & rendre gras en peu
de iours. Mais il en aduient tout au tout contraire, parce qu'ayant l'e-
ftomach greué & offenfé de fi groffes gorges, ils ne les peut naturellement digerer: pource qu'il a le foye alteré, duquel la chaleur temperee
eft caufe de toute bonne digeftió naturelle. Vous pourrez donc iuger
l'oifeau affligé de ce mal, quand le verrez tel que cy deffus a efté recité:
& au furplus fort affamé, & emutiffant beaucoup plus fouuent, & en
plus grande quantité que de couftume. Maiftre Molopin au liure du
Prince, dit que pour promptement & feurement remedier à ce mal,
faut prendre le cœur d'vn mouton & le laiffer tout vne nuiét tremper
dedás du laiét d'aneffe ou de cheure, apres toutesfois qu'on l'aura mis
en morceaux affez petits, car il en trempera mieux. Et le lédemain matin en donner à manger le quart à voftre oifeau: vn peu apres midy autant & au vefpre le demourant, & luy faire cependant prendre & aualler le plus que vous pourrez dudit 'aiét: luy continuant cefte forme de
viure par l'efpace de cinq ou fix iours, & iufques à ce que verrez qu'il
commencera à faire fes efmutes plus naturelles. Et apres ce que l'aurez veu plus naturellement efmutir, vous le paiftrez peu à peu & affez
raifonnablement de quelque bon paft, donc la chair fera arrofee de
quelque bonne huile d'amédes douces, & ce par trois ou quatre iours,
pendant lefquels il ne fera pu que deux fois le iour. Mais quand verrez
qu'il commencera à amender, croiffez luy fon paft peu à peu, afin qu'il
puiffe engraiffer & reuenir en fon premier eftat. Et luy continuez toufiours le laiét, ainfi que n'agueres a efté enfeigné. Car le laiét d'aneffe
& de cheure eft fort propre à cefte maladie : & comme difent aucuns,
à toutes autres maladies d'oifeaux. Maiftre Aimé Caffiá nous enfeigne
encor vne autre recepte pour guarir ceftui mal fubtil. Prenez, dit-il, vne
tortuë de guarigues: c'eft à dire, que celles qui viuent en terre en lieux
fecs, & qui n'entrent point en l'eau : & apres que vous en aurez feparé

la chair d'auec les escailles , mettez-la tremper en laict d'asnesse, ou de
cheure, ou de femme au defaut des autres: & en paissez vostre oiseau,
peu au premier past,plus au secõd,encores plus au tiers , en augmétant
ainsi de peu à peu iusques à six ou sept iours. Puis apres paissez-le de
cœur de mouton trempé dedans le laict susdit, comme cy dessus a esté
monstré,luy en augmentant ainsi le past de peu à peu iusques à ce qu'il
soit bien guary.Et ne le tenez en lieu rheumatique, mais en Hyuer en
lieu chaud,& en Esté en lieu frais,& tousiours enchapperonné. Continuant de le traicter de ceste façon,tenez-vous seur qu'il guarira.

Autres remedes propres pour l'oiseau qui n'enduit & ne peut passer sa gorge.
CHAP.   XV.

Lors que verrez vostre oiseau dégousté,&ne pouuãten-
duire ou passer sa gorge donnez-luy petit past, mais qu'il
soit de rats,ou de souris,mesme de grands rats : car ils sõt
bien plus substantieux que les petits:& ne luyen donnés
que demie gorge,car il la digerera mieux,& plus naturel-
lemét,Autresfois soit pu de chair de poulaille,ou de bon
moutõ trempée en laict d'asnesse,ou de cheure,ou de femme,ainsi que
cy dessus a esté dit,& ne luy en donnez que le quart de sa gorge. Mais
quãd vous le voudrez paistre de vif,baignez luy sa chair en sãg, & celà
luy sera fort grand bié. Continuant ce traictemét par quelques iours,
vous remettrez sus vostre oiseau. Maistre Michelin dit, que quand on
void vn oiseau qui ne peut enduire ne passer sa gorge, c'est signe qu'il
est refroidy dedans le corps,& luy manque la chaleur naturelle.Et que
pour y dóner remede,faut prédre vin blanc bien subtil,qui soit chauffé
tiede,&dedans iceluy tremper la chair dõt on veut paistre l'oiseau,tou-
tesfois luy donner peu à manger deux fois le iour seulement , &`aug-
méter petit à petit à mesure que l'on y cognoistra amédemét.Mais aussi
sera bõ luy changer souuent son past,& de chairs de bõ suc,&de legere
digestió. Ce traictemét deura estre cõtinué iusques à ce qu'on le voye
remis sus:en luy donnant d'abondant tous les soirs cinq ou six cloux
de girofle , enueloppez dans vn peu de cotton : pource qu'ils luy eschaufferont la teste & tout le corps,& par ce moyen luy feront vn grã-
dissime bien, & plus encore si le cotton estoit trempé en vn peu de bõ
vin blanc vieil.Aucunesfois aduiét que l'oiseau ne peut enduire ne reietter sa chair,pource qu'on luy aura donné trop grosses gorge,laquel-

le il n'aura peu digerer: Or pource que s'estant esgaré auecques sa proye
il se sera (estant affamé) pû si gloutement, qu'il n'aura puis apres peu
enduire ne reietter sa gorge. A ceste cause tout Fauconnier doibt
estre discret, & bien se garder de donner à son oiseau trop grosse gorge. Pour y remedier dit maistre Aimé Cassian, qu'il faut mettre eau
fraische dedans vn vaisseau net, & la poser deuant l'oiseau, & s'il luy
prend enuie d'en boire, l'en laisser boire à son plaisir. Puis prend lard
de porc du plus gros, & qui ne soit point rance, le gros d'vne febue, de
la poudre de poiure les deux part moins que de lard, cendre, la tierce
partie moins auecques vn petit de sel, & le tout bien battre & mesler
ensemble, & en faire vne pillule de la grosseur d'vne moyenne febue, la
luy mettre au bec, & tant faire qu'il la mette bas : puis soit posé au soleil
ou au feu, & tost apres y cognoistrez amendement, & qu'il enduira sa
gorge. Mais aùssi gardez que l'oiseau auquel vous baillerez ceste pillule
ne soit trop maigre: car à peine la pourroit-il supporter. Maistre Molopin enseigne encore vn autre remede faisât mesme effect. Prenez dit-il,
l'oiseau doucement & dextrement, & luy fendez la gorge, puis luy en
tirez gracieusement la chair dehors: Et apres que l'aurez essuyee, d'vn
peu de cotton mouillé en vin, recousez-la de fil de soye vermeil, puis
l'oignez de graisse de geline: & tâtost apres paissez-le de quelque cuisse
de geline trempoe dedans le sang, & la luy taillez en petits morceaux:
Par ce moyen vous pourrez sauuer vostre oiseau. Encores ont enseigné ces bons maistres vn autre remede: Qui est, que quâd voudrez faire
rejetter & rendre la gorge à vostre oiseau, vous faudra prendre poudre
de poiure, & la mettre en peu de vinaigre: puis en frotterle palais de vostre oiseau par le haut auecques le bout du doigt, & tost apres la mettra
hors. Si vous voulez vous luy en pourrez bien mettre aussi deux ou
trois gouttes aux pertuis des narilles, car encores plus tost il la mettra
hors. Mais si vous voyez qu'il l'ait mis hors, & neantmoins que le poiure luy face trop de mal: lauez luy d'eau fresche la bouche, le palais, &
les narilles afin de les luy nettoyer. Si ne luy voulez faire vser de celle
poiurade, vous luy pourrez mettre du poil de la queuë de cheual dedans les narilles, & s'il remet par ce moyen, ne sera besoing luy faire autre chose.

Autres remedes pour guarir l'oiseau qui remet sa chair, & ne la peut enduire,

CHAP. XVI.

Duient par fois, que l'oiseau, quand il a esté pu, ne peut tenir
sa gorge, ains incontinent la rejette, & en procede l'occasion de ce qu'on le paist de quelque grosse chair non lauee
ou ja toute infecte. Aucunesfois aussi l'oiseau se desgouste
pour ce qu'il est plein dedans le corps, & pour ce ne peut tenir sa gorge.
A ceste cause tout Fauconnier se doit bien garder de coupper la chair
de son oiseau de quelque cousteau salle ou mal net, & dont on ait auparauant taillé aulx, porreaux, ou oignons, ou autre chose puante: mais
sur toute choses se faut bien garder de luy donner trop grosse gorge.
Pour obuier à ce mal, lors que verrez vostre oiseau remettre sa gorge,
ne le paissez de tout ce iour, ains le mettez au soleil, auec vn vaisseau net
plein d'eau nette deuant luy, & s'il en veut boire soit laissé boire à son
plaisir, car cela luy fera grand bien. Et quand puis apres viendrez à le
paistre ne luy donnez qu'vn quart de gorge. Aussi par fois le pourrez
vous bien paistre de vif, & en le paissant ainsi petit à petit, il se pourra
remettre sus. Toutesfois si vous voyez qu'il ne puisse encores retenir sa
chair, donnez luy à manger petits rats, ou petites souris, ou petits oiselets, si rats & souris vous defaillent, & luy continuez ce traitement iusques à ce qu'il soit bien guary. Et si ce remede ne vous viens à effect ou
à gré, vser pourrez du conseil de maistre Molopin, qui dit au liure du
Prince que quand l'oiseau remet sa gorge & ne la peut retenir, faut prédre coriande, & la mettre en poudre, bien subtile, puis la destremper en
eau tiede, & ceste eau faire puis apres passer par vn linge delié, & en lauer la chair de vostre oiseau auât que de l'en paistre par l'espace de quatre ou cinq iours. Et si pour cela ne guarissoit, vous pourrez experimen-
ter ceste autre recepte qu'enseigne maistre Michelin. Prenez, dit-il,
fueilles de laurier, & apres que les aurez bien lauees mettez les en vn
pot neuf auec du vin blanc, & les y laissez tant bouillir que le vin reuié-
ne à sa iuste moitié, & puis apres refroidir auecques les fueilles: et quâd
ce vin sera froid, faictes en tant boire à quelque ieune pigeon, qu'il s'en
enyure, & en meure: Apres soit pu l'oiseau de la cuisse de ce pigeon, ou
d'autant que monte la cuisse. Et s'il ne retient iceluy past, ains le remet,
faictes ce qui ensuit, suyuant le conseil de maistre Aymé Cassian. Prenez, dit il, des cigales: (cigales sont comme sauterelles ou grandes mou-
ches, qui à la grand chaleur de l'esté se posent, & chantent sur les arbres) & les faictes bien secher au four ou au soleil, puis en faites poudre
bien subtile, de laquelle vous poudrerez la chair de vostre oiseau auant
que l'en paistre, & par ce moyen il guarira.

*Autres remedes propres pour remettre l'oiseau desgousté, & luy faire
reuenir l'appetit de manger.* CHAP. XVII.

Ouuentefois l'oiseau se trouue auoir perdu l'appetit de manger, à l'occasion de ce qu'on luy aura, peut estre, donné
trop grosse gorge vers le vespre: laquelle il ne peut enduire, ne
passer la nuict ensuiuant, pource qu'il est plein & ord par dedans le corps: & par ce moyen perd l'appetit de manger. Or dit maistre Molopin, que quand vostre oiseau sera desgousté, & aura perdu
l'appetit de manger. Il vous faut prendre de l'aloës cicotrin, succre
d'vne cuitte, & moüelle de bœuf, autant de l'vn comme de l'autre,
fors qu'il y ait vn peu moins d'aloës, & apres auoir bien tout meslé ensemble, en faire vne pillule de la grosseur d'vne febue, & la donner le
matin à l'oiseau: puis le tenir au feu ou au soleil, tant qu'il ait vomy &
reietté toutes les colles & superfluitez qu'il a dedans le corps, & ne soit
pu iusques à midy, luy continuant ceste medecine & traittemét par trois
ou quatre iours, vous luy verrez tost apres recouurer entierement son
bon appetit. Il y a encores vn autre bó remede qu'enseigne maistre Michelin pour donner guarison à cestuy mal. Prenez dit-il, pillules communes (c'est à dire, de celles que l'on ordonne & donne communément
aux persónes malades pour purger le corps) & en dónez le matin deux
à vostre oiseau: puis l'ayant mis au feu ou au soleil auec le chapperon en
teste, laissez le vomir tant qu'il voudra. Si dit le liure du Prince que les
pillules susdites sont bónes à donner à tous Faucons au commencemét
du mois de Septembre. Pource que s'ils ont filandres, ou autre mal dedans le corps, ils en sont par ce moyen bien purgez & nettoyez. Mais
pour reuenir à nostre propos, apres que par trois ou quatre iours vous
aurez faict à vostre oiseau desgousté vser desdites pillules, si pour ce
l'appetit ne luy estoit reuenu, poudrez luy aux trois ou quatre iours
ensuiuans sa chair de limures de fer, & l'appetit luy reuiendra. Dit outre Maistre Aimé Cassian, si le Faucon de fortune a perdu son bon appetit, luy soit baillé vn Pigeon, lequel on luy laissera tuer & boire le sang
à son plaisir: mais apres ce on ne luy en donnera à manger qu'vne cuisse
ou la valeur d'vne cuisse. Et s'il ne vouloit tirer, luy faudra tailler en petits morceaux, & l'arrouser de quelque bonne huile d'amendes dou-
douces ou d'oliues, ou la poudre de succre, & luy continuer ainsi peu
à peu tant qu'il ait recouuré son bon appetit.

I iij

Autre remede pour remettre fus vn oiseau, quand il est trop maigre.
CHAP. XVIII.

ENseigne le bon maistre Aimé Cassian, quand vostre oiseau est par trop descharné, si le voulez remettre en graisse, paissez-le de bonnes viandes, specialement de rats & de souris, si en pouuez recouurer. Car ils sont bons : & de leger past, comme aussi sont les petits oisillons : mais ne luy en donnez que demie ou moindre gorge. La poulaille est bonne de sa nature, toutesfois elle n'engraisse pas tant comme la chair de mouton. Le traittant de telles viandes petit à petit, vous le verrez reprendre chair, & se mettre en graisse. Le mesme maistre Cassian enseigne encore vn autre remede pour mesme effect. Prenez dit-il, vn pot neuf, & mettez de l'eau dedans que vous ferez boüillir au feu. Dedans ceste eau boüillante mettez deux cuillerees d'huille d'oliues & quatre cuillerees de beure frais, & faites le tout bien boüillir ensemble. Puis prenez chair de porc frais, de laquelle bien lauee & trempee en l'eau dessusdite vous ferez paistre vostre oiseau. Et si pouuez recouurer les limas qui se trouuent en l'eau courante, luy en soit donné au matin. Car ils le purgeront des grosses humeurs qu'il aura dedans le corps, & luy donneront substance.

Autres remedes pour vn oiseau qui est alenty & paresseux, & n'a volonté de voller.

CHAP. XIX.

SI vn Faucon ou autre oiseau est remis & paresseux, & ne volle point de bon hait, dit maistre Aimé Cassian, qu'il doit estre recogneu & reuisité par les maistres Fauconniers, & puis par eux traitté & mediciné comme il appartient. C'est à sçauoir en le baignant & luy mettant de l'eau deuant luy : & s'il est haut & ord, luy soit la chair bien lauee : & faire la medecine deuant dite, de lard, moüelle de bœuf & succre, & si l'oiseau estoit dehaitté de voller à cause de quelque accident de maladie, il y faudra pouruoir par les remedes propres à chacun desdites maladies, selon ce qui en a esté cy dessus particulierement enseigné.

FIN DE CE TROISIESME LIVRE.

Liure Quatriefme.

Chapitre I.

Ovs auez cy deuant peu entendre les remedes propres pour les maladies qui viennent dedans les corps des oiseaux : & cy apres vous pourrez apprendre les causes, signes & remedes des maladies qui aduiennent aux Faucons par dehors les corps, & partant se descouurent & voyent à l'œil, se touchent & manient de la main, & consequemment sont plus aisées à cognoistre & à guarir, comme celles qu'on void naistre, croistre, moindrir, empirer, ou amender à veuë d'œil : & desquelles au surplus les signes & causes sont plus certains, & moins secrets, comme aussi sont les remedes. Et neantmoins telles maladies font autant ou plus de nuisance à l'oiseau, & autant ou plus luy empeschent ses actions & allegresses, comme celles qui luy occupent & vexent les principales parties interieures du corps & de la teste, & dont à esté parlé bien au long aux trois liures precedents. A icelles donc le Fauconnier doit prendre garde d'aussi pres, comme à toutes les precedentes, & estre diligent à y pouruoir & remedier promptement : d'autant que ces mots exterieurs desquels nous entendons discourir en ce quatriesme liure, outre ce qu'ils donnent peine & grand trauail à l'oiseau, encore luy rendent-ils le corps plus laid & difforme, & d'autant plus mal agreable aux yeux de tous ceux qui le voyent, soient Faconniers ou autres personnes.

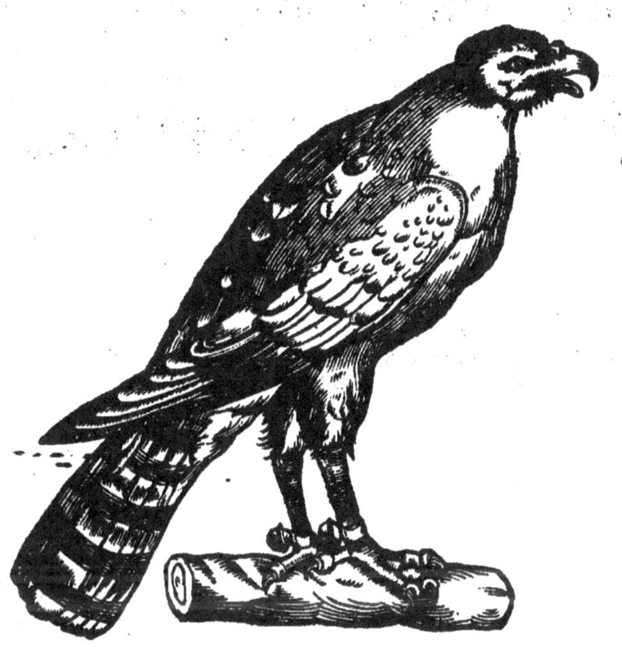

Du mal appellé la teigne, qui vient aux aisles & queuës des oiseaux, & de ses especes.

CHAP. II.

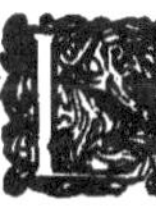E plus commun & dangereux de tous ces maux exte-
rieurs qui viennent hors du corps des oiseaux, est celuy
que vulgairement tous Fauconniers appellent la teigne. Or
pour en auoir plus certaine cognoissance est besoing d'entendre qu'il y a trois especes de teigne: de chacune desquelles especes
nous ferons vn particulier traicté. Donc la premiere espece de tei-
gnes est, quand les grosses & grandes pennes des aisles & queuës des
oiseaux leur cheent & tombent. La seconde espece est, quand la teigne
mange

mange & ronge lefdites gran des pennes tout au long du tuyau, de telle façon que par laps de temps rien n'y demeure.   La tierce efpece eft,
quand lefdites grandes pennes fe fendent tout au long de la verge, &
par ce moyen fe corrompent, & empefchent l'oifeau de bien voler. De
toutes ces trois efpeces cõbien que le nom foit vn, neantmoins les caufes, & les fignes, & femblablement les remedes font diuers & differens.

De la premiere efpeçe de la taigne, & de fes caufes, fignes, & remedes.

C H A P. III.

Ous vous auons dit au chapitre precedent, que la premiere
efpece de la taigne eft, quand les plus groffes & grandes
pennes des aifles & queuë des oifeaux leur tombent &
cheent. Si dit le bon maiftre Aymé Caffian, que plufieurs
bons oifeaux il a veu fe perdre de ce mal au defaut d'y donner vn
prompt remede. Et qui leur procede à l'occafion de la chaleur du foye,
& autrefois à caufe de quelque exceffiue ardeur & intemperature de
tout le corps. Et de ce font figne les veffies que l'on apperçoit deffus les
aifles & queuës denuées de plumes. Ceftuy mal eft contagieux, & fe
doit bien garder le Fauconnier d'approcher autre oifeau, ou le percher
pres de celuy qui en fera entaché. Mefmes dit iceluy maiftre Caffian,
qu'il fe faut auffi bien garder de donner à manger à autre oifeau deffus
le gant du Faucon qui aura la taigne. L'on fe peut bien apperceuoir de
ce mal, quãd on void l'oifeau fouuent toucher du bec deffus les tuyaux
des groffes pennes de fes aifles & de fa queuë, comme s'efforçant de les
faire choir. De fait quand vous luy verrez faire cefte contenance, foit
vifité: & vous le trouuerez vexé de la taigne. Pour obuier à ce mal faut
(ce dit maiftre Caffian) prendre l'oifeau, & aduifer aux endroits dont
luy feront tombées les plumes : & là vous trouuerez vne ou plufieurs
veffies, qui vous ferõt certain indice qu'il eft malade de la taigne. Lors
faites vne petite brochette d'vn bois appellé Sapin, qui eft de fubftãce
graffe, & vifqueufe: & n'eft point befoin de la faire aiguë par vn bout
plus que par l'autre, pource qu'il ne faut pas auffi qu'elle entre ou iffe
en malaife & cõme à force, ains doucement & legerement. Et fi vous
ne pouuez recouurer dudit bois, prenez vn grain d'orge, & luy couppez la pointe, puis l'oignés d'vn peu de theriaque, oud'huile d'oliues: &
le mettez dedans le pertuis d'où fera tombée la penne, de telle maniere

K

qu'il en forte vn petit bout au dehors, afin que ledit pertuis ne s'eftoup-
pe ou ferme, puis apres foit prinfe vne lancette, ou vn trancheplume,
& luy en percez ladite veffie ou veffres, tant qu'en faciez faillir vne eau
rouffe qui fera dedans. Apres prenés aloës cicotrin mis en poudre, & du
fiel de bœuf, & mettez l'vn & l'autre dedans vne efcuelle, & les battés &
meflez tres-bien enfemble, & de ceft onguent oignez cefte veffie per-
cée tout à l'entour : mais donnez vous bien garde qu'il n'en entre rien
dedans ledit pertuis de la penne: car il en pourroit aduenir grand mal à
l'oifeau. Apres cela fait, prenez lentilles des plus rouffes que pourrez
recouurer, & limures de fer moins la moitié que de lentilles, & apres
que les aurez bien meflées & battues enfemble auecques du miel, faites
en pillules de la groffeur d'vn poix, & en dónez à voftre oifeau tous les
matins deux ou trois, puis le mettez au feu ou au foleil : & le paiffez a-
pres midy de poullaille ou de mouton d'affez bonne gorge. Et fi vers
le foir vous voulez donner defdictes pillulles à voftre oifeau, faire le
pourrez. Mais vous fouuienne de tremper fa chair dedans laict d'afneffe, ou de cheure, ou de femme, comme deffus à efté dit: car cela luy fera grand bien: & auffi de fouuent vifiter les iarfures defdires veffies per-
cées, pour les oindre de rechef dudit on uent, fi befoin fera. Luy continuant tout ce traittement par cinq ou fix iours, vous verrez qu'il fe
guarira de ladite taigne.

De la feconde efpece de taigne, de fes caufes & fignes, & des
remedes propres pour la guarir.
CHAP. IIII.

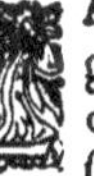A feconde efpece de la taigne, comme a efté cy-deffus enfei-
gné, prend auffi és grandes pennes des aifles & queuë des
oifeaux, & les ronge & mange tout du long, de maniere que
fi on n'y pouruoit de bóne heure, à la fin il n'y demeure rien.
Et ont laiffé par efcrit les mefmes Fauconniers deffufdits, que ce mal
aduient aux Faucons par la negligence de ceux qui en ont la charge &
la garde: c'eft à fçauoir, à faute de les baigner, & curer en temps & lieu,
mefmemét de les tenir en lieu net, ains pour les auoir tenus en lieu ord,
plein de poudre, ou de fumée. Et telles ordures leur engendrent vn hu
m ut ou excrement aigre & agu, qui les ronge & máge ainfi tout le lóg
des groffes plumes des aifles & de la queuë. A cefte caufe admonneftét
expreffément & diligemment lefdits maiftres, tous Gentils-hommes &

Fauconniers, de iamais ne tenir leurs oiſeaux en lieu ord, mais au plus net & hôneſte que poſſible leur ſera. Ce mal encores peut aduenir aux Faucons pour eſtre noutris de mauuaiſes chairs, ordes & puantes : qui ſont cauſes de les charger de poux & taignes, qui leur mangent & gaſtent le pennage. Pour remede à ce mal, enſeignent les maiſtres ſuſnōmez la medecine qui enſuit. Prenez, ce diſent-ils, cendre de ſerment de vigne, & en faites leſſiue la plus forte que vous pourrez, de laquelle vous lauerez voſtre oiſeau vne fois le iour, & le laiſſerez tres-bien reſſuyer : apres ce prendrez bon miel de mouſches, & en oindrez toutes les pennes entachées de ce mal. Encores apres vous faudra prendre ſang de dragon, & alun de glas, & de ces deux battus enſemble faire poudre bien ſubtile, dont vous poudrerez puis apres tous les tuyaux, & pennes deſſuſdites : & par ce moyen voſtre oiſeau guarira.

Maiſtre Aymé Caſſian dit que pour obuier à ce mal, il s'eſt ſouuent bien trouué de la recepte qui enſuit. Prenez, dit-il, vne taupe, de celles qui foüillent aux prez, & la mettez dedans vn pot de terre tout neuf qui ſoit bien eſtouppé & bien lutté, & puis mis au feu tout vn iour : & en ayant retiré la taupe, en ferez poudre bien ſubtile, de laquelle vous poudrerez les groſſes pennes, & leurs tuyaux entachez & gaſtez de taigne, apres les auoir tres-bien lauez de la leſſiue de ſerment par la forme cy deuant dite : & par ainſi voſtre oiſeau ſe guarira.

De la tierce eſpece de taigne, de ſes cauſes & ſignes, & des remedes propres pour la guarir.

CHAP. V.

LA tierce eſpece de taigne, dont nous auons cy deſſus parlé, eſt quand l'humeur peccant ne ronge pas la penne de l'oiſeau : mais la fait fendre de long en long de la verge. Ce mal aduient, ce dient leſdits maiſtres, de ce que les oiſeaux ne ſont pas tenus nettement, ne curez, baignez, puz, & gouuernez comme ils doiuent : Dont ſe concrée ceſt humeur vicieux qui leur fait ainſi fendre & rompre les pennes. Pour remede à ceſtuy mal, enſeigne Maiſtre Molopin au liure du Prince, la medecine qui enſuit. Prenez, dit-il, vne canne verde, & la fendez tout du long : puis la raclez par dedans, & il en ſortira ius ou ſuc,

duquel ius ou fuc, vous baignerez & mouillerez les pennes fendues
de voftre oifeau tout le long des fentes,& par ce moyen elles fe reprē-
dront & refferreront tout ainfi qu'elles eftoient auparauant ladite tai-
gne.Et s'il tomboit d'auenture puis apres quelqu'vne defdites pennes,
foit mife dedans le pertuis du tuyau, la tente du bois de Sapin, ou le
grain d'orge, ainfi que cy deffus a efté enfeigné : & ce faifant vous verrez que voftre oifeau mettra la plume plus droitte.

Si vn oifeau a l'aifle rompuë par quelque accident, quels moyens il faut tenir
pour la luy remettre, & le guarir.

<h3 style="text-align:center">CHAP. VI.</h3>

'I L aduient par quelque accident que voftre oifeau ait l'aifle
rompuë, vous vferez de ce remede, qu'enfeigne maiftre Molopin au liure du Prince. Premierement faut que l'aifle rompuë foit bien remife & rejoinĉte à fon droit point:& puis que
l'onguent, dont la compofition fera cy apres enfeignée, luy foit mis
en cataplafme fus l'endroit de la rupture. Et apres luy auoir bien dextrement appliqué ledit cataplafme deffus la rupture, luy remettre &
difpofer bien doucement les deux aifles croiffées deffus le dos, en la
mefme forme qu'il a de couftume de les tenir en pleine fanté. Puis l'ē-
maillotter d'vne bonne bande,de façon qu'il ne puiffe remuer les aifles
en maniere que ce foit. La recepte ou compofition dudit onguent eft
telle qu'il enfuit. Soit pris fang de dragon, terre d'Armenie appellée
vulgairement boliarmenic, gomme Arabique, encens blanc, momie,
maftic, aloës cicotrin, autant de l'vn comme de l'autre,farine bien def-
liée autant que befoin fera : foient toutes ces chofes deftrempées en
blancs d'œufs,& fait onguent: lequel fera puis apres appliqué en cataplafme en la maniere deffufdite. Lequel premier cataplafme ne fera remuë ne chāgé de cinq ou fix iours apres ledit premier appareil,& quād
on y remettra autre cataplafme, fe faudra bien foigneufement donner
garde que l'aifle rompuë ne foit defmeue ny esbrālée en maniere que
ce foit. Car pour petit qu'on la defmeuue ou defloche, tout ce qu'auparauant on y pourroit auoir faiĉt, feroit perdu & gafté : & l'oifeau en
grand danger de demeurer pareillement perdu & affolé à jamais fans
efperance de falut. Or le faudra-il traiĉter & medicamenter en la maniere deffufdite par l'efpace de douze ou quinze iours : & pendant

rceux le tenir & faire repofer fur vn couffin bien mol, afin qu'il y demeure plus à laife & à fon repos. Au paft luy faudra auffi tailler fa chair
à petits morceaux, & luy en donner affez bonne gorge : car il n'aura
point meftier d'eftre tenu ny bas ny maigre pour pluftoft recouurer fa
guarifon.

CHAP. VII.

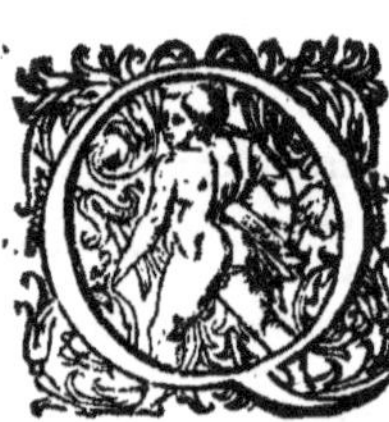

QVand l'oifeau ne fouftient bien fes aifles : c'eft
pource qu'eftát mis fur le poing ou fur la perche,
il s'eft trop afprement debattu, fe debattant s'eft
efchauffé, & puis refroidy : & ce refroidiffement
luy a fait alentir & pendre les aifles : Pour reme-
die à ce mal, dit M. Aymé Caffian, qu'il faut prendre vn pot de terre tout neuf, & l'emplir de fort
bon vin : puis mettre dedans ledit vin, fauge,
mente, & pouliot, autant de l'vn que de l'autre, & apres auoir mis ledit
pot pres du feu, faut faire le tout bien bouillir enfemble. Et quand ils
auront bien bouilly, tirez le pot hors du feu, & le mettez fur les charbons & cendre bien chaud, bien couuert & eftouppé de drap ou linge,
afin qu'il n'en puiffe rien fortir. Apres cela faites vn pertuis affez gran-
det au milieu du drap ou linge dont aurez couuert voftre pot, par lequel pertuis en puiffe fortir la fumée. Puis mettez voftre oifeau fur le
poing, & apres luy auoir releué les aifles, le tenant droit fur ledit pertuis, laiffez-le parfumer de celle fumée & chaleur iffant dudit pot : &
l'y tenez fi longuement, qu'eftant bien refchauffé & parfumé d'icelle
fumée, il en foit comme baigné & en fueur. Apres ce tenez le pres du
feu ou en autre lieu chaud : car s'il venoit à fe refroidir, ce feroit mal
pire que le premier. Tant eft que luy continuant ce traictement trois
fois le iour par l'efpace de quatre ou cinq iours, vous y apperceurez
grand amendement, & les verrez toft apres bien guary.

CHAP. VIII.

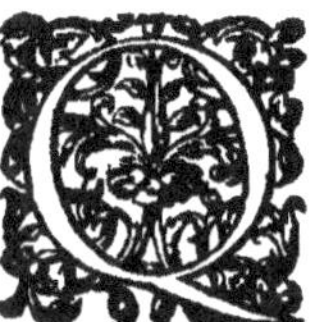

Vand voſtre oiſeau en volant trop rudement, ou donnant atteinte à la proye qu'il pourſuit, ſe ſera démis
l'aiſle hors de ſon lieu & ſiege naturel, vous luy donnerez prompt & ſeur remede, le traittant de la façon
qui enſuit, & qui enſeignée a eſté par maiſtre Aymé
Caſſian : Soit, dit-il, prins l'oiſeau doucement, & luy
ſoit l'aiſle diſloquée, dextrement remiſe en ſon lieu.
Puis ſur l'endroict de la diſlocature ſoit mis vn cataplaſme de l'onguent
de ſang de dragon, boliarmeni, mommie, &c. ainſi compoſé comme a
eſté monſtré cy deſſus au chapitre ſixieſme de ce quatrieſme liure, auquel eſt parlé de l'aiſle rompuë, puis ſoit emmaillotté, & laiſſé en ceſte
maniere trois ou quatre iours. Au paſt luy ſoit ſa chair taillée en petits
morceaux, afin qu'en mangeant il ne ſe contourne ny efforce.

CHAP. IX.

I voſtre oiſeau de fortune auoit l'aiſleron rompu : maiſtre
Molopin au liure du Prince conſeille vſer des meſmes receptes, remedes & traittemens, qui n'a gueres ont eſté môſtrez
pour remettre & racouſtter ſon aiſle rompuë. Et ſi beſoin eſt,
en l'vne & en l'autre rupture, apres auoir rejoinct & reuny dextrement
le membre rompu, le faudra lier auec petites lattes, afin de l'affermir
d'auantage : Auſſi faudra-il au paſt luy bailler ſa chair en petits morceaux, comme aux chapitres precedens a eſté remonſt é : afin que tirant il ne ſe contourne, & deſmeuue les pieces ioinctes : & au ſurplus
le tenir & faire repoſer emmaillotté ſur vn couſſin pour les meſmes
cauſes cy deſſus deduites.

CAAP. X.

'Il aduenoit par quelque accident que voſtre oiſeau
euſt iambe ou cuiſſe rompuë, maiſtre Aymé Caſſian
donne aduis de le traitter & medicamenter en ceſte
ſort. Premierement, ſi c’eſt la cuiſſe qu’il ait rompuë,
luy faudra plumer ladicte cuiſſe : & puis apres auoir
doucement & dextrement reioint la rupture, y appliquer vn cataplaſme de l’onguent qui enſuit : Soit prinſe eſcorce de
cheſne, ſechée, battuë, & miſe en poudre, & auec peu de ſang de dragon, icelle poudre meſlées & deſlaiées en blanc d’œufs : & de ceſt onguent couurez le deſſuſdit emplaſtre: lequel emplaſtre ayant appliqué
ſur la rupture, bandez ladite cuiſſe ou iambe d’vne bande de linge bien
propre: mais gardez vous bien de la trop ſerrer ou eſtraindre : car cela
pourroit eſtre cauſe de faire ſecher le pied à voſtre oiſeau : Or bien
pourrez vous laiſſer ledit emplaſtre de premier appareil cinq ou ſix
iours ſans le renouueller: mais puis apres le pourrez changer de deux
en deux, ou de trois en trois iours, iuſques a ce que voſtre oiſeau ſoit
bien guary. Au paſt luy faudra tailler ſa chair en petits morceaux, &
touſiours le tenir ſur la perche auec le chaperon en la teſte.

*Si l’oiſeau eſt bleſſé de coup, quels moyens & remedes ſont propres
pour le bien traitter & guarir.*
CHAP. XI.

Ors que voſtre oiſeau ſera bleſſé de coup, comme de ferre-
ment, baſton, bec de Hairon, ou autre choſe ſemblable,
maiſtre Aymé Caſſian à laiſſé par eſcrit le remede qui enſuit.
Prenez, dit-il, de l’herbe vulgairement appellée pied de colomb, autrement herbe Robert, & l’ayant pillée en vn mortier, ex-
primez en le ius. Puis ſoit prins l’oiſeau, & ſa playe viſitée : & ſi le coup
eſt grand & noir à l’entour, & neantmoins il ny ait pas grand pertuis,
en faudra faire l’ouuerture plus grande, ainſi que l’on verra en eſtre
beſoin, & dedans ladite playe mettre du ius de l’herbe ſuſdite, & deſſus
icelle puis apres en appliquer le marc en forme de cataplaſme, & le bander bien mignonnement, & puis n’y toucher de vingt-quatre heures.
Auſſi doit eſtre le Fauconier aduerty d’arracher les plumes de l’étour
de la playe, en tant qu’il les verra faire nuiſance & empeſchement à
l’application du medicament. Or on tient que ladite herbe Robert à
telle vertu que la playe à laquelle elle eſt appliquée en la maniere deſ-

ſuſdite n'apoſtume point : qui eſt vn admirable ſoulagement pour les
oiſeaux. Toutesfois au defaut de pouuoir recouurer de ceſte herbe de
pied de colomb en la verdeur & vigueur, & conſequemment du ius
d'icelle, prendra peine le Fauconnier d'en auoir de la ſeche & la mettre
en poudre : & d'icelle poudre ſe pourra ayder ne plus ne moins que du
ius : Appliquant l'vn ou l'autre (à ſon aiſance & commodité) à la playe
par la forme ci-deſſus deſſeignée, apres auoir neanrmoins bien nettoyé
& laué ladite playe de vin blanc : car l'vn des grands ſecrets & moyens
de biẽ toſt guarir l'oiſeau bleſſé, eſt de luy tenir touſiours la plaie nette.
Encore à enſeigné maiſtre Molopin au liure du Prince, vn autre bon &
ſeur moyen pour guarir prõptement le coup ou plaie du Faucon bleſſé. Prenez, dit-il, huile roſat, & graiſſe de geline autant de l'vne comme
de l'autre, vn peu moins d'huile violat, & la moitié moins de therebẽ-
tine, ſi les meſlez & fondez toutes enſemble. Puis prenez encores de
l'encens blanc & du maſtic autant de l'vn comme de l'autre, & en faites
poudre : Et ſi vous pouuez d'auantage finer de celle poudre de ladite
herbe Robert, mettez toutes ces trois poudres enſemble parmy leſdites huiles & graiſſe, & les remuez & battez fort enſemble auecques vn
baſton, iuſques à ce que les voyez biẽ vnies, & incorporees, & reduites
en forme d'onguent. Et ſi la playe de l'oiſeau eſt grande & fort ouuerte,
aduiſez premierement de la recoudre bien doucement & dextrement,
laiſſant toutesfois au plus bas vn pertuis, auquel puiſſiez appliquer &
faire entrer vne tente de cherpie oincte de l'onguent deſſuſdit. Duquel
ferez auſſi cataplaſme, qu'appliquerez puis apres ſur ladite playe. Par iceluy pertuis (lequel demourera ouuert par le moyẽ de la tente que ſouuent vous y renouuellerez) ſe purgera peu à peu ladite playe : & par la
vertueuſe efficace de ceſt onguent, l'oiſeau recouurera bien toſt ſa ſanté, Autre recepte qu'a enſeignée maiſtre Michelin pour guarir coup ou
playe de Faucon : Si voſtre oiſeau, dit-il, à playe par Gruë, ou Hairon,
ou autre oiſeau ſemblable, oſtez luy la plume tout à l'enuirõ de la plaie.
Laquelle eſtant ſi profonde qu'elle ne puiſſe bõnemẽt eſtre recouſuë :
mettez dedans icelle prõptement de la poudre dont la compoſition
enſuit. Soit prins ſang ꝺe dragon, encens blanc, aloës cicotrin, & maſtic, autant de l'vn que de l'autre, & le tout bien battu enſemble ſoit reduit en poudre bien ſubtile : & de ceſte poudre medicamentez ladicte
playe ainſi que à eſté predit par cy-deuant : Puis ſoit ladite playe aux
enuirons & par deſſus oincte d'huile roſat ou biẽ d'huile d'oliues tiede

pour

pour l'adoucir. Mais si la place n'est tant profonde, qu'elle ne se puisse
bien coudre, soit recousuë : en y laissant toutesfois au plus bas endroit
d'icelle vn petit pertuis pour la purger, ainsi qu'à esté cy-deuant remō-
stré.Puis soit pris le blanc d'vn œuf, & appliqué dessus la playe par forme d'ēplastre, apres toutesfois qu'elle aura esté arrousee d'huile de ro-
ses, ou d'oliues, comme n'agueres à esté dit: & que pareillement sur la
cousture aurez mis de la poudre susdite: & encores mis audit pertuis la
petite tente pour tousiours le tenir ouuert:& parce moyen mōdifier la
playe,à quoy profitera moult l'onguent dessusdit, duquel ladite tente
sera oincte.   Continuant ceste façon de traictement à vostre oiseau,
vous le verrez tost guary.   Encores autre medicament à ce mesme effect a conseillé le bon maistre Aimé Cassian. Si vostre oiseau, dit-il,
a eu vn coup de bec de Gruë, Hairon, ou autre oiseau, prenez demie
once de mastic, vn quart d'once de boliarmeni, demie-once graisse
de geline,vne once d'huile rosat,vne once d'huile violat,vn quart d'ō-
ce de terebenthine,vne once d'herbe de pied de coulomb, vn quart
d'once de cire vierge:Soient toutes les choses liquides susdites mix-
tionées,fonduës,& batuës ensemble: & les pouldres de mastic, boliarmeni, & herbe Robert(que vous aurez ia auparauant faites) meslees
parmy lesdites huilles,graisses, & cire mises sur le feu, remuées auec &
vn bastoŋ peu à peu,tant que le tout soit bien incorporé tout ensemble,& reduit en forme d'onguent.Mais gardez vous bien en mixtion-
nant de luy donner le feu trop aspre:Puis mettez dudit onguent(qu'au
rez ainsi fait chauffer en vn pot net & neuf)sur lōge ou cuir,& en appliquez le cataplame sur la playe de vostre oiseau:apres qu'aurés mis la tê-
te ointe de cedit onguent en la maniere cy-dessus desduitte.   Et s'il aduenoit que l'oiseau eust coup orbe auec contusion sans playe ouuerte.
Prenez,dit ledit maistre Cassian,mommie en pouldre, & la dilayez en
sang de colomb,ou de poulaille,& luy mettez dedans la gorge, & ne le
paissez de deux heures apres, que luy donnerez gorge raisonnable:
Toutesfois si la contusion ou froissure paroist, & se monstre à l'œil,
n'oubliez de l'arrouser d'huile rosat, ou violat,à vostre aisance & com-
modité.Vous souuienne aussi en toutes les blessures cy-dessus declarées de bander & emmaillotter vostre oiseau, si vous cognoissez qu'il
en soit besoin.

L

LIVRE QVATRIESME

Vcunesfois les pieds enflent aux oiseaux par quelque froidure : à l'occasion de ce que s'estans eschauffez à battre le
gibier, ils se sont puis apres morfondus, à faute de leur mettre quelque drap soubs les pieds, quand ils sont retournez
de la vollerie. Autrefois ce mal podagre leur aduïent à cause qu'ils
se trouuent pleins de grosses & mauuaises humeurs, lesquelles au
trauail s'esmeuuent, & deuallans sur les pieds y font l'enflure. Ceste
maladie vexe plus souuent les Faucons surnommez Sacres, que
toutes autres especes d'oiseaux: pource qu'ils sont pesans, & ont les
pieds gras de leur nature.Or nous enseigne le bon maistre Aymé Cassian, quand l'oiseau a les pieds enflez, de commencer son traictement par purgation, en luy faisant vser de la medecine de lard, succre,
& moüelle de bœuf,dôt la recepte a esté cy-deuât descrite au cinquiefme chapitre du second liure,si souuêt mentiônee par tout ce discours.
De ceste composition donques seront faictes trois pillules de la grosseur d'vne moyenne febue, & puis données à vostre oiseau par trois diuerses matinées: lequel sera puis apres mis au feu, ou au soleil, & deux
heures apres pu de quelque bon past. Puis ayez vne once de boliarmeni, & vne demie once de sang de dragon, & les faites battre & mettre en poudre, laquelle vous destremperez & meslerez fort dans le
blanc d'vn œuf,& de cet onguent vous en oindrez les pieds enflez de
vostre oiseau deux fois le iour,par l'espace de trois ou quatre iours: pê-
dât lesquels vous n'oublierez aussi de luy mettre quelque drap dessous
les pieds pour le tenir plus chaudement. Maistre Molopin au liure du
Prince donne vn fort bon aduis d'vn autre remede, qu'il dit estre bien
souuerain,& bien aisé. Si vostre oiseau,dit-il,a le pied ou les pieds enflez seulement,sans ce qu'auecques l'enfleure il y ait des clouds, prenez cizeaux ou pincettes , & luy taillez les ongles des pieds, ou du
pied qui sera enflé de si prez que le sang en sorte, de façon qu'il saigne
tresbien: Puis prenez graisse de geline, huile rosat, & huile violat,
autant de l'vn que de l'autre, & vn peu de cire vierge, & fondez tout
cela ensemble : Apres ce ayez de la poudre d'encens blanc,& de mastic,autant de l'vne que de l'autre,& de pouldre de boliarmeni, deux

fois autant : & battant & meſlant bien fort le tout enſemble , faites - en
onguent, duquel vous luy oindrez les pieds enflez deux fois le iour ,
iuſques à ce qu'il ſoit bien guary : Et ſont ces deux dernieres receptes
bien experimentées & eſprouuées.

Quand les oiſeaux ont les cuiſſes ou iambes enflées , quelles en ſont les cauſes
& les moyens bien eſprouuez pour les guarir.
CHAP. XIII.

ADuient par fois que les iambes des oiſeaux enflent, comme
auſſi font les cuiſſes: aucunesfois toutes les deux enſemble,
autrefois les vns ſans les autres. Ceſtuy mal ſurpréd les Faucons, à cauſe du trauail qu'ils ont pris au vol, ou au battre de
la proye ou gibier qu'ils ont pourſuiuy , où ils ſe ſont eſchauffez, puis
refroidis & morfond'us: ou bié à cauſe que ſe trouuâs pleins d'humeurs
dedãs le corps, ils les ont eſmeus au trauail du vol & de la chaſſe, & deſcendans ſur les iambes ou cuiſſes, y font l'éfleure ſuſdite. Pour y remedier, M. Caſſian conſeille de purger & curer premierement l'oiſeau
malade, en luy baillant les pillules compoſées de lard, moëlle de bœuf,
& ſuccre, par la forme diuiſée au chapitre precedent ceſtuy. Et apres ladite cure bien & deuëment faicte, faut prendre huit ou dix œufs, & les
faire cuire auecques la coque tant qu'ils ſoient bié durs: puis les laiſſer
refroidir, & leur oſter les coques, & les rompant, en retenir les moyeux
ſeulemét: leſquels faudra qu'ils ſoient bien fort durs, autrement ne ſeroient pas propres à faire la medecine qui enſuit: Prenez, dit-il, vne petite poille de fer, qui ſoit bien nette & bien claire, la mettre ſur vn bon
feu clair, & dedãs icelle rópre & eſmenuiſer auec la fautmain leſdits huit
ou dix moyeux , & auec vne cuillier de fer bien nette les remuer ſans
ceſſe. Et quãd verrez qu'ils deuiendront fort noirs, & lors que les cui-
derez tous gaſtez, les ramaſſerez tous enſemble : & apres les auoir faict
boüillir en vin blanc , les exprimerez, & en tirerez de l'huile que vous
receurez en vn verre net , puis de rechef les chaufferez & metirez en
preſſe , & en tirerez tout ce que vous pourrez. Et quand voudrez vſer
dudit huile pour les enfleures deſſuſdites, prenez dix gouttes de ceſte
huile de moyeux d'œufs, & les meſlez parmy trois gouttes de vinaigre,
& trois autres gouttes d'eau roſe: puis en frottez doucement l'enfleure
des iãbes & cuiſſes de l'oiſeau. Dit ledit M. Caſſian, que ceſte medecine
a eſté par luy maintesfois eſprouuée, & qu'il s'en eſt fort bien trouué en la cure des oiſeaux des grands Maiſtres de Rhodes : & qu'elle

eſt ſinguliere pour conforter, & aſſouplir les nerfs des iambes & des pieds des Faucons. De faict continuant à l'oiſeau qui eſt malade des enfleures deſſuſdites, la friction dudit huile, auec le traictement ſuſdit par l'eſpace de ſept ou huict iours, vous y verrez prompt amendement & entiere guariſon.

Si les oiſeaux ont clouds ou galles aux pieds, que l'on appelle Podagres, quelles en ſont les cauſes, & les moyens d'y donner remede.
CHAP. XIIII.

ON tient que ſi clouds ou galles viennent aux pieds de voſtre oiſeau (aucuns appellent ce mal Podagre) c'eſt choſe faſcheuſe & dangereuſe, &à laquelle ſera bien beſoin de promptement remedier. Ce mal eſt fort dangereux, & ſuit volontiers les enfleures des iambes & cuiſſes, dont n'aguerez a eſté parlé : & procede communement des meſmes cauſes. Auſſi dit maiſtre Aymé Caſſian, qu'il eſt beſoin de proceder à la cure de ceſte podagre par la meſme forme cy deſſus deduicte : c'eſt à ſçauoir, de commencer par la purgation de l'oiſeau malade, en luy faiſant prendre par trois diuerſes matinées conſecutiues les trois pillules compoſées de lard, moüelle de bœuf & ſuccre, dont n'agueres a eſté parlé. Apres ladite purgation, prenez, dit-il, du papier, & en faites des meſches de la groſſeur d'vn fer d'eſguillette, deſquelles allumées vous donnerez le feu aux clouds, ou galles de l'oiſeau. Et ſi leſdits clouds eſtoient fort apparens & eminens deſſus le pied, ſeroit bon de les fendre tout du long auec quelque tranche-plume, ou autre fer taillant venant du feu, & fort chaud : Et apres les auoir fendus bien doucement & dextrement, mettre dedans la fente & ouuerture de chacun d'iceux vn petit morceau de lard gras, pour empeſcher qu'il ne ſe reſerre & recloe, puis mettez l'oiſeau ſur vn monceau de ſel menu : & s'il y aduenoit aucune chair morte, mettez-y deſſus de la poudre dont le tiers ſoit verd de gris, & les deux parts d'hermodactyles : Puis quand l'vlcere ſera mondifié, oignez-le de ſeing de pourceau & de miel meſlez enſemble, & le mettez touſiours ſur ledit monceau de ſel menu, iuſques à ce qu'il ſoit bié guary. Vne autre belle & bonne recepte a enſeignée maiſtre Molopin pour guarir ceſte maladie : Prenez, dit-il, trois onces de fueilles de la Rheubarbe, des moines, trois onces de fueilles de choux rouge, vne once de therebentine, trois onces d'huile violat, trois onces de miel, cinq onces de

graiſſe de mouton, vne once & demie de graiſſe de ieune geline, vne
once de maſtic, vne once d’encens blanc, vne once de poiure long,
deux onces d’alum, & vne once de cire vierge. Et premierement des
herbes faudra tirer & exprimer le ius, puis les huiles, graiſſes, & autres liquides meſlez enſemble, & fondues au feu en vn pot neuf, les remuant touſiours auecques vn baſton : & apres qu’aurez faiÇt poudre
du maſtic, encens, poiure, & alum, & meſlé toutes icelles poudres
enſemble, vous le coulerez peu à peu dedãs le pot auecques le ius deſdites herbes, remuant touſiours auec le baſton, iuſques à ce que le
tout ſoit bien meſlé & incorporé enſemble, & qu’il ſoit reduit en forme d’onguent. Lequel vous eſtendrez puis apres ſur cuir ou linge, &
en appliquerez le cataplaſme ſur les pieds podagres par l’eſpace de
quinze iours, le changeant toutesfois de deux iours en deux iours. Et
ſi les clouds par le moyen dudit onguent ne ſe fendoient & ouuroient
d’eux-meſmes, les faudra fendre d’vn fer trenchant & chaud par la forme dite au precedent chapitre. Et en ceſte meſme forme luy faudra
pareillement oſter toute l’ordure & chair morte que l’on pourra voir
dedans leſdits clouds & galles, tant qu’il n’y demeure rien, & iuſques à
ce qu’il ſoit bien guary. Cet onguent, ce dit maiſtre Molopin, a ſouuent eſté eſprouué, & experimenté bon par luy : & peut durer en ſa
bonté deux ans. Encore vne autre bonne recepte a enſeigné M. Caſſian pour remedier à ceſtuy mal. Prenez, dit-il, deux onces de terebẽ-
thine, & vne once de ſauon blanc mis en poudre, & demie once de
cendre de ſerment de vigne : & mettez le tout enſemble en vn pot neuf
deſſus le feu, & le remuez auec vn baſton peu à peu, tant qu’il ſoit bien
meſlé & incorporé l’vn auec l’autre, & reduit en forme d’onguent : duquel eſté du ſur cuir ou linge vous en ferez vn emplaſtre, que vous appliquerez deſſus les galles ou clouds que l’oiſeau aura deſſus les pieds :
& lierez ledit emplaſtre par entre les doigts de l’oiſeau, de façon qu’il
ne le puiſſe arracher ne tirer dehors : Ce que vous luy continuerez par
l’eſpace de quinze iours, changeant toutesfois le cataplaſme de deux
iours en deux iours, iuſques à ce que les clouds ſoient bien molifiez. Et
ſi cependant leſdits clouds s’ouuroient d’eux-meſmes, tant mieux vaudra, ſinon il les faudra fendre auec le fer trenchant & chaud en la maniere deſſuſdite. Et puis apres qu’ils feront ouuerts, vous y pourrez appliquer de l’onguent, dit du Diaculum, lequel aſſouplira le pied de
l’oiſeau, & en tirera les humeurs, ſi aucuns y en a. Et où il ſe trouue-

ra de la chair morte , mettez y quelque peu de verd de gris , puluerisé
en la maniere susdite. Pour remede à ce mal , enseigne maistre Cassian
encore vne autre bonne recepte. Prenez , dit-il , de la limeure de fer
le gros de deux febues , & limeure d'acier le gros d'vne febue : de l'es-
corce de chesne , dont vous leuerez le dehors, & du dedans bien asse-
ché , en ferez de la poudre bien subtile , & pour la faire bien subtile la
passerez par vn sas, ou par l'estamine, & en meslerez le gros de deux fe-
ues parmy les limeures susdites , puis tout ensemble mettrez boüillir
dedans vn pot neuf auec vne chopine d'eau , & autant ou enuiron de
vinaigre blanc, tant qu'ils diminuent du tiers ou de moitié : apres ce tirerez du pot tout ce que vous pourrez escouler de clair de ladite eau &
vinaigre, & le fond ou marc qui restera le ferez encores espurer le plus
qu'il vous sera possible , puis le mettrez en vn sachet de linge de telle
longueur & largeur que l'oiseau puisse reposer ses deux pieds dessus
ledit sachet. De ce sachet doncques plein dudit marc vous ferez comme vn coussin, sur lequel ferez tenir vostre oiseau cinq ou six iours :
pendãt lesquels vous luy pourrez arrouser les pieds du clair ou boüil-
lon de ladite composition (que vous aurez à cet effect gardé dedans
vn verre, ou autre vaisseau) trois ou quatre fois par chacun iour : & en
rafraischir pareillement & remoüiller le sachet dessusdit, afin qu'il s'en
tienne plus frais, & qu'il en face meilleure operation : laquelle s'il ne
peut auoir acheuée au bout des six iours , luy faudra laisser plus longuement, & iusques à ce qu'il soit du tout guary : Et est ceste recepte
fort bonne pour toutes eschauffeures ou galles de pieds & de iambes.

Chap. xv.

Vandvous verrez que vostre oiseau se grattera ou mãgera les pieds, sçachez que c'est vne maniere de fourmiere qui les luy gaste. Et aduient ce mal aux Esmerillons plus souuent qu'aux autres oiseaux. Conseille
maistre Cassian pour y remedier, de prendre vne demie fueille de papier , & en faire vn collier à l'oiseau ,
afin qu'il ne se puisse toucher les pieds. Puis ayez vn fiel de bœuf, & le

rompez en vne efcuelle, & puis meflez parmy iceluy, poudre d'aloës
cicotrin autant que iugerez eftre befoing, & les battrez tresbiē enſem-
bleauec vn baſton, tant qu'ils ſoient bien & deuëment incorporez, &
reduits en forme d'onguent: duquel onguent vous oindrez puis apres
les pieds de voſtre oiſeau par l'eſpace de cinq ou ſix iours, deux ou trois
fois par chacun iour, & iuſques à ce qu'il ſoit bien guary. Vne autre
medecine à donnée & enſeignée maiſtre Molopin pour ceſtuy grand
mal. Prenez, dit-il, de la fiente d'vne truye, ou d'vn pourceau, & la
mettez deſſus vne tuile au feu, ou au four, tāt qu'elle ſoit bien & deuëment aſſeichee, & que l'on en puiſſe faire poudre. Puis ayez de fort bō
vinaigre blanc, & en lauez tres-bien les pieds de voſtre oiſeau, & apres
qu'ils en ſeront biē lauez, mettez deſſus de ladite poudre, tant qu'ils en
ſoient tous couuerts, & continuant ce traittement deux fois le iour, par
l'eſpace de douze ou quinze iours, ou iuſques à ce que le verrez du
tout bien guary, & diſpoſt: & ayant perdu l'enuie qu'il auoit auparauant de ſe gratter ou manger les pieds.

QVELS MOYENS SONT A GARDER QVAND ON
veut ſerrer ou eſtoupper les veines des iambes de l'oiſeau, & pour le
garentir des enfleures, clouds, galles, podagres,
demangeaiſons deſſuſdites.

CHAP. XVI.

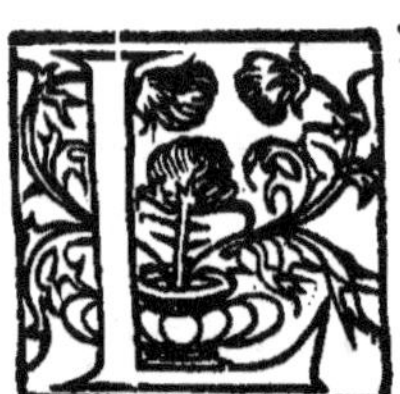L E s maiſtres Fauconniers deſſuſdicts experts &
bien entēdus en l'art de Fauconnerie, ont ſoigneu-
ſement & curieuſement recerché tous moyens &
ſecrets, pour guarir & garentir les oiſeaux Faucons de tout genre & eſpece de maladie. Et entre
autres ont deſcouuert deux beaux & bons ſecrets
pour garētir les oiſeaux de tous les maux des cuiſſes, iambes, & pieds dont n'agueres à eſté deuiſé:
leſquels ſōt fōdez ſur apparēte raiſon de medecine: pource que par ces
deux moyēs on retranche l'occaſion & la cauſe deſdits maux, qui eſt
le deuallement & cheute des humeurs abondans & ſuperflus au corps

de l'oiseau,és cuisses & autres parties inferieures. Et combien que de
prime face ils puissent sembler tous deux cruels & dágereux pour l'oiseau: toutesfois doibt-on croire que lesdits maistres ne les ont ensei-
gnez & laissez par escrit,sans les auoir bien & deuëment esprouuez,du
temps qu'ils seruoient leurs maistres(grands Seigneurs)en l'art & exercice de Fauconnerie.Le premier est de serrer ou coupper les veines
des iambes de l'oiseau,qui portent les humeurs aux pieds,& sont causes desdictes enfleures & podagres,duquel sera parlé en ce chapitre.Le
second est,de rompre tout à fait la iambe à l'oiseau, duquel sera parlé
au suiuant chapitre. Quand doncques vous voudrez, à vostre oiseau
podagre,ou enflé par les pieds serrer & coupper les veines qui abbreu-
uent & imbuent lesdits pieds de mauuaises humeurs,dit maistre Aimé
Cassian, soit pris l'oiseau, & tenu bien dextrement,& luy soit plumé le
dedans de la cuisse au plus pres du genoüil,puis luy soit cerchee la veine, qui est grosse asez, vn peu au dessoubs dudit genoüil, où estrei-
gnant vn peu auecques les doigts, cognoistrez, & trouuerez incontinent ladite veine.L'ayant trouuée prenez vne esguille, & en souleuez
vn petit la peau,laquelle vous coupperez autant que verrez bon estre
à vostre discretion, pour faire ouuerture, vous gardant bien neantmoins en couppant ladite peau, de toucher ou offeser en rien la veine.
Estant l'ouuerture ainsi faite,ayez vn ongle de Butor, ou de quelque
autre oiseau, duquel vous faudra dextrement sousleuer ladite veine:
puis passer par dessoubs icelle vn fil de soye, & l'en serrer & lier bien
estroitement:puis apres coupper la veine au dessus de l'ongle,& du costé deuers la iambe: (car si vous la couppiez du costé de la cuisse, vostre oiseau seroit en grand danger de mort.)Et n'y soit fait autre chose,
ains la laissez saigner tát qu'elle voudra: Toutesfois le lendemain vous
pourrez oindre ladite ouuerture de quelque peu d'huile rosat, ou de
graisse de geline pour l'adoucir, & conforter. Ceste façon de serrer ou
coupper veines, est fort bonne & profitable: car iamais depuis ne deuallent les humeurs és iambes & pieds de l'oiseau : & consequemment
deslors en auant ne peut plus estre trauaillé d'enfleures clouds, galles,
podagres & demengeaisons,dont à esté cy-dessus parlé.

Quels

Quels moyens on doit tenir, quand on veut rompre la iambe à l'oiseau, pour le garentir
des podagres & autres maladies des pieds.

CHAP. XVII.

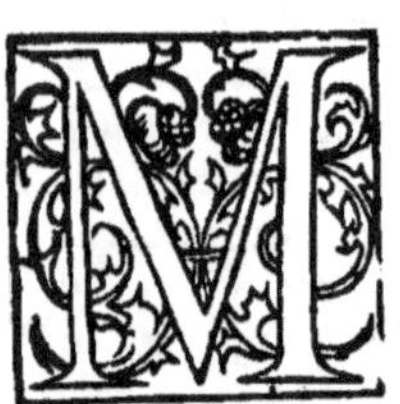

Aiſtre Aimé dit, ſi pour garder que les humeurs ne
deuallent és iambes & pieds de l'oiſeau, vous luy
voulés rompre ou l'vne ou toutes les deux iambes.
Prenez vn tronçon de canne, ou vn baſton de ſu-
reau, que les Latins appellent Sambucus : & en
faites deux petites lattes ou eſtayes du long d'vn
trauers de pouce, & au ſurplus de telle largeur que
la iambe de l'oiſeau puiſſe eſtre encloſe entre les
deux bien à ſon aiſe : puis d'vn linge faites vne bãde qui puiſſe faire qua
tre ou cinq tours enuiron ladite iambe. Ayez auſſi boliarmeni mis en
poudre, & bien meſlé & battu auecques glaire d'œufs. Vos preparatifs
eſtans ainſi bien dreſſez, prenez l'oiſeau doucement & dextrement, &
luy rõpez la iambe par le milieu entre vos deux mains auec vos deux
pouces le plus proprement que faire ſe pourra, & la ployez de part &
d'autre tãt que ſoyez bien aſſeuré que le gros os ſera rompu toutà fait :
mais en ce faiſant dõnez vous bien garde de ne bleſſer ou offencer l'oiſeau en quelcõque autre partie de ſon corps. Ce fait, appliquez luy ſur
la rupture, biẽ d'extrement reünie & remiſe, vn emplaſtre enduit dudit
onguent preparé de boliarmeni & glaire d'œuf, & par deſſus aiuſtez
gentiment vos deux lattes ou eſtaies deſſuſdites, que vous lierez de la
dite bande en luy faiſant faire quatre ou cinq tours : de telle façon neã-
moins qu'il n'y ait rien trop eſtroittement ſerré, ains que la iambe y demeure à ſon aiſe. Car ſi autrement eſtoit, le feu pourroit prendre en la
iambe ou au pied de l'oiſeau. Et partant afin de plus ſeurement y proceder, & garder que l'oiſeau ne ſe puiſſe tourmenter & debattre, ſera
bon qu'il ſoit emmailloté auant que la iambe luy ſoit rõpuë, & iuſques
à ce qu'elle ſoit biẽ repriſe : & puis mis repoſer ſur vn couſſin mollemẽt.
Cependant luy faudra au paſt tailler ſa chair en petits morceaux, afin
qu'il ne face aucun effort qui le puiſſe offenſer. Puis apres ayez moüelle
de bœuf, auec huile roſat ou violat, & les ayant biẽ meſlez & battus en-
ſẽble, oignez en la iambe & le pied de l'oiſeau deux fois le iour par l'eſpace de quinze iours : car ceſt onguẽt empeſchera que le feu ne s'y mette. Les quinze iours paſſez ſoit l'oiſeau demailloté, deſlié, & tenu ſur le

M

poing touſiours enchappronné. Et quard il ſera guary de celle iambe,
autant en pourrez-vous faire de l'autre. Mais auſſi y faut-il bien penſer
auant que le faire : pource que c'eſt choſe bien dangereuſe de rompre
la iambe aux oiſeaux, à raiſon du feu qui s'y pourroit mettre par meſgarde & mauuaiſe conduitte.

*La façon de mettre les oiſeaux en muë: & les moyens qu'on doit tenir
pour les conſeruer en ſanté & alegreſſe.*

CHAP. XVIII.

I le temps eſt venu de mettre voſtre oiſeau en muë faites le premieremēt purger & curer de toutes les mauuaiſes humeurs & ordures qu'il peut auoir dedãs ſon
corps de longue main amaſlées, à cauſe des ſalles &
mauuaiſes chairs dont il aura par fois eſté pu, & qui luy
pourroient engendrer filandres, aiguilles, & autres
ſemblables maladies, voire la mort, ſi à temps n'y eſtoit pourueu.
Et partant à donné conſeil maiſtre Michelin, que auant que mettre
ſon oiſeau en muë, il eſt bon de le purger par le moyen de la recepte
deſſuſdite: c'eſt à ſçauoir, de la cõpoſition faite de lard trempé, mouëlle
de bœuf, ſuccre d'vne cuitte, ou ſuccre fin, (car autant vaut à dire) &
ſaffran battu & mis en poudre, autant de l'vn comme de l'autre: de laquelle faudra faire trois pillules de la groſſeur d'vne moyenne febue,
& les faire prendre à l'oiſeau preſt de muer par trois diuerſes matinees
conſecutiues: puis le mettre au feu ou au ſoleil, & ne le paiſtre par deux
heures apres, qu'on luy dõnera quelque bon paſt. Les autres trois iours
enſuiuans, luy faudra (apres la cure) donner de l'aloës cicotrin du gros
d'vne febue: puis le tenir au feu ou au Soleil, & on luy verra reietter ledit aloës auecques des flegmes. Et ce fai le pourrez mettre en muë. Autre moyen de bien nettoier & purger l'oiſeau auant la muë, à baillé M.
Aimé Caſlian. Prenez, dit-il, Hierepiere le gros d'vne petite nois muſ-
cade, & la mettez en la gorge du Faucon, de façon qu'il la mette bas: &
afin qu'il ne face difficulté de l'aualler, vous la pourrez enuelopper en
vn boyau de geline lié des deux bouts. Apres qu'il l'aura priſe, vous le
pourez tenir ſur le poing, ou au feu, ou au ſoleil, tãtqu'il ſoit biē purgé.
Puis ne le paiſtrez iuſques apres midy, que luy dõnerez gorge raiſõna-

ble de quelque bon paſt vif. Et le lendemain le paiſtrez deux fois : puis apres le pourrez mettre en muë.

Quels moyens ſont propres pour auancer vn oiſeau de muër.

CHAP. XIX.

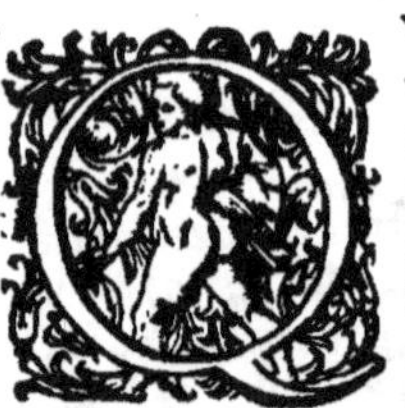

Vand vous aurez mis voſtre oiſeau en muë, & verrez qu'il ſera long & lent à muer, ſi voulez a-uancer la mue, allez au lieu où l'on tuë les mou-tons au mois de May ou de Iuin, & prenez de ces glandes que les moutons ont deſſous l'oreille, à l'endroit du bout de la maſchoire, groſſes enuirõ comme vne amende: prenez-en, dy-je, iuſques au nombre de dix ou douze, & les luy donnez ha-chées menu auec ſa chair. Et s'il faiſoit difficulté de les manger, pource qu'elles ſont vn peu ameres, trouuez façon de les luy faire prendre, & mettre en bas. Et donnez vous bien garde quand il commencera à muer & ietter ſes plumes : car lors ne luyen faudra plus donner. Pour ce qu'il pourroit auſſi bien ietter les nouuelles comme les vieilles.

Autre recepte enſeigne maiſtre Michelin pour ce meſme effect. Pre-nez, dit-il, vne couleuure, & en faites tronçons: puis la mettez boüillir en vn pot neuf plein d'eau : & apres qu'aurez tiré ceſte eau du feu, & qu'elle ſera refroidie : mettez y tremper du grain de fourment. De ce fourment ainſi trempé nourriſſez puis apres quelques Pigeons, Tour-terelles, & autres ſemblables oiſeaux, deſquels vous paiſtrez voſtre oi-ſeau tardif à muer: & incontinent apres il muera. M. Aimé Caſſian dit à ce propos. Si voſtre Faucõ eſt lent à muer, prenez ſouris-chauues, & les mettez ſecher au four, tant qu'é puiſſiez faire poudre. De ceſte poudre poiurez la chair de voſtre oiſeau lors que le voudrez paiſtre, & toſt a-pres il muera. Autre recepte encores enſeigne M. Molopin pour faire toſt muer l'oiſeau. Prenez, dit-il, petits chiẽs de laict, & les ouurez, & au laict que vous trouuerez dedãs leurs mulettes ou eſtomachs, trempez la chair dõt voudrez paiſtre voſtre oiſeau. Apres prenez ladite mulet-te, taillez-la en petits morceaux, & la luy faites manger: & vous le verrez tost apres bien muër. Aussi donnant past bon & vif à tous oiseaux, vous les rendrez prompts à la muë, pource que tel past est naturel & bien a propos.

Quels moyens sont bons à garder pour faire que tous oiseaux se por-
tent bien en la muë, & qu'ils en puissent sortir
sains & drus.

CHAP. XX.

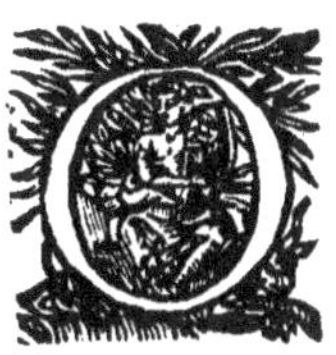

Vtreplus si vous voulez auoir bonne entrée & bonne issuë de la muë de vostre oiseau : aduisez premieremét à ce que entrant en la muë il soit haut, gras, & en bon point, & au surplus tres-bien purgé & curé auant qu'y entrer par la forme qui n'agueres vous a esté enseignée. Aussi estant en la muë il le vous faudra paistre de bonnes chairs, comme de petits poulets, & autre semblable bon past vif, qui soit laxatif. Ne faillez semblablement de luy bailler l'eau deux ou trois fois la sepmaine : pource qu'il en pourra boire aucunesfois, & par ce moyen se descharger des humeurs du corps, & des rheumes de la teste : & s'il s'y baigne, le pennage en sera meilleur & plus beau. Vous luy pourrez aussi à la fois faire past de rats & souris grands & petits, qui sont laxatifs : & sur tout les faudra tenir en lieu propre, honneste, & net.

Comment on doit traitter Faucons apres qu'on les a leuez
hors de la muë.
CHAP. XXI.

Ostre maistre Molopin dit, que quand on leue Faucons hors de la muë, s'ils sont hauts & gras, iamais ne les deuez porter sans chapperon : car quand ils sentent l'air, le Soleil & le vent, ils se battent volontiers, & s'eschauffent : puis apres se refroidissans ils tombent en grand danger de mort. Aussi veulent-ils estre gouvernez doucement & paisiblement : & au past manger chair lauée peu à peu, & à gorge raisonnable. Et s'il aduenoit qu'apres la muë l'oiseau se trouuast desgousté, & perdist l'appetit de manger : lors faudroit prendre de l'aloes cicotrin en poudre, & le mesler auecques ius de Rheu-

barbe: & apres luy en auoir fait prendre vne cvre ou pillule, le tenir
sur le poing iusques à ce qu'il fust bien purgé: Puis ne le paistre iusques apres midy, & lors luy donner de quelque bon past vif: Et le lendemain luy bailler à manger d'vne geline:& puis apres l'eau & le baing.
Or deuez vous croire que ces medecinés & traittement susdits sont
bons & profitables à l'oiseau, tant pour le remettre en appetit, que
pour luy faire vuider filandres & aiguilles, & autres choses mauuaises qu'il peut auoir dedans le corps. Maistre Michelin de sa part
a donné aduis à ce mesme effect: disant que quand on a mis l'oiseau hors de la muë, on luy doit lauer sa chair, & luy en bailler petit à
petit ou plus ou moins selon ce qu'on verra en goust: Toutesfois est
bon de luy bailler au commencement quelques chairs laxatiues, afin
de luy adoucir & eslargir les boyaux:& aussi afin que plus aisément il les
puisse passer & mettre bas. Cela seruira pareillement pour luy oster la
fierté & l'orgueil dont il est plein lors qu'il sort de la muë: Disant dauantage qu'il les faut tousiours porter sur le poing auecques le chap-
perō:& quinze ou dix-huict iours apres qu'ils sont sortis de la muë,les
purger & curer auant que les faire voler: Ce qui se pourra commodé-
ment faire en leur faisant prendre par trois matinées consecutiues les
trois pillules, dont cy dessus a esté parlé,composées de lard, moëlle de
bœuf, & succre: Et ne sera que bon d'y mesler quelque peu d'aloës:
car si en mettiez en quantité, il les pourroit faire remettre par dessus,
qui viendroit mal à propos: & par chaque iour qu'il aura pris desdites
pillules, le faudra puis apres mettre au feu ou au Soleil: & ne le paistre
iusques à deux ou trois heures apres, que luy donnerez poulaille ou
mouton. Maistre Aymé Cassian auoit de coustume apres auoir tiré ses
Faucons de la muë, & deux ou trois iours auparauant que de les faire
voller, leur faire prendre vne pillule, dont telle estoit la composition
qui ensuit. Prenez,dit-il, vn petit de lard, du poiure en poudre,& de la
cendre passée par sacs ou estamine, autant de l'vn comme de l'autre,vn
petit de sel menu, & vn petit d'aloës cicotrin: & apres auoir tout bien
meslé & battu ensemble, faites en vne pillule, que mettrez au bec de
voltre oiseau,& ferez en sorte qu'il la puisse aualler & mettre bas: puis
le couronnerez du chapperon, & le tiendrez au feu ou au Soleil, luy
laissant garder ladicte pillule le plus longuement qu'il sera possible.
Et s'il vient puis apres à vomir, vous le laisserez reietter tant qu'il voudra: Si luy verrez vuider flegmes & grosses humeurs, se purgeant

M iij

par ce moyen tout le corps, pour puis apres se trouuer sain & alégre,
& bien faire son deuoir au voler. Apres qu'il sera ainsi purgé, enuiron
vne heure ou deux, vous le pourrez paistre de poulaille, ou autre past
chaud & vif: pource qu'estant ja esmeu dedans le corps, il ne pourroit
pas faire son profit d'autre viande. Mais soit aduisé le Fauconnier de ne
donner ceste pillule aux oiseaux bas & maigres, ains aux gras & haults,
qui sont pleins de chair & de graisse.

CHAP. XXII.

AVcuns Fauconniers sont d'opinion, & dient, que l'on
doit donner de l'Aloes cicotrin aux oiseaux volans de
mois en mois, & de la grosseur d'vne petite febue: &
qu'il leur doit estre mis au bec enuelopé en vn petit
morceau de chair ou de peau de geline, afin qu'il n'en
gouste l'amertume, & leur faire tenir le plus longuement
que faire se pourra: puis apres le tenir au feu ou au Soleil, tant qu'il ait
remis ledit Aloes, auec les flegmes & colles qu'il luy fera vuider. Aussi
que pour garentir l'oiseau de filandres & aiguilles, il est bon de luy en
donner de huict en huict iours dedans sa cure le gros d'vn pois: & que
ce luy sera moyen d'estre sauué & net desdites filandres & aiguilles, &
autres telles maladies qui tous les iours luy peuuent suruenir. Ils con-
seillent encores donner au Faucon refroidy cinq ou six clouds de girofle rompus auec les dents: & dient que par ce moyen il sera deschargé des rheumes de la teste: & mesmes qu'ils valent contre les filandres,
estans donnez deuers le vespre enueloppez en peu de cotton. Entre
autres le bon maistre Aimé Cassian est de ceste opinion: & dit souuent
auoir experimenté telles cures au grand profit & auantage de ses oiseaux. Autāt en dit maistre Michelin au liure du Prince: & n'est maistre
Molopin de contraire aduis.

CHAP. XXIII.

'Il aduiét que voſtre Faucon ſe ſoit rompu l'ongle du pied,ou
qu'il l'ait du tout perdu, il y a remede à l'vn & à l'autre.Car s'il
l'a du tout perdu, & n'y ſoit demouré que le petit tendrõ ou
cartilage de dedans,maiſtre Molopin dit que deuez prendre
du plˢ delié & ſubtil cuir que pourrez recouuer,& en faire vn doigtier
à l'oiſeau,lequel emplirez de graiſſe degeline,puis mettrez dedans iceluy l'orteil au doigt dont l'ongle ſera perdu,& l'attacherez dextrement
à la iambe de l'oiſeau auecques deux petites courroyes de meſme cuir,
& le remuerez de deux en deux iours iuſques à ce qu'il ſoit endurcy &
bien reuenu.Mais ſi l'oiſeau s'eſtoit ſeulemét rompu & emporté quelque bout de l'õgle,tellemét qu'il en fuſt demouré ou peu ou aſſez,lors
luy faudra oindre de graiſſe de ſerpent,& ledit ongle luy croiſtra & reuiendra doucement,ſi bien qu'au bout de quelque iours, il s'en pourra
aider & ſeruir tout ainſi comme des autres. Auſſiquand l'oiſeau s'eſt par
quelque force ou veheméce grandemét offencé l'ongle,de façon qu'il
ſoit ſeparé d'auec la chair,& qu'à ce moyen il ſaigne: vous pourres lors
prédre ſang de dragon en poudre, & en mettre deſſus la playe ſaignan-
te,& ſoudain le ſang s'eſtanchera. Mais ſi puis apres il y venoit quelque
enflure,la faudroit oindre de graiſſe de geline,& toſt apres ſe deſ-enfle-
roit.Toutesfois ſi à l'occaſion des humeurs dont l'oiſeau pourroit eſtre
plein,ou par quelque autre accident,la iambe à cauſe de l'ongle rompu ou perdu,ou le pied luy venoit en tumeur & inflammation notable,
lors y faudroit appliquer & cataplaſmer l'onguent duquel cydeuant à
eſté parlé,qui eſt compoſé de graiſſe de geline,huile roſat,huile violat,
therebentine,& des poudres d encens blanc, & de maſtic, & laiſſer repoſer l'oiſeau iuſques à ce qu'il fuſt bien guary.

Quand les Faucons font des œufs en la muë ou dehors,& puis en deuiennent malade
& en danger de mourir:par quels moyens on y doit remedier.

CHAP. XXIV.

Vcunefois aduient qu'aux oiſeaux eſtans en la muë, ou en e-
ſtans ja leuez, ſe concreent & engendrent des œufs dedans le
corps:qui les font toſt apres deuenir ſi fort malades,qu'ils en tõ-
bent ſouuent en danger de mort,s'il ny eſt pourueu de prõpt remede.
Qu'à enſeigné M.Aimé Caſſiã, diſant,que la chair que luy dõciez au
paſt,doit eſtre trépee ou lauée en l'vrine de quelque ieune enfant maſ-

le aagé de fix ou feptans: & luy continuant ce traictement l'efpace de huict ou dix iours,il ne fera puis apres aucuns œufs.Autre remede encor a monftré M. Molopin:fi vous voulez, dit-il, rompre ou diminuer les œufs eftans au ventre de l'oifeau lors qu'ils eft en la muë:prenez de l'eau qui degoutte de la vigne quand au mois de Mars elle à efté taillée, & foit receuë de la vigne pleurante en vn verre ou phiole : & de celle eau lauez la chair que donnerez à l'oifeau par l'efpace de huit ou dix iours:& par ce moyen fe rompront & diminueront les œufs quelques gros qu'ils les puiffe auoir au ventre.

Quels moyens doit tenir le Fauconnier voulant prendre
Faucons en l'aire ou au nid.

CHAP. XXV.

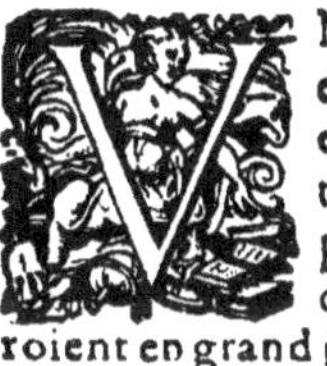

N expert Fauconnier qui voudra prendre les Faucons en l'aire ou au nid, fe fçaura bien donner garde de les enleuer trop petits.Car s'ils eftoient ainfi iaunes & petits leuez du nid, ils ne pourroient puis apres fentir fi peu de froid, qu'ils ne prinffent vn mal de reins tel, qu'ils ne fe pourroient fouftenir fur les pieds, & tôberoient en grand peril de mort. Et pource ne doit-il les leuer de l'air, finon tant grands & tant fors, qu'ils puiffent bien refifter au froid, & fe fouftenir fur les pieds. Et le doit-on foudain mettre fur perche ou billot de bois,afin qu'ils puiffent mieux tenir & mener leur pennage, fur le degafter & froiffer contre la terre. Nomméement doiuent eftre pus de chairs bonnes, fraifches & viues,tant qu'on en pourra recouurer:car c'eft le feur & certain moyen de leur faire auoir beau pennage. Si dit maiftre Michelin, que pour bien gouuerner vn Faucon nyais, & le garder de ce mal de reins, il faut mettre deffous luy en la forme d'vne herbe qui refemble à du Seuz,ayant graine noire, qui vulgairement eft nommée Hieble:pource qu'elle eft chaude de fa nature : & au furplus eft fort fouueraine contre le mal de goutte & de reins qui pourroit par delicateffe ou froidure aduenir à ces oifeaux qui font pis ieunes en l'aire ou nid.

Par

Par quels moyens on peut voir si les Faucons ont poux ou mousches : &
s'ils en ont, comment on les peut oster, ou faire mourir.

CHAP XXVI.

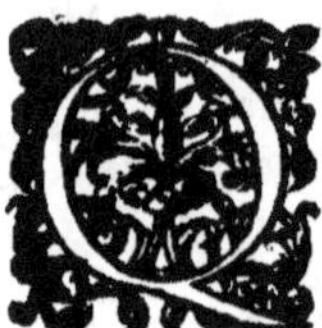

Vand voudrez esprouuer si vostre oiseau aura poux
ou mousches : pour bien tost vous en apperceuoir,
le vous faut seulemét mettre & exposer au Soleil de
midy lors qu'il est en sa grande ardeur, & au dessus du
vent : & s'il a poux, incontinent sentans la chaleur ils
ne faudront à sortir & se monstrer par dessus les plumes : Or dit Maistre Cassian, que pour oster ou faire
mourir lesdits poux, faut auoir orpigment, & en faire poudre bien
subtile, & ceste poudre messer auecques poudre de poiure battu, en
moindre quantité toutesfois que l'orpigment : Puis prendre dextrement vostre oiseau, & le tenir de maniere qu'il ne se puisse en rien of-
fenser ne rompre le pennage : & de ces poudres, ainsi que dit est, mixtionnées, luy poudrer vne des aisses, & puis l'autre, & puis le demourant du corps doucement & gracieusement : Ce faict le mettre sur le
poing, & l'arroser, en forme d'aspergement, auecques la bouche d'vn
peu d'eau nette & fresche : puis le tenir au feu ou au Soleil iusques à
ce qu'il soit bien sec. Puis apres quand le voudrez paistre, arrosez luy
vn peu le bec auec eau fresche, à fin de luy leuer & faire perdre la sa-
ueur de l'orpigment. Mais soit aduisé le Fauconnier, que son oiseau ne
soit trop maigre & affamé, lors qu'il le voudra orpigmenter : car l'orpigment luy pourroit nuire, s'il le trouuoit bas. Aussi dit M. Molopin
que pour ce mesme effect vous pouuez pareillement vser de l'orpigment tout à par soy, & du poiure aussi sans orpigment : mais que vsant
du poiure seul, sera bon d'y messer vn tiers de cendre, pour rompre
la pointe & force dudit poiure, pourueu qu'icelle cendre soit bien
passée, & messée auecques le poiure. Ce faisant vous pourrez tenir
vostre oiseau garenty des poux & mousches pour toute l'année.

Quand l'oiseau pend & traine l'aisle, par quel moyen on la luy peut
faire leuer & soustenir.

CHAP. XXVII.

N

LIVRE QVATRIESME

Duient souuent qu'oiseaux nouuellement prins, & mis sur le poing, ou sur la perche, ou en mains de personnes qui ne les sçauent pas bien gouuerner, ils se debattent, & eschauffent:& puis se refroidissent, entreprennent,& roidissent:de maniere que puis apres ils ne peuuent plus redresser ne soustenir leurs aisles.Pour remede à ce mal enseigne maistre Molopin la medecine qui ensuit : Prenez, dit-il, de fort bon vinaigre,& en arrosez vostre oiseau auecques la bouche dessus & dessous : mais gardez qu'il ne luy en enʳ.e aux narilles : puis le mettez au feu ou soleil,& luy continuez ce traictement deux ou trois iours.Au bout desquels, si voyez qu'il luy soit amendé, ne luy faictes autre chose:Mais si pour tout cela il ne sera en rien amédé,mettez-le dedans vne eau,& par force de se debattre releuera & redressera ses aisles.Sortant de l'eau le faudra mettre au soleil, & le tenir chaudement: car si vous le laissez refroidir, il seroit pis que deuant.

Chap. xxviii.

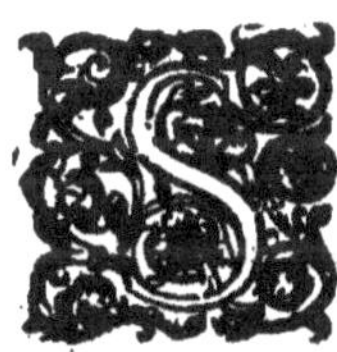

Ouuent eschet que les oiseaux se froissent cassent, ou rompent les grosses pennes des aisles , ou de la queuë, par la faute des Faucóniers, ou autres qui les gouuernent.Lesquels les ayans mis sur la perche, les attachent long, & laissent le gand pédre au bout des longes:& parce moyen s'empesche & empestre l'oiseau en se debattant:tellement qu'il ne se peut redresser,& à force de se debattre se froisse,casse,ou rompt quelque penne. Autresfois leur aduient ce mesme inconuenient,quand s'estans iettés sur la proye par eux poursuiuie,suruiennent les Chiens,qui chauds & gourmands se iettent de violence sur la proye & sur l'oiseau,& luy rópent ou arrachét quelque penne. En plusieurs autres manieres se peut aussi l'oiseau gaster lesdites pennes, qui seroient longues & superflues à reciter. Mais le principal est,quand le mal est aduenu,d'y sçauoir dóner bon & prompt remede. Or dit M. Cassian parlát de ce que dessus, que si vne penne estoit seulement ployee & froissee par quelque for-

ce, sans qu'il y euſt autre caſſeure ou rupture. Faut prēdre eaū chaude,
& en lauer la penne froiſſée, de façon qu'elle deuienne bien tendre à
l'endroit de la froiſſeure : puis l'eſtreindre auec les dents, à fin de la re-
dreſſer & remettre en ſon premier eſtat. Puis ſoit prinſe vne coſte de
chou, & miſe ſur les charbōs, tant qu'elle ſoit bien chaude, puis fonduë
& miſe ſut la froiſſeure, en l'eſtreignant en telle façon que la penne ſe
puiſſe voir toute redreſſée & reuenuë en ſa premiere forme. Mais ſi la
penne eſtoit tellement rompuë qu'il fuſt beſoin de l'enter, toutesfois
fuſt la coſte de deſſus ſeulement froiſſée, & autrement entiere ſans rupture ou caſſeure, & tout le ſurplus du dedans de la penne rompu &
couppé iuſques à ladite cotte ou coſte de dehors: en ce cas vous la
pourrez enter de la façon qui enſuit. Vous ferez auec vne aiguille vn
pertuis de chaque coſté de la rupture, rapportāt droitemēt & iuſtemēt
l'vn à l'autre: puis prendrez vne autre aiguille enfilee, laquelle mettrez
& ferez paſſer par leſdits trous ou pertuis le cul deuant auec ſon fil: &
la pouſſerez tant auant que vous faciez venir aboutir la pointe de l'autre part: puis l'oſtez, & tirez tout bellement le fil, de façon que le tout
vienne à ioindre & ſerrer enſemble. Lors vous pourrez coupper le fil
au plus pres: & par ce moyen demeurera la penne entee à ſon droict fil,
& ſe portera beaucoup mieux que ſi elle eſtoit couppée tout outre: car
la coſte ou cotte demeurant par deſſus entiere, ſera cauſe que la penne
ſera mieux ſouſtenuë. Autre moyen a enſeigné maiſtre Michelin pour
enter dextrement bien pennes rompues tout à faict: & lors qu'il les
faut rejoindre & enter de deux pieces, Prenez, dit-il, des aiguilles que
tous Fauconniers cognoiſſent, & ont expres pour enter pennes. Et ſi le
bout de la penne rompuë qui eſt demeuré vers l'oiſeau, eſt d'auenture
fendu, ſoit relié auec du fil: & ſoient vos aiguilles moüillées dedans
eau ſalee, ou fichées dedans vn oignon, afin qu'elles prēnent & s'aſſem-
blent mieux, & afin auſſi que la penne entee ſe maintienne touſiours.
Maiſtre Caſſian nous à monſtré encor vne autre belle & ingenieuſe
maniere d'enter pennes en tuyaux. Si vne penne, dit-il, eſt rompue en
tuyau, & vous y voulez faire rentrer & raccommoder la meſme penne
qui en a eſté rompue (pource qu'ellé reprendra & s'accōmodera mieux
qu'vne autre penne eſtrangere:) prenez vn autre tuyau plus menu, &
qui puiſſe entrer dedās le tuyau qui tient à l'oiſeau, & l'entez, & faictes
enter de l'autre part pareillement dedans le tuyau du bout de la penne
rōpue, & ſeparé du corps de l'oiſeau, de telle façon que les deux extre-
mitez ſe viēnent bien iuſtemē à ſerrer & ioindre enſemble. Puis apres

N ij

d'vne groſſe aiguille, ou d'vne aleſne biē menuë,faites deux pertuis de
part & d'autre de la ioincture: & d'vne petite plume d'aiſle de Perdrix,
oudeCoulomb(quevous aurezeſcorchée par deſſus,tant qu'il n'y ſera
demeuré que le tuyau net & ſimple)&du plus menu bout d'icelle vous
emplirez les pertuis ſuſdits,de la meſme façon que l'on ſerre les aiguil-
lettes:Ce que ferez en ſorteque ladite petite plume ainſi paſſée au trauers deſdits pertuis ſoit bien tirée & apparente de part & d'autre: & a-
pres l'auoir dextremēt couppée & bien riuée,afin qu'elle ne puiſſe eſchapper,vous pourrez lors aſſeurer que voſtre penne ſera bien entee.

Quand vne penne eſt arrachée par force, ou tirée en ſang, quel moyen il y
à de la faire reuenir ſans offenſe de l'oiſeau.

<h3 style="text-align:center">CHAP. XXIX.</h3>

L nous eſt enſeigné par M. Aimé Caſſiā que quand
il aura eſté arrachée penne par force à l'oiſeau, le
moyen d'y remedier. Prenez, dit-il, vn grain d'orge ou d'auoine, & le couppez vn peu par le bout,
puis l'engraiſſez ou oignez d'vn peu de theriaque,
& le mettez dedans la pertuis de la penne arrachée,
afin qu'il ne vienne à ſe clorre,& que la penne nouuelle puiſſe ſortir plus à ſon aiſe: neantmoins deuez-vous croire que
telles pennes ne reuiennēt iamais ne ſi belles ne ſi fortes que les autres.
Or ſi vne penne a eſté tiree en ſang, ledit M: Aimé Caſſian conſeille
prendre promptement le grain d'orge ou d'auoine deſſuſdit engraiſ-
ſé de theriaque,& couppé par le bout comme deſſus, & le mettre dedans le pertuis de la penne tirée, de façon que le bout en ſaille , & ſe
voye par dehors:afin qu'au bouter que ſera la nouuelle penne il ſoit
plus prompt & preſt à yſſir.Combien que ce ſoit bien grande auenture d'en voir iamais ſortir penne qui vaille:de faiĉt, tirer penne en ſang
eſt beaucoup plus dangereux que les tirer en toute autre maniere.

Si l'oiſeau à l'haleine puante,quelle en eſt la cauſe,& quels moyens ſont
bons pour y donner remede.

<h3 style="text-align:center">CHAP. XXX.</h3>

Vcunesfois il aduiét que les oiseaux ont l'haleine puã-
te : & ce leur prouient de deux causes. L'vne pour ce
qu'ils ont esté pus de chairs salles, puantes, & nõ lauées:
& lesquelles auparauant les paistre, n'ont pas esté trempées en Hyuer en eau chaude, en Esté en eau fresche &
nette. Et à ceste occasion, & de la corruption desdites
chairs, qui se corrompent en leur estomach, leur montent fumées
puantes en la gorge & au ceruecau, qui leur rendét l'haleine ainsi mauuaise & puante. L'autre est à cause de quelques grosses & mauuaisés
humeurs concreées & assemblées de longue main au corps & en la teste de l'oiseau, à faute de le curer & purger en temps & saison conue-
nable. A ceste cause seroit besoin que iamais chairs grasses ne se don-
nassent aux Faucons, sans tremper vne heure ou deux auant que les
paistre : car cela leur seroit grand moyen de se maintenir en santé.

Si dit M. Aimé Cassian que pour remedier à telle puanteur d'haleine, faut en premier lieu faire la compositiõ de la medecine dessusdite,
qui se fait de lard, de moüelle de bœuf & succre, & en former trois pillules qui seront de la grosseur d'vne febue baillées par trois diuerses
matinées à l'oiseau : lequel sera puis apres tenu au feu ou au Soleil,
iusques à ce qu'il ait esmeuty par trois ou quatre fois, & par ce moyen
se soit bien purgé : puis deux ou trois bonnes heures apres, sera pu de
quelque bon past vif. Ces trois iours passez, & apres ladite purge, soit
pris Rosmarin, & seché au feu ou au four, puis mis en poudre, prenez
aussi deux ou trois clouds de girofle, & les rompez & froissez vn peu
auecques les dents : & de ces deux simples bien meslez ensemble faites
vne pillule, laquelle vous ferez sur le vespre prendre à vostre oiseau
enueloppée en peu de cotton : & la luy mettant en la gorge ferez tant
qu'il l'aualle & mette bas, luy côtinuant ainsi par quatre ou cinq iours :
mais soit mis puis apres l'oiseau en lieu où la cure se puisse retrouuer
& voir la matinée ensuiuante. Ces quatre ou cinq iours passez, vous
luy en pourrez puis apres faire prendre autant de cinq en six iours,
iusques à ce qu'il soit bien remis en sa bonne haleine. Encores luy
vaudra ce traittement pour le descharger des rheumes de la teste, &
le garentir de toutes manieres d'aiguilles & filandres qu'il pourroit
auoir dedans le corps. Mais sur tout en tout temps, & en toute disposition que puisse estre vostre oiseau, gardez-vous de luy donner chair
froide qui ne soit trempée & bien lauée.

N iij

Conclusion de l'Autheur.

CHAP. XXXI.

VSque-icy, mes bons seigneurs, vous ay-ie redigé par escrit en petit ce traité, les principaux secrets de ce noble art de Fauconnerie, selon que i'en ay peu apprendre & recueillir de ces trois excellents & experts Fauconniers cy-dessus nommez, lesquels i'ay veu & cogneu si bons maistres, & tant renommez en cet art, que i'ay tousiours creu & pensé faire tort à vous autres mes bons seigneurs, & à toute la posterité des Gentils-hommes soy delectans à la Fauconnerie, si ie n'en laissois quelques memoires par escrit pour les adresser & redresser en toutes choses qui peuuent concerner la santé & le bon traictement des oiseaux. Vray est que ie ne me suis pas beaucoup amusé à faire particuliere & entiere enumeration de tous oiseaux qui chassent & prennent le gibier & la proye: ny pareillement à enseigner les moyens de les affaiter & rendre adroicts & prompts au vol & à la chasse du gibier : pour ce que ce ne sont pas des plus exquis poincts de la maistrise : & que plusieurs gens de bien en ont ja deuisé, & en pourront d'oresnauant faire entendre par leurs escrits ce qu'ils en ont en la fantasie. Ains me suis singulierement arresté à monstrer les moyens & subtilitez de conseruer les Faucons en leur santé, lors qu'ils sont sains : & de les guarir & remettre en bon estat lors qu'ils sont malades. Quoy faisant, si vous trouuez, lisant ce traicté, que ie vous aye donné quelque bonne adresse, sçachez en gré aux trois maistres dessusdits. Mais aussi prenez en bonne part le labeur que j'y ay tres-volontiers employé à la faueur & soulagement de vous tous nobles & gentils esprits, qui aymez le deduit du vol de l'oiseau, & l'adresse qui par l'art s'y peut retrouuer pour la perfection & auancement du plaisir que chacun de vous en doit receuoir. A Dieu.

Fin de ce quatriesme liure.

La Fauconnerie de Guillaume Tardif, du Puy en Vellay, Lecteur du feu Roy Charles huictiesme du nom, & à luy dediée.

AV ROY TRES-CHRESTIEN CHARLES HVICTIESME, GVILLAVME TARDIF, DV Puy en Vellay, son Lecteur tres-humble, recommandation supplie & requiert.

DES LORS que Dieu vous doüa du nom de Tres-Chrestien Roy de France, SIRE, mon naturel, souuerain & vnique seigneur, le vostre tres-humble & tres-obeyssant seruiteur, vous ay dedié mon mediocre engin & science. Car apres plusieurs œuures qu'à vostre nom ay composées par vostre commandemét, & pour recreer vostre Royale Majesté entre ses grands affaires, ie vous ay redigé en vn petit Liure tout ce que i'ay peu trouuer seruir à l'art de Fauconnerie. Lequel Liure ay translaté en François des Liures en Latin du Roy Daucus, qui premier trouua & escriuit l'art de Fauconnerie, & des Liures en Latin de Moamus, de Guillinus, & de Guicennas, & colligé des autres bien sçauans audit art, briefuement & clairement en ordre par rubriches & chapitres, laissant les medecines difficiles à trouuer, ou à faire, ou dangereuses pour l'oiseau, ou non approuuées par les experts, & par l'art de Medecine. Les noms des Medecines, qu'on nomme drogues, qui ne sont en l'vsage François, sont escrites en la langue de laquelle vsent les Apothicaires. Cet œuure a deux parties, la premiere enseigne à cognoistre les oiseaux de proye desquels on vse, les enseigner & gouuerner, & les Medecines pour les entretenir en santé. La seconde enseigne les maladies desdits oiseaux, & les Medecines d'icelles.

LA

TABLE DE LA FAVCONNERIE DE
Guillaume Tardif.

PREMIERE PARTIE.

G

Fin de la Table.

La premiere partie de *la* Fauconnerie
PAR GVILLAVME TARDIF, DV PVY EN VELLAY.

En laquelle est traiclé comme on cognoist les oiseaux de proye, & comme on les enseigne & gouuerne: & comme on les entretient en bon poinct & bonne santé.

Des especes des oiseaux de proye, desquels on vse en l'art de Fauconnerie, & de la nature du masle & de la femelle.

CHAPITRE I.

D E trois especes sont les oiseaux de proye, desquels on vse en l'art de Fauconnerie : qui sont, l'Aigle, le Faucon, & l'Autour. Desquels oiseaux nous parlerons & traicterons amplement, & separément, par chapitres separez.

La femelle des oiseaux viuans de rapine, est plus grande que son masle, plus forte, hardie, fine & caute. Le masle des oiseaux qui ne viuent point de rapine, est plus grãd & plus beau que sa femelle.

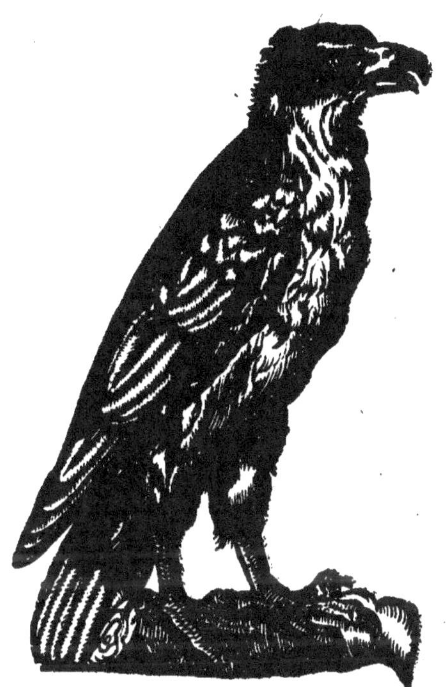

De l'Aigle, de ses especes, de sa couleur & forme, de noms diuers d'icelles selon diuerses
langues quand elle doit estre prinse, quand elle doit fuir ou non, & le remede à ce : de
la proye d'elle : & le remede aux Aigles gastans le gibier.

CHAP. II.

IL y a de deux especes d'Aigles, l'vne est absoluëment appellee Aigle, l'autre est nommee Zimiech. Rouge couleur en
l'Aigle, & les yeux profonds, principalement si elle est nee és
montagnes Occidentales, c'est signe de bonté. Aigle rousse est bonne,
sans doute. Blancheur sur la teste de l'Aigle, ou sur son dos, est signe de
meilleure Aigle, qui est appellee en langue Arabique Zummach, en

Syriaque Meapan, en Grecque Philadelphe, en Latine Milion. L'Aigle
doit eftre prinfe petite, car la condition d'elle, eft d'accroiftre en audace & aftuce. Quand l'Aigle part du poing, & volle autour d'iceluy, ou
en terre, c'eft figne qu'elle eft fugitiue. Au temps que les oifeaux font
en amour, & s'appartient pour faire generation, l'Aigle communemēt
fuit auec les autres : pourtant mettez au paft d'elle vn peu d'arfenic
rouge, autrement nommé orpigment, lequel luy mortifiera ce defir.
Quand l'Aigle voulant efpanouyr la queuē tournoye autour d'icelle, &
monte vers aucune partie, eft figne qu'elle eft difpofée de fuyr. Le remede eft, lors luy ietter fon paft, & la faut rappeller: & fi elle ne defcend
à fondit paft, c'eft pour auoir trop mangé, ou pour eftre trop graffe. Remede à ce. Coufez les plumes de fa queuē, de façon qu'elle ne les puiffe
efpanouyr, ne d'icelles voller: ou luy plumez le tour du fondement
tout autour : lors par la froideur qui eft en la fommité de l'air, ne tafche-
ra plus de voller fi haut : mais adonc on doit douter les autres Aigles,
lefquelles elle ne pourroit pas bien euiter ne fuyr, pource qu'elle a ainfi la queuē coufuē.

Quand l'Aigle vollant tournoye fur fon Maiftre, fans s'efloigner, c'eft
figne qu'elle ne fuira point.

L'Aigle prend l'Autour, & tout autre oifeau de rapine, parce qu'elle
les void porter les gets, lefquels elle cuide eftre paft: & pour cefte caufe
tafche de les prendre, & n'y fçait-on autre caufe: veu que quand elle eft
au defert elle ne fais pas ainfi.

Pour euiter l'Aigle on doit ofter les gets de fon oifeau, quand on le
veut faire voller : autrement l'oifeau, par quelque induftrie qu'il euft,
ne fe fçauroit deliurer de l'Aigle. L'Aigle dicte Aigle abfoluēment,
prend le Lieure, le Renard, la Gazele.

L'Aigle nommée Zimiech, prend la Gruē, & oifeaux plus moindres.
Quand il y a Aigles gaftans le gibier, le remede eft : Coufez les yeux à
vne Aigle, en luy laiffant bien peu d'ouuerture pour voir la clarté : &
dans le fondement mettez vn peu d'Affa-fœtida, puis coufez ledit lieu.
Et aux iambes d'icelle, liez aifle, ou chair, ou drapeau rouge, lequel les
Aigles cuideront eftre chair, & la faites voller, & en vollant, & foy def-
fendant, iettera les autres bas, ou s'en fuiront incontinent: laquelle
chofe elle ne feroit, fi n'eftoit la douleur que luy fera ce que dict eft, mis
dedans fon fondement.

O iij

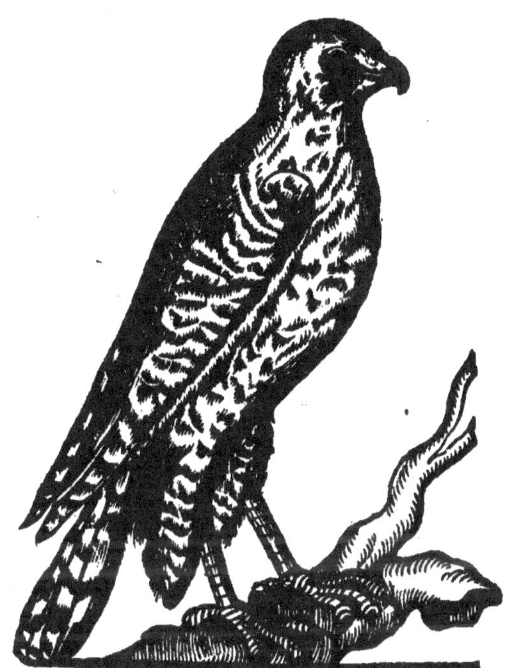

Du Faucon, quand il doit estre prins, de sa bonne forme & condition, de ses especes, cou-
leurs, gouuernement & proye, & comme on le doit tenir hors du poing.

CHAP. IIL.

Aucon qui est prins petit deuant la muë, est le meilleur. La
bonne forme du Faucon est, reste ronde, & pleine sur le haut,
le bec gros & court, le col fort long, la poictrine bien large, grosse, charnuë & nerueuse, dure & forte d'ossemens : & pource se

confiant à fa poiſtrine, frappe d'icelle, & ayant les cuiſſes menües &
foibles, il chaſſe des ongles hanches pleines, aiſles longues, & fur la
queuë croiſſans, queuë courte, & toſt volubile, cuiſſes groſſes, iambes courtes, plante large, molle & verte, plumes legeres, occultes,
peu & parfaites. Tel Faucon prendra les Gruës, & grands oiſeaux. La
condition du Faucon eſt, qu'il eſt plus qu'autre oiſeau hardy, viſte à
voller & à reuenir: fugitifs toutesfois, & auaricieux auſſi de proye,
pour laquelle cauſe il volle roidement & ſoudainement, & frappe ſouuent en terre & ſe tuë. Le Faucon a dix eſpeces: qui ſont Obuier, Eſmerillon, Lanier, Tunicien, Gentil, Pelerin, de Paſſage, Montaigner,
Sacre & Gerfaut. De l'Emerillon, Lanier, Sacre & Gerfaut eſt cy apres
ſeparément par chapitres eſcrit. Faucon Tunicien eſt ainſi appellé,
parce qu'il naiſt communément au pays de Barbarie, & que Tunes eſt
la principale cité d'iceluy pays, en laquelle abonde la vollerie dudit
Faucon. Il ſt auſſi de la nature du Laſnier, vn peu plus petit, ſur tels
pieds de tel pennage, mais croyant, plus long de vol, teſte groſſe &
ronde, bien montant aiſle, bon à riuiere & aux champs, aux lieures &
autres gibiers.

    Faucon Gentil eſt bon heronnier deſſus & deſſous, & à toutes autres
manieres d'oiſeaux: comme aux Rouſſeaux, reſſemblans au Heron,
aux Expluquebaux, Poches, Garſottes, & ſpecialement aux oiſeaux
de riuiere. Pour eſtre bon Gruyer, faut qu'il ſois prins niais, car autrement ne ſeroit ſi hardy. Pour eſtre plus hardy l'oiſeleras premierement
ſur la Gruë, veu qu'il n'a encor cogneu autre oiſeau. Faucon Pelerin eſt
ainſi nommé, pource qu'on ne ſçait où il naiſt, & qu'il eſt prins en Septembre, faiſant ſon pelerinage ou paſſage és iſles de Cypre & de Rhodes. Le bien bon eſt de Candie, il eſt hardy, vaillant, & de bonne affaire:
il eſt bon à la Gruë, à l'oiſeau de Paradis, qui eſt vn peu plus petit que
la Gruë, ou au Hairon, Rouſſeaux, Eſpluquebaux, Poches, Garſottes, &
autres de riuieres: à l'Oye ſauuage, Oſtarde, Oliues, Perdrix, & autres
menus. Faucon de paſſage autrement dit Tartarot de Barbarie, eſt dit
de paſſage comme eſt le Pelerin. Et eſt dit de Barbarie, pour ce qu'il fait
ſon vol & paſſage par le pays de Barbarie, & qu'on en préd là plus qu'ailleurs. Le bien bon eſt de Candie, il eſt vn peu plus grand & gros que le
Pelerin, roux deſſous les aiſles, bien empieté, longs doigts, bien volant, hardy à toute maniere de gibier, comme auons dit du Pelerin.
Le Pelerin & de paſſage peuuent voller tout le mois de May, & de

Iuin, pource qu'ils sont tardifs en leur muë : & quand ils commencent à
muër, se despoüillent prestement.

Faucon montaigner est de brune couleur, & s'il est sain, il est des autres le meilleur : il est grand & hardy, prenant grands & non petits oiseaux, difficile à gouuerner & garder. Il le faut plus porter & faire veiller qu'autre Faucon, & doit estre entretenu entre gras & maigre.
Quand il sera malade, faites luy boüillir bien fort au four eau nette,
en pot de terre, & la mettez deuant luy, & l'induisez à en boire. Quand
le voudrez purger & amaigrir, ferez trois cures de peau de geline, lesquelles trois iours luy donnerez. Pour le garder sain, oindrez vostre
gand de musc. Et quand le voudrez faire voller, iettez-le deuant que
les autres, combien qu'il ne prenne rien, si reuiendra-il au vol des autres. Noir Faucon, comme dient les Alexandrins, est le meilleur, ne
luy donnez point chair moüillée, sinon qu'il soit orgueilleux, portez
le sur le poing, plus qu'autre Faucon, ne l'ennuyez point outre son
vouloir, & le traictez benignement : gardez qu'il ne voye Aigle, car
apres ne prendroit oiseau, & qu'on ne luy touche ses pennes. Quand
le ietterez sa proye, gardez de mal duire vostre main, car il perdroit
lors courage. Rouge Faucon est souuent trouué és lieux pleins, & en
marais : il est hardy, mais difficile à gouuerner, pourtant deuant qu'il
volle donnez luy trois purgations de cuir de geline lauée en eau,
puis le chauffez & mettez en lieu obscur par aucu-
ne espace de temps, puis apres faites-le voller.
Faucon qui a plumes blanches est har-
dy, & bon, quand il est for : ne le fais
point voller qu'il n'ait mué,
car apres la muë il
est bon.

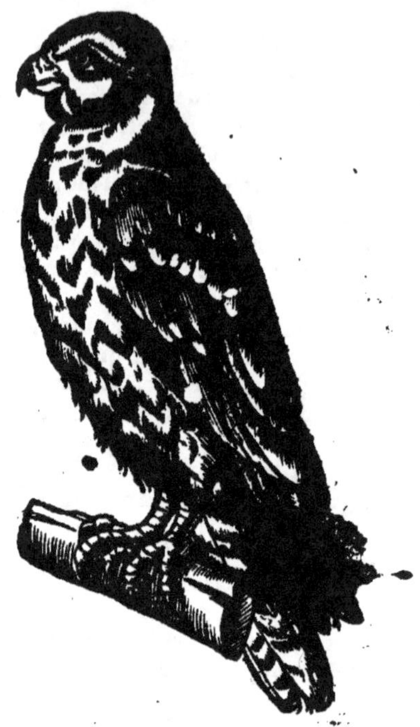

De l'Emerillon, de sa forme, de son vol, de sa proye,
& quand il doit estre oiselé.

CHAP. IIII.

'Emerillon est de forme de Faucon, plus petit que l'Espre-
uier, plus vollāt qu'autre oiseau: prenāt toute volatille que
pren l'Esperuier, principalemēt petits oiseaux, côme moy-
neaux, alouëtes, & semblables, & les poursuit de merueil-
leux courage. Il doit estre oiselé en huict iours, car apres ne vaut rien.

P

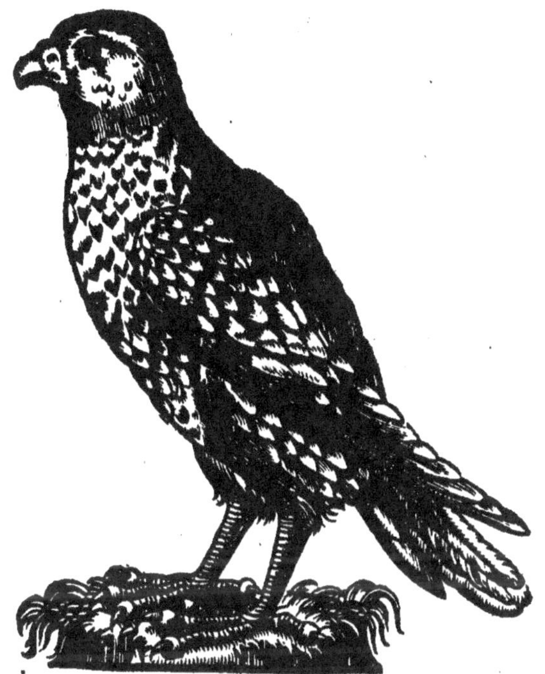

Du Lanier, de sa naissance, de sa forme, de son past & de sa proye

CHAP. V.

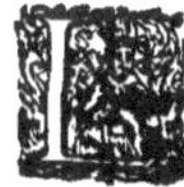E Lanier est assez commun en tous pays. Il est plus petit que le Faucó Gentil, beau de pennage, plus court empieté qu'a utre Faucon. Celuy qui a la teste grosse, & les pieds plus sur le bleu, soit niais ou sor , est le meilleur. Il n'est point dange-reux en son viute. Il est commun pour voler sur terre & sur riuiere.

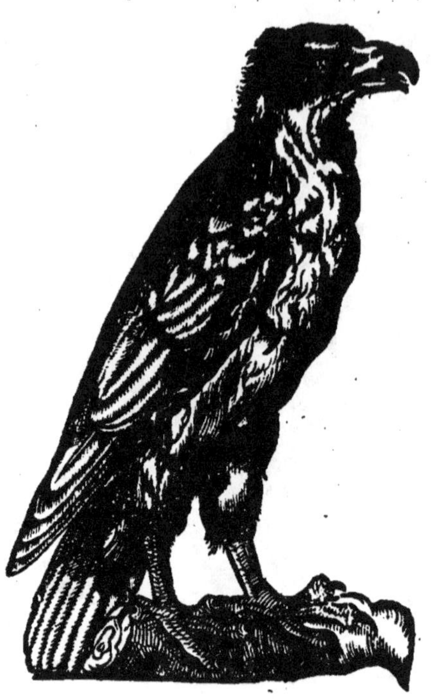

Du Sacre, de ses especes & naissance, des noms d'icelles especes, quand il doit estre prins, de sa forme, condition & proye.

CHAP. VI.

IL y a trois especes de Sacres, dont la premiere est appellee Seph, selon les Babyloniens & Assyriens. Il est trouué en Ægypte, & en la partie Occidentale, & en Babylone. Il prend Lieures & Biches. La seconde espece est nommee Semy, qui prend petites Gazelles. La tierce, est dicte Hynair, & Pelerin, selon les Ægyptiens & Assyriens : il est appellé vulgairement de passage, pource qu'on ne sçait où il naist, & qu'il faict son passage tous les ans vers les Indes, ou vers le midy. Il est prins és isles de Leuant, en Cypre

pre Candie, & Rhodes, pour ce dit on qu'il vient de Ruſſie, de Tartarie & de la mer Maior. Le Sacre prins apres la muë, eſt le plus viſte, &
le meilleur. Le Sacre eſt plus grand que le Pelerin, laid de pennage,
court empieté, & hardy. Le meilleur eſt, celuy qui a couleur rouge, ou
tannee, ou griſe : & qui eſt en forme ſemblable au Faucon, qui a groſſe
langue, & pied leger, ce qu'on trouue en peu de Sacres, doigts gros,
& tendans à couleur de bleu effacé. Le Sacre eſt des oiſeaux de proye
le plus laborieux, paſible, & traictable, & qui fait meilleure digeſtion
de gros paſt. La proye du Sacre, ſont grans oiſeaux, comme Oye ſauuage, Grue, Heron, Butor : & ſingulierement beſtes à quatre pieds ſil-
ueſtres, comme Gazeles, & autres.

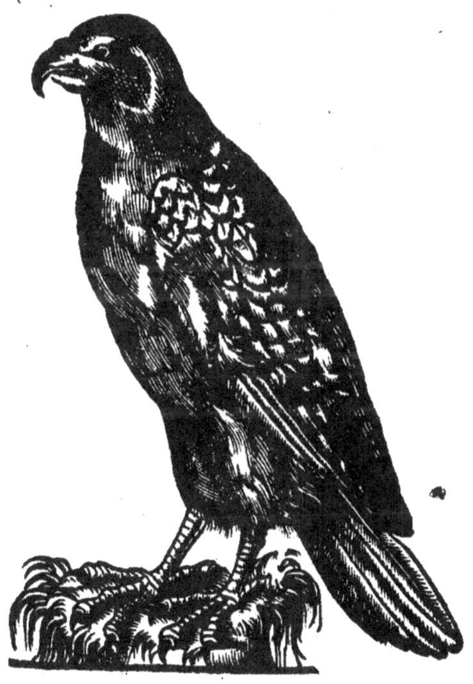

Du Gerfaut, de sa naissance, de sa forme, condition, & proye,
CHAP. VII.

ES parties froides, & en Dace, Nouergue, & Prusse, naist le Gerfaud: mais il est prins communement en faisant son passage en Allemagne. Il est bien empieté, doigts longs, grand, puissant, beau specialement quand il est mué, & si est fier & hardy, dont il est plus difficile à faire: car il desire main & maistre paissible. Il est bon à tout gibier.

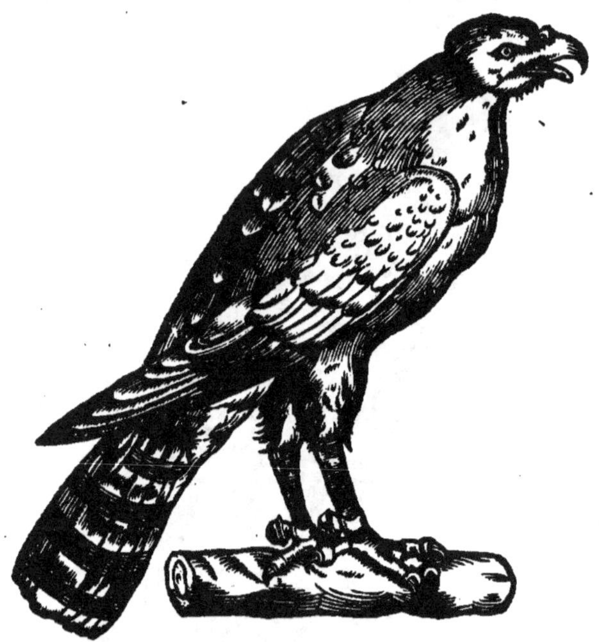

De l'Autour, de ses especes & generation, de sa bonne forme & condition,
les signes d'audace & de force: & du bon petit Autour de
ses mauuaises formes & conditions, & de sa proye.

CHAP. VIII.

L y a cinq efpeces d'Autour. La premiere & plus noble eft l'Autour, qui eft femelle. La feconde, eft nommee demy Autour, qui eft maigre & peu prenant. La tierce, eft le Tiercelet, qui eft le mafle de l'Autour, & prend les Perdrix, & ne peut prendre les Grues. Il eft nommé Tiercelet, car ils naiffent trois en vne nichee, deux femelles & vn mafle. La quarte efpece eft l'Efperuier, qui prend toute volatille que prend l'Autour, excepté les grands oifeaux. La cinquiefme eft nommee Sabech, lequel les Egyptiens nomment Baidach, qui reffemble à l'Efperuier, & eft moindre que luy. & a les yeux celeftes comme bleuz. Autour d'Armenie & de Perfe eft le meilleur, & apres, celuy de Grece, & dernierement celuy d'Afrique. Celuy d'Armenie a les yeux verds, & le meilleur d'iceux, eft celuy qui a les yeux & le dos noir. Celuy de Perfe eft gros, bien emplumé, les yeux clairs, concaues, & enfoncez, fourcils pendans. Celuy de Grece a grand tefte, col gros, & beaucoup de plume, Celuy d'Afrique a les yeux & le dos noir, quand il eft ieune, & quand il muë les yeux luy deuiennent rouges. Au temps que les oifeaux font en amour quand ils s'apparient pour faire generation, toutes efpeces d'oifeaux de proye s'affemblent auec l'Autour: comme le Faucon, Sacre, & autres viuans de rapine: à cefte caufe les conditions des Autours font diuerfes, en bonté, audace & force, felon leur diuerfe generation. La meilleure forme d'Autour eft telle: vn bon Autour doit eftre pefant, comme ceux de la grande Armenie. En Syrie, on achepte les oifeaux de proye & de Fauconnerie, au pois, & le plus pefant vaut mieux: de la couleur & condition d'iceux ne leur chaut. Blanc Autour eft plus gros, beau, facile à enfeigner & plus foible entre les autres, car il ne peut prendre, la Grue, & pource qu'il eft nay en lieu haut, & qu'il endure mieux le froid, qui eft en l'air hault, il eft bon pour voller oifeaux de telle condition. Autour tendant à noir, & qui a plume fuperflue fur la tefte defcendant fur le front comme vne perruque, eft bel, mais il n'eft pas fort. La bonne forme d'Autour eft, d'auoir tefte petite, face longue & eftroicte comme le Vautour, & qui reffemble à l'Aigle, le gofier large, par lequel paffe le paft, yeux grands, farfons, & en iceux petite rondeur noire, narilles, aureilles, coupe, & pieds larges & blancs, bec long & noir, le col long, la poictrine groffe, la chair dure, les cuiffes longues, charnues & diftantes: les os des iambes & des genouils doiuent eftre cours, les ongles gros & longs. La forme des le fondement.

de l'Autour iufques à la poictrine, doit eftre comme en rondeur accroif-
fant. Les plumes des cuiffes vers la queuë doiuent eftre larges, & celles de la queuë doiuent eftre courtes, peu rouffes, & molles. La couleur
qui eft foubs la queuë, eft comme celle qui eft en la poictrine, & fur chacune plume, ou lignes noires, qui font fur la queuë a aucune trancheu-
re, la couleur de l'extremité des plumes qui font en la queuë, doit eftre
noire en la partie des lignes. Des couleurs, la meilleure eft rouge, & tendant à noire, ou à gris clair: Signe de bon Autour eft, aftuce de courage,
defir & abondance de manger, bequer fouuent fon paft, prinfe fou-
daine de fon paft fur le poing, comme fi on le iettoit, digeftion longue,
force d'affaillir: Le figne d'audace en l'Autour eft tel, lie-le en lieu clair,
puis obfcure de clairté, apres touche le foudainement, & f'il faut, & s'affeure fur le poing, c'eft figne d'audace. Le figne de force en l'Autour eft
tel, lie les Autours en diuefes parties de la chambre, & celuy qui
efmutira plus haut, eft le plus fort. Le figne de bons petits Autours, eft
d'auoir les yeux clairs & larges, & le cercle les oreilles & du bec, tefte
petite, col long, doigts longs, plumes courtes & cachees, chair dure,
pieds vers, ongle larges & defcharnez, digeftion legere, la vuydange
de la digeftion large, efmutir loing. Si au bout du bec, y a aucune noire-
té, c'eft bon figne. La mauuaife forme d'Autour, tant en petits qu'en
grands, eft quand il a la tefte grande, col court, les plumes du col
meflees & inuolues, fort emplumé, chacun eft mol, cuiffes courtes &
greflees, iambes longues, doigts courts, couleur tanee, tendant à
noir, & afpre foubs les pieds. Autour qui en faillant de la maifon, femble qu'il faille de la mue, & qui a plumes groffes, les yeux rouges comme
fang qui fans repos fe debat, & quand il eft fur la perche, tafche faillir
au vifage: f'on l'ameigrit, il ne le peut porter : s'on l'engraiffe, il s'en fuit
pourtant tel Autour rien ne vaut Paoureux Autour eft diffi.ille à enfeigner, car la paour luy fait fuir le poing & le leurre, ou rappel. Autour
qui a plumes pendans fur les yeux, & le blanc d'iceux fort blanc, couleur comme rouge, ou tanné clair, a les fignes de mauuaifes conditiós, &
de non reuenir au rappel : fi Autour de telle forme eft trouué de bonne
conditió, il fera tres-bon. Aucunesfois, mais peu fouuent, eft trouué Autour de mauuaife forme & conditió: tout au contraire aux bós fignes de
Autour, qui fera leger, frais, peu fouuent las, & qui prendra les grands
oifeaux. La proye de l'Autour eft, Faifand, Malard, Cane, Oye fauuage, Cornille, Connils, Lieures. Il fiert petit Cheureul, & l'empefche
tant que les Chiens le prennent plus facilement.

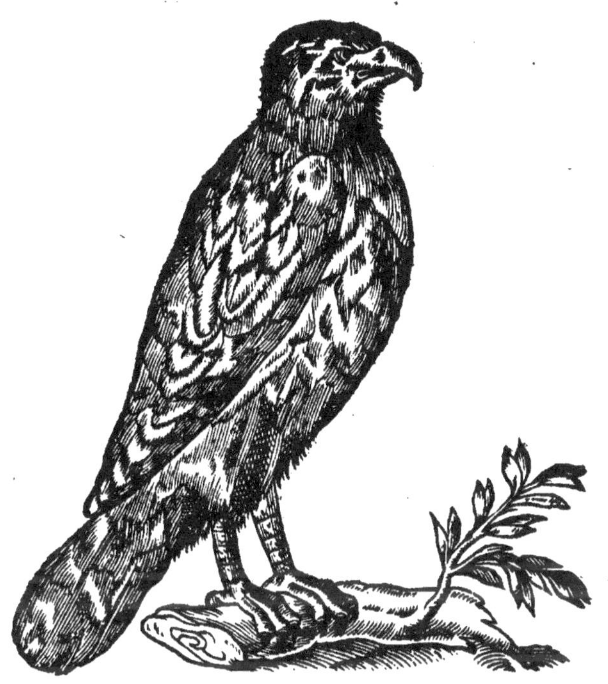

De l'Esperuier, & de sa nature.

CHAP. IX.

IE m'amuseray vn peu à parler de l'Esperuier, pour autant qu'il est fort noble, & fort vsité en France: & aussi que qui sçaura bien voler, gouuerner & affaiter l'Esperuier, il sçaura aisement tout le traictement, & la volerie des autres: ioinct qu'on s'en peut ayder hyuer & esté, & auec grãd plaisir, pour les beaux vols qu'il fait: car chacun a endroit soy dequoy voler: & aussi qu'on en peut voler à toutes manieres d'oiseaux, car il est commun à tout, plus que tous les autres Faucons & oiseaux. Car l'Esperuier d'hyuer
quand

quand il eſt bon, prend la Piele, Geay, la Choüette, la Greſille, le Va-
nel, le Videcaille, le Merle, le Coulomb, & beaucoup de ſortes d'autres
oiſeaux.

De l'Eſperuier, de ſa bonne forme & bonté.

CHAP. X.

DE pluſieurs plumes ſont les Eſperuiers : les vns ſont
de menuës plumes, touſiours blãches, les autres ſõt
de groſſes plumes, que nous appellõs mauuaiſes. Si
vous dirons tãt de leur façon que de leurs plumes
leſquels ſõt les meilleurs. L'Eſperuier qui eſt de bõne forme, eſt grãd & court, & à la teſtę petite, eſpaules larges & groſſes, iambes groſſes, pieds eſtendus,
pennes noires. Le niais eſt bon, & reuient volontiers à ſon maiſtre. Le
ſor eſt difficile à affaiter, & ſera bon s'il ne ſuit les gẽs, pource qu'il à accouſtumé la proye, parquoy il eſt plus courageux. Le meilleur de tous
les Eſperuiers, eſt celuy qui a eſté prins hors du nid, & a eſté vn peu à
ſoy, lequel nous appellons Branchier. Faut pour eſtre bon qu'il ait la
teſte rõdette par deſſus, le bec aſſez gros, les yeux vn peu cauez, le cer-
ne d'entour la prunelle de l'œil, de couleur entre verd & blanc, le col
longuet & groſſet, groſſes eſpaules, & vn peu boſſues, & ouuert vn peu
endroit les reins, & affilé par deuers la queüe, & que les aiſles ſoiẽt aſſiſes en allant au long du corps: ſi que le bout de ſes aiſles voiſe deſſoubs
la queüe, & que la queüe ne ſoit trop longue, mais qu'elle ſoit de bõnes
pennes larges, qui ſoiẽt affilées comme le bout d'vne eſpée, & qu'il ne
ſoit trop haut aſſis: c'eſt à dire, qu'il n'ait les iambes trop longues, mais
ſoient plattes, & les pieds longs & deliez, & de couleur entre verd &
blanc, les ongles poignans, bien noirs & petits. Que ſes plumes trauerſaines ſoient groſſes & bien couloürées de vermeil, & les menuës enſuiuent les plumes de la poiƈtrine: que les pennes ſoient larges, qu'il ait
le brunel meſlé de meſles trauerſaines, ainſi comme le corps, & que ſes
ſourcils ſoient blancs, vn peu couloürés de vermeil, & qu'ils prennent
le tout iuſques derriere la teſte. Auſſi eſt fort bon l'Eſperuier quãd il
eſt familleux.

Comme il faut chiller l'Eſperuier nouueau, & le mettre en ordonnance.

CHAP. XI.

Q

V N Esperuier de nouueau affaitemét, doit estre chillé en ceste maniere. Prenez vne aiguille enfilée de fil delié, qui ne soit rerors: fais-le tenir, & le prens par le bec, & luy passe l'aiguille parmy la paupiere de l'œil, non pas droit à l'œil, mais plus pres du bec, afin qu'il voye derriere. Et se donnant bien garde de prendre la toille qui est au dessoubs la paupiere. Puis mettre l'aiguille en l'autre paupiere, de l'autre part, & tirer les deux bouts du fil, & noüer sur le bec, non au droit nœud, mais coupper le fil pres du nœud, & le tordre tellement que les paupieres soient si hautes leuées que l'Esperuier ne puisse rien voir. Et quand le fil laschera, qu'il voye derriere, & parce est mis le fil pres du bec: car l'Esperuier doit voir derriere, & le Faucon deuant. Que si l'Esperuier voyoit deuant, il plumeroit aual le poing, quand il battroit contremont, & prendroit bons esbats, & si verroit trop à plein les gens, & s'esbatroit trop souuent.

Pour bien mettre vostre Esperuier en arroy, vous luy deuez bailler gets de cuir, lesquels doiuét auoir les bouts vn peu renuersez & mesmement decouppez, & si doiuent auoir demy pied de long, à pied main, entre la boite du get, & le nouueau qui est au bout, à quoy on le tiét. Il doit auoir deux bonnes sonnettes, afin qu'il en soit mieux oüy, & aussi que l'Espreuier prénát vn oiseau, il se mettra en si espais buisson pour se paistre qu'il ne pourra estre veu ne oüy: & en le plumant, la plume souuent luy couure vn œil, & pour l'oster il se gratte de l'vn des pieds, & fait oüyr la sonnette: & s'il n'auoit qu'vne sonnette, il se pourroit gratter du pied où elle ne seroit point, parquoy ne seroit pas oüy. L'Esperuier qui est affaité au chapperon, & qui souffre qu'on luy mette, vaut mieux que celuy qui ne le veut endurer, car il s'en bat moins: il se porte mieux quand il est chapperonné en temps de pluye & de vent, ou en mauuais temps, car lors on le peut cacher soubs le manteau. D'auátage il en vole mieux, & plus roidement, car il est moins desbrisé que celuy qui n'a point de chapperon, lequel est las de se debattre: & si on luy garde mieux ses vols & son auátage, parce qu'il ne se debat pas iusques à ce qu'on veut qu'il volle, dont il a meilleur courage, & si on le porte par tout sans qu'il se batte ou bouge aucunement.

Comme on doit affaiter vn Esperuier, & comme il doit estre mis en arroy.

CHAP. XII.

Arce que les Efperuiers font de diuers plumages, & de diuerfes tailles, auffi y a-il diuerfes manieres de les affaiter, & y a moins d'affaire aux vns qu'aux autres. Tant plus l'Efperuier eft familleux, & a bonne faim, pluftoft eft affaité. Pour le faire manger frottez luy les pieds de chair chaude, en pippant & touchant la chair au bec, & s'il ne veut manger, frottez luy les pieds d'vn oifeau vif, & l'oifeau criera: & fi l'Efperuier empreinct le poing des pieds, c'eft figne qu'il mangera: adonc defcouure la poictrine de l'oifeau, & luy mets au bec, & il mordra en chair, car vn oifeau qui mange tantoft qu'il eft prins, c'eft figne qu'il eft familleux, & qu'il mangera bien: & luy en donne autant au vefpre, & aucunesfois fur iour, mais qu'il n'ait rien en gorge. Et quand il fera bien en chair, & il mordra quand on pipera, fi luy mets le chapperó, qui foit affez parfond & large, qu'il ne luy ferue endroit les yeux. Et quád il voudra endurer à mettre & ofter le chapperon, fans fe debattre, & qu'il mangera chapperonné, adonc luy faut diminuer fa vie, en luy donnant moins de chair à manger, & luy en dóne au matin: & quand il aura enduit (c'eft qu'il ait mis à val fa viande, & qu'il n'ai rien en la foffette de la gorge) le pourras abecher fur iour en luy oftant & remettant le chapperon pour luy faire mordre : car il eft bon de luy donner vne bequée ou deux de chair, toutes les fois que luy mettras le chapperó en la tefte. Et quand ce viendra au vefpre, tu le paiftras pour la nuict, & luy donneras des fourcils de poule, iufques au lendemain. Puis quand tu verras qu'il fera cheu en bonne faim, fi lafche le fil de quoy il eft chilé, mais qu'il foit nuit quand tu le feras, & qu'il voye par derriere, cóme dit eft. Et s'il peut bié voir les gens, fi le veille toute la nuit qu'il fera lafché, & qu'il ait le chapperó hors de la tefte, afin qu'il oye les gens, & qu'il les accouftume. Et quand tu luy remettras le chapperó, dóne luy deux ou trois bechées de chair, & le lendemain au point du iour mets luy vn oifelet aux pieds: & s'il le prend afpremét, & qu'il morde en la chair, fi luy ofte le chapperon en paix : que s'il fe debattoit, remets luy, & le veille encores tát qu'il foit mat. Que s'il máge deuát les gés fans le chapperó, & eft affeuré deuant eux, ne foit plus veillé, mais le faut tenir vne partie de la nuict entre les gens, en le faifant plumer, & luy donnant aucunesfois vne becquée ou deux de chair, en luy mettant & oftát le chapperó. Et quand tu t'en iras coucher, mets ton oifeau pres de tó cheue, fur vn treteau, afin que le puiffes fouuent reueiller la nuit. Et te leue auát que il foit iour, & le mets fur ton poing, & luy tiens le chapperon hors de la tefte, afin qu'il voye les gens autour de luy: & quand il les verra, mets luy au pied vn oifelet tout vif, comme dit eft, & ainfi qu'il mangera,

mets luy le chapperon, en luy donnant le demourant de ton oifeau, le
chapperon en la tefte. Et fur le iour, regarderas s'il n'a rien engorgé, & fi
tu vois qu'il n'y ait rien, tu luy donneras vne bequée, petit & fouuét, deuant les gens, en luy oftant & remettant fon chapperon : mais fur le foir
doit toufiours auoir le chapperon ho.. de la tefte, pour voir & accouftumer les gens, en luy donnant à manger d'vne poulette. Et pour faire
mieux fa chilleure, afin qu'il voye mieux quand tu le mettras coucher,
fi le tien en lieu obfcur, & luy eclifle vn peu d'eau au vifage, afin qu'il
frotte fes yeux aux ioinctes de fes aifles : le lendemain, qu'il trouue le
iour, & la chair chaude fur ton poing, & qu'il foit lafché, afin qu'il voye
deuant & derriere, & face figne d'eftre feur entre les gens, puis l'affaire
comme deffus eft dit. Et retiens, que le iour que tu luy auras dóné chair
lauée, ne luy dònne point plume : & ne luy donne plume qu'il ne foit
bien affeuré, car s'il n'eftoit feur, il ne l'oferoit ietter. Dóc fi tu veux affeurer ton Efperuier, & le tenir en bonne faim, mets le bien matin fur le
poing, & va en lieu où ne furuiéne perfonne, & abecque le d'vn oifelet
vif, puis le defcharne, & le mets fur aucune chofe, & luy tends le poing,
en luy donnant vne becquée : & s'il y vient volontiers, fi le relance au
vefpre, & au matin de plus loin, & deuant les gens, pour le mieux affeurer, en luy attachant vne longue ligne au bout de fa longe, & s'il fait
beau temps, & que le Soleil raye, on luy doit offrir l'eau pour foy baigner, pourueu qu'il foit fain, qu'il foit feur, qu'il ne foit trop maigre, &
qu'il n'ait gorge, car c'eft vne chofe qui bien affeure ton oifeau que le
baing, & luy donne bon courage: mais que toufiours apres le bain, tu
luy donnes à paiftre bons oifeaux vifs. Et toutes les fois que le paiftras
ou reclameras tu dois piper & fifler, afin qu'il s'accouftume de venir à
ton fifler. Il le faut paiftre entre les chiens & cheuaux, afin qu'il s'accouftume auec eux. S'il a volé, & tu le vueilles mettre au Soleil, mets le à terre fur vn tronchet : & là s'afferra, & ne fera iamais qu'il n'ayme mieux fe
feoir à terre. Apres le bain, fi tu trouue ton Efperuier en bon courage,
tu le peux bien faire voler le lendemain au vefpre : mais que parauant
tu l'aye reclamé à reuenir des arbres, & reclamé à cheual, ayant fait prouifion d'vn pigeon, afin de le reprendre plus aifément : car il faut à vn
Efperuier auant qu'on en vole, qu'il foit bien affeuré par veiller, par
porter, par faire tirer, & par plumer deuant les gens : qu'il ayme la
main, le vifage, les cheuaux, & les chiens : qu'il foit net dedans, tant
par chair lauée, que par plumes : qu'il foit bien affamé, & bien reclamé
de terre & d'arbres:

La maniere de faire voller son Esperuier nouueau.

CHAP. XIII.

L'Esperuier de nouueau affaité doit estre mis à voler au
vespre vn peu deuant Soleil couché, parce que c'est
l'heure qu'il a plus grand' faim. Secondement, la chaleur du Soleil, si on voloit au matin, fait esmouuoir
l'oiseau par sa chaleur, & luy fait esleuer le cœur, &
le rend gay, parquoy il perd sa faim, & ne luy en sou-
uient, & ne tasche & pense qu'à se resoudre & iouër
contremont, qui le feroit perdre. Qui plus est, il ne se peut tant esloi-
gner de toy sur le vespre, s'il te fait ennuy, comme il feroit le iour
contre la chaleur, à cause de la nuict qui le contraindra de se percher.
Aussi pour faire voler ton Esperuier nouueau, faut chercher large cam-
pagne, loin des arbres. Qu'il soit deschapperonné quãd les Espagneux
querront : que si les Perdriaux saillent, & il s'embat, laisse le aller s'il
faut de pres : ques'il le prend, donne luy à manger contre terre de la
poictrine d'vn Perdriau, auec la ceruelle. Quand il aura mangé vn peu,
oste luy, & le descharne, & monte sur ton cheual, loing de luy, puis si-
fle, & l'appelle, & s'il reuient à toy, si le paists. Sur tout il se faut bien
donner garde qu'il ne faille au premier vol à gros oiseaux, afin qu'il
n'emporte & s'accoustume aux menus. Que s'il est bien appris aux gros
oiseaux, tu peux bien le faire voller aux Allouëttes & petits oiseaux, &
si tu voy qu'il y vole volontiers, si luy meine, & en soit repu, car c'est le
plus beau vol & plus plaisant que la volerie de l'Esperuier aux Alouëttes. Et parce que la chair & le sang des Alouëttes est chaud & ardent,
il est bon, quand il y volera, de luy donner deux fois la sepmaine de
chair lauée, & la plume bien souuent, mais ne luy donne la plume le
iour qu'il aura mangé chair lauée, ny le iour qu'il se sera baigné. Quand
on est en bonne compagnie, & chacun a son Esperuier, si on voit voller
le sien auecques les autres, cela renforce bien le deduit, & si s'asseurent
ensemble : & c'est le plaisir de prendre vne Alouëtte à l'escourse, &
qu'vn bon Esperuier a chassé vne Alouëtte bas, & si haut qu'on la peut
regarder, & vn autre Esperuier la va requerre si roidemét en volant cõ-
tremont, qu'il est contrainct de l'enuironner, ne la pouuant prendre : &
lors l'Alouëtte plonge & vient à terre, & l'Esperuier aussi, laquelle s'ay-

me mieux mettre entre les iambes d'hómes & cheuaux, penfant fe fau-
uer, que tomber entre les griffes de fon ennemy naturel, toutesfois le
plus fouuent elle y eft prinfe. Qui veut faire apprendre à gouuerner
Faucons, faut bailler à affaitter Hobreaux ou Hobiers : fi on veut qu'il
fçache gouuerner Gerfaults, baillez luy Efmerillós. Qui fçait gouuerner & affaiter Efperuiers, il fçait gouuerner & affaiter les Autours. Ainfi
par les vns, on peut fçauoir les autres.

*Quand on doit prendre au nid, ou en l'aire l'Oifeau de Fauconnerie.
& comme on le doit traiĉter.*

CHAP. XIIII.

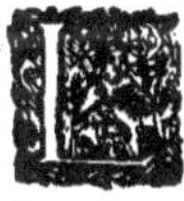

L faut que l'oifeau de Faucónerie foit prins au nid ou en l'aire,
quand il eft fort pour fe fouftenir fur les pieds. Mets le fur vn
billot de bois, ou fur vne perche, afin qu'il puiffe mieux demeurer fon pénage, fans le gafter en terre. Mets foubs luy vne
herbe, qu'on nomme hieble, laquelle pource qu'elle eft chaude, eft bóne contre toute maladie de reins, & de goutte, qui luy pourroit aduenir. Pais-le de chair viue le plus fouuent que pourras, car elle luy fera
bon pennage. Si tu le prens petit, & le mets en lieu frpid, il prendra mal
aux reins, parquoy ne fe pourra fouftenir, & fera en danger de mort.

De ces mots niais, brancher, ramage, & for.

CHAP. XV.

'Oifeau niais eft celuy qui eft prins au nid. Brancher, eft celuy qui fuit fa mere de branche en branche, qui eft auffi nommé ramage. Sor eft appellé) à fa couleur foiette) celuy qui a
volé, & prins deuant qu'il ait mué. Et pource qu'on prend
fouuent l'oifeau au glu, ou en le prenant on luy froiffe ou rompt les
pennes; s'enfuit la maniere de le defgluer, & de fes pennes rabiller.

Pour defgluer oifeau.

CHAP. XVI.

E vray moyen pour defgluer oifeau, prens du fablon menu & fec, & cendre nette mis enfemble, & les mets fur les
lieux où eft la glu, & laiffe ainfi l'oifeau vne nuit. Apres bat-
tras fort trois moyeux d'œufs, & auec vne penne en mettras
fur lefdits lieux, & l'aiffe ainfi l'oifeau deux nuits. Puis prens du gras de
lart, auffi gros qu'vne prune, & autant de beurre, tout fondu enfemble,
dequoy oindras lefdits lieux, & laiffe ainfi l'oifeau vne nuiċt. Le lendemain le laueras auec eau tiede, & nettoyeras auec linge bien net, tant
que rien n'y demeure.

C H A P.   XVII.

I tu veux redreffer vne penne froiffee, trempe en eau
chaude le lieu qui eft froiffé : & quand elle fera amollie
& tendre audit lieu froiffé, redreffe la hors de l'eau a-
pres prens vn gros tronc ou cotton de chou, & le
chauffe fort fur la braife puis le fends au long, & dedans celle fente mets le froiffé de ladite penne, & e-
ftraints d'vn cofté & d'autre le chou, iufques à ce qu'il ait redreffé ladi-
dite penne. Le tronc de l'herbe de couleuure, autrement nommée Tin-
thimale, a en ce l'effeċt du chou.

Prens vne aiguille longuette, & la trempe en vinaigre, ou en eau fa-
lée, pour roüiller, afin qu'elle tienne mieux dedans la penne, puis l'en-
file de fil delié, & la mets dedans les deux bouts de la froiffure de la penne : apres la tire par le filet, iufques à ce qu'elle fera autāt d'vn cofté que
d'autre & que la penne fera ioinċte, & la garde du trauail iufques à ce
qu'elle foit ferme. Si elle eft des deux coftez rompuë, couppe la, & prés
vne aiguille pointuë par les deux bouts, trenchante comme celle d'vn
pelletier, trempée comme dit eft, & fais comme deffus. Pour péne froif-
fée ou rôpuë au tuiau, prens vn tuiau plus menu, afin qu'il entre dedās
le tuiau froiffé ou rompu : puis couppe en ce lieu la penne, & l'ente du
tuiau mis dedans les deux bouts de la penne couppée : apres, tous les
deux parties auec le tuiau, qui eft mis dedās. Et couure le lieu de la ioin-
ture, de la péne de cottō, ou de petites plumes auec colle : ou fi ne veux
coudre ladite péne, colle la. Si la péne eftoit perduë, mets y en vne pa-

reille en quantité & couleur: Pour plume defioinâe refferrer prens eī
ftouppes bien menu taillées, & meflées auec le rouge d'vn œuf bien
battu, mets-les fur linge bien delié, duquel lieras dedans & dehors le
lieu de la penne defioinâer ou emplaftre ledit lieu de myrrhe, & fang
de bouc meflez enfemble. Pour faire renouueller penne perduë par
batterie, ou autrement, & principalement en la queuë, prens huile de
noix, & huile de laurier, autant d'vne que d'autre, meflées enfemble, &
les diftilleras au lieu duquel eft faillie ladite penne, & cela fera renouueller ladite penne.

Du paft & chair bonne & mauuaife pour paiftre l'oifeau, du lauement de la chair, de
la maniere de paiftre l'oifeau, & de la nature des chairs qu'on donne aux oifeaux.

C H A P. XVIII.

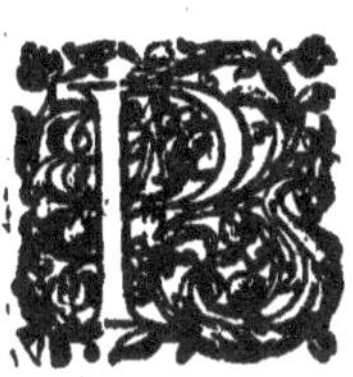

Aft & chair bonne, outre l'ordinaire de l'oifeau, eft
luy donner vn peu de la cuiffe ou du col d'vne poule, car il engraiffe l'oifeau. Les entrailles de poule a-
uec les plumes, dilatent le boyau qui vuide la digeftion de l'oifeau, & feiche l'humidité fuperfluë, laquelle ne peut faillir par l'egeftion & efmutiffement
de l'oifeau. Les chairs mauuaifes pour paiftre l'oi-
feau, font, chairs froides, chairs de bœuf, & autres femblables de forte
digeftion, & fingulieremēt de befte qui feroit en ruth, laquelle eft pour
faire mourir l'oifeau, fans fçauoir à quelle occafion. Chair de poulle
eft mauuaife pour l'oifeau, car pource qu'elle eft froide, elle luy trouble le ventre : auffi pource qu'elle eft douce & grandement de-
leâable, & qu'on trouue communément par tout poules, à cefte
caufe l'oifeau affriandé de telle chair de poule, quand en volant en
verroit, pourroit laiffer fa proye, & voler vers la poule. Si tu doutes
ou voyes que l'oifeau foit poulailler, paifts-le de petits oifeaux, de petits Coulombs qui commencent à voler, ou de petites airondelles.
Chair de Coulōb vieil, & chair de Pie, luy eft amere & tref-mauuaife,
comme auffi eft la chair de Vache, car elle eft fort laxatiue, non pas par
fa bonne nature, mais par fa ponderofité, par laquelle faiâ indigeftion
& par ainfi elle eft laxatiue. S'il eft neceffité de paiftre l'oifeau de groffe chair par faute de meilleure, foit trempée & lauée en eau tiede & a-
pres efprainte, fi c'eft en hyuer : & en froide fi c'eft en efté, & que la

chair

chair ne foit point trop efprainte : car la pefanteur de l'eau, qui eſt laxatiue, & luy fera plus toſt paſſer & enduire ſa gorge, & luy tiendra les
boyaux larges, & l'efpurgera mieux par deſſoubs les groſſes humeurs
qu'il pourroit auoir dedans le corps. Le lauement de chair ſe doit entendre de groſſe chair, & quand il eſt neceſſ té d'en vſer pour purger ou
mettre bas l'oiſeau, & non pas de chair de bonne digeſtion : car il faut
entretenir l'oiſeau de quelque bon paſt vif & chaud, autrement on le
pourroit mettre trop au bas. La maniere de paiſtre l'oiſeau eſt telle : au
paſt & chair que doit manger l'oiſeau, ne doit eſtre ne graiſſe, ne veine,
ne nerfs : & en le paiſſant ne le laiſſe pas manger côme il voudroit, mais
par poſes & interuales, & le laiſſes repoſer en mangeant, lors mangera
ra ſuauement. Par fois luy muſſeras & cracheras la chair deuant qu'il
ſoit ſaoul, & luy retarderas ſon mâger, & fais qu'il ne voye la chair, afin
qu'il ne ſe debatte. Fais le plumer petits oiſeaux comme il faiſoit au
bois. Les chairs dequoy on paiſt les oiſeaux ſont de diuerſes natures,
car les vnes ſont les oiſeaux gras, les autres les rendent orgueilleux, les
autres les font attremper. Le Paſſereau, le Pinçon, la chair d'vn Chat,
les Souris, & la graiſſe de Geline, la chair de Porc & de Bœuf, rendant
les oiſeaux gras. La chair de Poullets, de Lieure, de Geline, de Vache,
mouillee en l'eau, font les oiſeaux maigres. La chair de Cheures &
Cheureaux les font orgueilleux. Mais ſi vous voulez que voſtre oiſeau
ſoit bien attrempé, ne trop gras ne trop maigre, ne trop orgueilleux,
donne luy à manger vieille Geline. Et parce muë luy ſouuent la chair,
ſelon la commodité que tu verras.

CHAP. XIX.

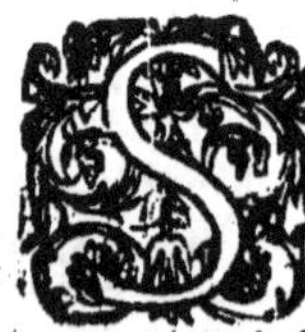

I l'oiſeau mange par trop haſtiuement, quelque pie-
cette & petit morceau de chair, & qu'elle ſoit tom-
bee au lieu par lequel l'air va au poulmon, prens vn
long canon de plume, bien mol & doux à manier,
ou vn pareil de metal, & le mets par ledit lieu, & ſuc-
ce par ledit tuyau en tirant bonne haleine, iuſques à
ce que ce qui eſt tombé audit lieu reuienne : car s'il y demeure ſera perilleux pour l'oiſeau.

R

Pour renouueler le bec rompu,ou reſerrer le bec diſioinct.
CHAP. XX.

Ien ſouuent le bec de l’oiſeau ſe rôpt , ou pource qu’il eſt mal gouuerné, car l’on n’affaite le bec ainſi qu’on doit , parquoy croiſt tant des deux coſtez qu’il rompt : ou par ce que quand l’oiſeau paiſt,il demeure quelque chair ſoubs la partie haute du bec,laquelle chair ſe pourriſt, & ſeiche tant le bec qu’il tombe par eſclats:pourtant nettoye le bien,& le polis,en taillât ce qui eſt de tailler, puis oindras la couronne dudit bec, de ſang de Serpent, & de Geline, & 15.ou 20.iours apres que le bec luy commenſera à croiſtre, romps le bec deſſus, afin que celuy de deſſoubs puiſſe croiſtre à ſa raiſon.Ce téps durant,ſon paſt ſoit couppé en petit morceaux , car autrement il ne ſe pourroit'paiſtre. Ne ceſſe pourtant le faire voller. Pour bec diſioinct reſerrer,mets deſſus la diſiointure,de la paſte fermentée,& de la poix-reſine.

Quant l’oiſeau a ſoif,la cauſe & le remede.
CHAP. XXI.

Vuand l’oiſeau a ſoif, c’eſt ou par aucune alterátion, ou qu’il eſt trop gras,& a ceſte cauſe a chaleur dedans le corps, ou c’eſt parindigeſtion. S’il a ſoif par alteration , donne luy eau en laquelle ait trempé ſucere , ſafran,& ſpodium,ne luy en donnant que pour refraiſchir la gorge.S’il a ſoif pour eſtre gras,& ainſi par chaleur qu’il a dedans le corps,mets auec les choſes ſuſdites terre s’eellee. S’il a ſoif par indigeſtió,cuits en eau graine de cumin doux , & luy mets dedans le bec,ou cuits zinzibre,ou grand polieu,en vin vieil,ou en eau de clou de girofle,& y trempe ſon paſt.S’il a touſiours ſoif,mets en ſon eau vne dracgme de boliarmeni,& le poix de dix grains de canfre, la luy baillant à boire.

Quand l’oiſeau ne peut émutir les ſignes & le remede.
CHAP. XXII.

Aut noter que quand l’oiſeau ne peut émutir , le ſigne eſt qu’il gratte ſa queuë & boit eau. Donne luy chair de porc chaude,auec vn peu d’aloës. Ou fais ſeicher vers de terre ſur tuyle chaude,& en fais poudre,& luy donne chair chaude,de legere digeſtion,poudroyee de ladite poudre.

Pour entretenir l'oiseau en santé, & le preseruer de maladie.
CHAP. XXIII.

POur entretenir l'oiseau en santé, & le preseruer de maladie, quatre choses sont necessaires: c'est à sçauoir, le faire tirer: l'essuyer quand il est moüillé, le purger & le baigner. Fais le irer pait neruex au matin, & au soir deuant qu'il mange, & quand le voudras faire voller. Le tirer en attendant le gibier luy est bon. Si le tirouer est de plume, garde qu'il n'en auualle, afin qu'il ne mette rien en cure iusques au vespre, car au vespre il ny a point de dâger. Côbien qu'il semble que le tirer luy foule les reins, toutesfois en tirant il s'exercite. Essuye l'oiseau quand il sera moüillé, ou au Soleil, ou aupres du feu: car il se pourroit refroidir, morsôdre, enrumer, & engendrer la maladie qu'on dit asme ou pantais. Quand il sera sec, mets-le en lieu sec & chaud, & non moite & froid. Mets luy sous les pieds, au billot ou à la perche, quelque chose molle, comme drap, ou autre chose, pour luy soulager les pieds: car aucunesfois, & bien souuent, pour frapper au gibier, pourroit auoir les pieds froissez, desrompus & eschauffez, parquoy par humeurs descendans en bas, se pourroiet engendrer aux pieds dudit oiseau, cloux, galles, ou podagre, & aussi enflures aux iambes, lesquelles choses sont mauuaises, & fortes à guarir. Tu purgeras ton oiseau par cure, ou par medecine purgatiue, & le feras baigner: comme de chacun est cy apres en son chapitre escrit.

De la cure de l'oiseau, quelle elle doit estre, quand on luy doit donner, quelle
est son effect, comme elle & l'esmont de l'oiseau monstrent la santé
ou maladie d'iceluy, & pourquoy l'oiseau la garde trop, le signe
& remede pour la luy faire rendre.
CHAP. XXIIII.

VNe cure d'oiseau doit estre de plume, ou d'osselets d'oiseaux froissez, ou de Pie, de Connils, ou de Lieure rompu, les ongles & gros os ostez. Cure de cottô n'est pas bonne à vser, car elle vse & ard le poulmon, & fait mourir l'oiseau, & specialement quand ladite cure de cotton est donnee audit oiseau, sans estre aucunement lauee & baignee. En necessité, & qu'on n'a point les cures dessusdites,

on peut bien donner ladite cure de cotton, baigne vn iour, & autre
nom, quand on fait ou refait l'oyſeau. Tous les iours au ſoir donne
quelque cure audit oyſeau, ou la deſſuſdite de cotton, ou celle de plume, ou de chair lauée, s'il n'y a cauſe au contraire. L'effect de ladiſte
cure eſt, que quand elle eſt trempée & baignée en eau, elle eſlargiſt
plus qu'autre choſe le boyau de l'oiſeau, & ſeche la ſuperfluité & exceſſiue abondance des humeurs d'iceluy oiſeau, leſquelles ne peuuent
faillir auec l'eſmont de l'oiſeau. La cure iettée au matin par ledit oiſeau, qui eſt nette, & non ſeche, & qui eſt ſans mauuaiſe odeur, de-
monſtre l'oyſeau eſtre ſain. L'eſmont de l'oiſeau doit eſtre blanc, clair,
& le noir qui eſt parmy doit eſtre bien noir, quand ledit eſmont en ſon
blanc eſt glueux & tient au doigt quand on le touche, ſignifie bonne
digeſtion, & ſanté en l'oiſeau. La cure molle, paſteuſe, & puante, de-
note flegme & indigeſtion en l'oiſeau. L'oiſeau garde trop ſa cure, &
ne la peut aiſément ietter, quand il a dedans le corps chair ſuperfluë,
ou poſtules, ou humeurs ſur ladite cure. Le ſigne que l'oiſeau garde
trop ſa cure, & qu'il l'a encores, eſt quand il tremble ſur le poing. Le
remede pour la luy faire ietter & rendre eſt, ne le paiſtre point iuſques
à ce qu'il l'aura renduë: & ſi ce iour là il ne la iette, le lendemain fais la
luy ietter & rendre, par la façon & maniere que ie te vois mettre & dire. Prens du gras de lart bien rafraiſchy en deux ou trois ſortes d'eaux
bien fraiſches, & vn peu de ſel menu, & de poudre de poiure, & en
fais vne pillule, laquelle luy feras aualler, puis apres attens qu'il l'ait
iettée, & s'il ne iette ladite cure prens ce qu'il aura ietté, & le broye
& mouïlle, & mets en vn drappeau, & le fais fleurer à l'oyſeau, & lors
il rendra ladite cure. Ou autrement, donne luy le gros d'vne febue en
deux ou trois tronçons de la racine de l'herbe appellée eſclaire, enueloppée en bonne chair pour celer l'amertume de ladite racine, puis
mets l'oiſeau au Soleil ou aupres du feu, & s'il ne rend ladite cure, paiſts
le au ſoir d'vne cuiſſe de geline, chaude & ſuccrée.

Pour purger l'oiſeau en tout temps, & luy faire bon appetit, & bon ventre,

Chap. XXV.

T pour purger l'oiſeau en tout temps, luy faire auoir bon appetit, & bon ventre, donne luy de huictaine en huictaine, ou de quinzaine en quinzaine vne pillule, de celles qu'on dit pillules communes : ou le gros d'vne febue d'aloës cicotrin, enueloppé en bonne chair, pour celer l'amertume dudit aloës. Puis l'enchapperonne, & le mets en lieu chaut, comme au ſoleil ou aupres du feu, & le laiſſe ainſi par l'eſpace de deux heures, dedans lequel temps il puiſſe vuider ſes flegmes. Et quand il aura ietté ledit aloës ou pillules (car il ne ſera pas ſi toſt fondu) repte ns ledit aloës pour ſeruir vne autrefois : puis prens l'oiſeau ſur ton poing, & le paiſts de bon paſt & vif, car il aura donc le corps deſtrempé. L'aloës ainſi donné, ou dedans la cure, & au ſoir, vaut beaucoup contre filandres & aiguilles. Leſdites pillules donnees à l'oiſeau à l'entree du mois de Septembre, ſont bonnes & profitables contre filandres & autres maladies eſtans dedans le corps. Ceſte medecine toutesfois doit eſtre trempee & moderee ſelon la force & qualité des oiſeaux, car ſi c'eſt pour Autour, ladite medecine doit eſtre moindre que pour vn autre, & par ainſi elle doit eſtre moindre pour l'Eſperuier, qui eſt des autres le plus delicat. Autrement prens du gras de lard de porc, trempé vn iour, & mué en eau fraiſche, ſuccre, ſafran en poudre, aloës, moüelle de bœuf, autant de l'vn que de l'autre, & en ſi grande quantité & largeſſe que tu en puiſſe faire trois ou quatre pillules, ou plus largement à ta diſcretion, puis au plus matin donnes-en vne à l'oiſeau, apres mets-le au Soleil, ou aupres du feu. Tu ne le paiſtras iuſques à deux heures apres, lors tu luy donneras ou geline ou petits oyſeaux, ou ſouris ou rats, & petite gorge. Au ſoir quand il aura enduit ſa gorge, donne luy quatre ou cinq cloux de girofle, froiſſez & enueloppez en vn peu de bonne chair : & quand il aura vſé leſdites pillules, & que ſes humeurs ſeront par icelles eſmeuës, donne luy vne fois au palais du bec, & aux narilles du vinaigre auec vn peu de poudre de poiure, puis s'il eſt de neceſſité, ſoit l'oiſeau refroidy d'eau ſouflee en ſes narilles, & le mets au Soleil ou aupres du feu, & il mettra hors les humeurs de la teſte.

Pour eſlargir le ventre & boyau de l'oiſeau.

CHAP. XXVI.

R iiij

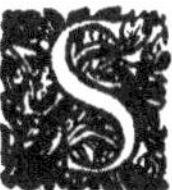I tu veux faire eſlargir le ventre & boyau de l'oiſeau, donne
luy leger paſt, trempé vne nuiĉt en vin-aigre: & ſur iceluy
paſt, mets ſuccre ou miel eſcumé, ou luy donne eau ſuccrée.

Pourquoy, quand, & comme on doit baigner l'oiſeau, comme
apres on le doit traiĉter.

CHAP. XXVII.

Vcunesfois baigner l'oiſeau de proye luy eſt ſain, & le
fait bien voller: car ſouuent a deſir de boire, ou de pren-
dre l'eau pour quelque eſchauffement de corps ou de
foye, & l'eau le refraiſchiſt. Le baing fait à l'oiſeau auoir
faim, bon courage, & l'aſſeure, & par la contenance de
l'oiſeau cognoiſtras combien luy profitera le baigner.
Baigne-le de quatre en quatre iours, car le baigner plus ſouuent le fait
orgueilleux & fugitif. Et quand le feras baigner, mets-le ſur le bois ſec,
& l'eau ſoit bien nette, qu'il n'y ait quelque venin: de laquelle maladie
la medecine eſt icy apres eſcrite. Apres le baing donne luy paſt vif,
comme petits oiſelets, & mets ſur ſon paſt vn peu de ſuccre ou de thiriacle, & aux narilles de l'oiſeau. Quand le Faucon apres ſon baing ſe
frotte & s'oingt, eſt dangereux le toucher, car il a l'haleine veneneuſe
& les pieds, pourtant ſi tu le veux lors porter, garde auec ſort gand qu'il
ne bleſſe ta main. Quand l'oiſeau ſera baigné, ne luy donne chair trempée, & ſi tu le veux faire voller toſt apres le baing, arrouſe-le vn peu
d'eau bien nette.

Quand l'oiſeau eſt enuenimé pour ſe baigner en eau enuenimée
par Serpent ou autrement.

CHAP. XXVIII.

Vand l'oiſeau eſt enuenimé pour ſe baigner en eau enue-
nimée par Serpent ou autrement, broye trois grains de
geneure, & meſle auec thiriacle, & le fais analler à l'oiſeau
& le garde d'eau huiĉt iours, & mets de la poudre d'aloës
ſur de la chair de chat, de laquelle paiſtras l'oiſeau.

DE LA FAVCONNERIE.

CHAP. XXIX.

ES signes communs de santé en l'oiseau de proye sont, quand son esmont est digeré, continué, & non entrerompu à terre, delié & non espaix, quand sa cure est telle, comme est escript au chapitre de la cure : quand il se tient paisiblement sur la perche, quand demeine la queuë & la ventile, quand il esplume & nettoye du bec ses aisles, commençant dés la croupe iusques au haut, quand il prend quelque petite graisse sur la croupe, de laquelle s'oingt, quand l'oiseau ressemble gras, clair, & en couleur, comme s'il auoit les plumes oingtes, quand il tient ses cuisses esgalement, quand les deux veines qui sont aux racines des aisles ont leurs pouls, & mouement moyen entre continuation & discontinuation de pouls.

Quant l'oiseau digere mal, les signes, la cause, & le remede.

CHAP. XXX.

ES signes quand l'oiseau digere mal, sont, quand souuent il bee & respire en plumant son past, & ne le mange point, mais le laisse, ou vomit. Quand son esmont est alteré de gros, noir & iaune. Quand il ne rend sa cure en temps deu. Quand en ouurant à deux mains fermement son bec, & en luy secoüant la teste, sentiras sa gorge puante. Il digere mal, parce qu'il est pu trop matin, deuant qu'il ait faict sa digestion, ou trop tard, ou à trop grosse gorge. Le remede est, ne le paists iusques à ce qu'il aura bien faict sa digestion, & qu'il aura bon appetit. Puis prens du noir, qui est engendré de fumee, & de feu, au cul du pot, & le mets tremper en eau l'espace d'vne heure : apres coule l'eau la faisant tiede, & en icelle trempe la chair du past de l'oiseau couppee en morceaux, & la luy donne. Et ne le paists plus iusques au soir, que tu luy donneras trois morceaux de chair succree, ou luy donne sur son past de la semence que l'on trouue au cloux de girofle, puluerisez.

Quand l'oiseau n'enduit bien sa gorge, la cause, & le remede pour
la luy faire enduire ou rendre.
CHAP. XXXI.

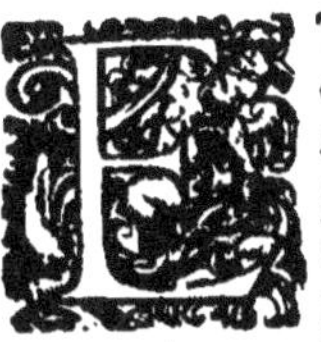

ET quand l'oiseau n'enduit pas bien sa gorge, pource qu'on luy donne si grosse gorge qu'il ne la peut enduire ne rendre, ou pource qu'il s'engorge trop fort de sa proye, ou pource qu'il est refroidy : lors donne luy petit past, ou demy past à la fois, & de chair legere, trempee en vin blanc tiede : ou luy donne past vif, baigné en son sang, lequel le remettras sus. Au soir donne luy quatre ou cinq cloux de girofle, froissez, & mis en cotton trempé en vin vieil : car ils luy eschaufferont la digestion & la teste. Pour luy faire rendre sa gorge quand il ne peut enduire, prens vn peu de poudre de poyure, & qu'elle soit trempee en bon & fort vinaigre, & luy laisse reposer longuement : & d'iceluy vinaigre reposé laue luy le palais de la bouche, & luy en mets trois ou quatre gouttes dedans ses narilles : puis s'il iette sa gorge, arrose d'vn peu de vin lesdites parties eschauffees par le vinaigre. Le vinaigre ne soit point donné à l'oiseau trop maigre, car il ne le pourroit supporter, puis le mets au Soleil, ou au feu, & il iettera sa gorge.

Quand l'oiseau enduit sa gorge, mais apres il la rend, la cause, & le remede.
CHAP. XXXII.

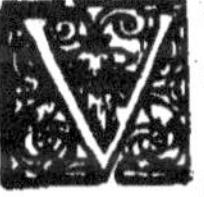

VOus deuez entendre que si l'oiseau enduit sa gorge, & apres il la rend, c'est ou par quelque accident qui luy est suruenu, ou par corruption d'estomach. Si c'est par accident qui luy soit suruenu, l'haleine de l'oiseau, & ce qu'il aura ietté ne puira point. Lors luy donneras vn peu d'aloës cicotrin, & ne le paistras de six heures apres, puis luy donneras bon past, & peu. Et s'il iette sa gorge par corruption d'estomach, l'haleine de l'oiseau & ce qu'il aura ietté puiront. Aussi c'est pource qu'il est pu de chair grosse, ou mal nette ou puante. Pourtant soit sa chair nette, & taillee de cousteau bien net, & nettement : & puis le mettras au Soleil, l'eau deuant luy, pour boire s'il veut, & ne le paistras iusques au soir, & à petite gorge, & de past vif, & arrosé de vin, ou puluerisé de limaille d'acier, ou de poudre d'yuoire, lesquelles font retenir le past à l'oiseau : & s'il ne le retient, donne
luy

luy petits oiſeaux, ou ſouris, ou rats, iuſques àce qu'il ſera guary, ou deſtrempé en eau tiede poudre de coriandre, & en icelle eau coullée laue
quatre ou cinq iours le paſt de l'oiſeau, ou fais boüillir en vin fueilles
de laurier, tant que le vin reuienne à moitié, puis laiſſe le refroidir auec
les fueilles : de ce vin, fais boire à vn colomb tant qu'il en meure, de la
chair duquel donneras vne cuiſſe à l'oiſeau.

Quand l'oiſeau n'a appetit de manger, la cauſe & le remede.

C H A P.   XXXIII.

Vand l'oiſeau n'a appetit de manger, c'eſt pource qu'õ
luy a donné au ſoir groſſe gorge, auquel paſt l'oiſeau
s'eſt trop ſaoulé, ou qu'il eſt ord dedans le corps. Baille
luy vn coulomb, & luy laiſſe tuer à ſon plaiſir, & boire le ſang, apres ne luy en donne qu'vne cuiſſe, ou
autant qu'elle monte : & ſi l'oiſeau ne vouloit tirer ladite chair, donne luy taillée en petits morceaux ſuccrée, ou arroſée d'huile d'oliue, ou d'amendes, & ce peu à peu luy
continuë iuſques à ce qu'il ſoit guary. Ou luy donne vn paſſerat,
trempé en vin, ou arrouſé de miel, ou poudroyé de poudre de maſtic, ou luy donne deuers le matin vne pillule de celles qu'on nomme
pillules communes, & le tiens enchapperonné au Soleil, ou aupres du
feu, & le laiſſe vomir tant qu'il voudra. Quand il aura vſé trois ou quatre iours deſdites pillules, & qu'il aura appetit, donne luy trois ou quatre iours limure de fer ſur la chair de ſon paſt.

Pour oiſeau maigre mettre ſus, & le ſigne de maigreur, ou de maladie.
C H A P.   XXXIIII.

L'oiſeau on cognoiſt la maigreur, ou maladie, quand ſon e-
mont n'eſt ne blanc ne noir, mais eſt meſlé comme gris. Pour
le mettre ſus, donne luy chair de mouton, ſouris, & rats, à
petites gorgées, ou fais boüillir en pot neuf vne pinte d'eau, vne
cuillerée de miel, & trois de beurre frais, & en paſt ton oiſeau à
petite gorgée deux fois le iour. Ou prens cinq ou ſix limaçons qu'on
treuue aux vignes, ou aux herbes, ou au fenoil, trempe les en laict,
vne nuict, en vn pot couuert, qu'ils ne s'en aillent : le lendemain au

matin romps les coquilles, laue les limaçons de laict frais, & apres les
essuye, & les donne à l'oiseau, puis mets l'oiseau au Soleil, ou aupres
du feu, iusques à ce qu'il ait esmuty quatre ou cinq fois, & s'il endure
bien la chaleur, elle luy est bonne. Apres midy soit pu de bon past, &
à petite gorge, & le mets en lieu chaut & sec. Au soir quand aura pas-
sé sa gorge, donne luy clous de girofle, comme il est escrit au chapitre
XXVII. quand l'oiseau n'enduit bien sa gorge, pour la luy faire enduire
ou rendre. Aucuns luy donnent à manger petits oiseaux de bray, ha-
chez & mouillez en laict de Cheure, en le paissant trois ou quatre fois
le iour, & ne luy en baillent à la fois qu'vn peu. Ou prenez limaçons
rouges, qui soient bruslez, & en faites poudre, qui soit mise en petite
quantité sur sa chair.

De porter & contregarder l'oiseau, & luy accoustumer les Chiens,

C H A P. XXXV.

E porter d'oiseau sur le poing dextre, est meilleur & plus
seur pour l'oiseau, que sur le senestre, pour ce qu'il est plus
agilement ietté pour voller partant de la main dextre, &
en est plus leger & soudain, & en montant & descendant
du cheual, l'oiseau est plus seurement sur la dextre que sur
la senestre, & le muë souuent en diuerses mains, afin qu'il s'asseure.
Quand il se debattra & volatillera sur le poing, remets le agilement &
paisiblement, afin qu'il accoustume de te cognoistre & aymer. Quand
tu luy osteras son chapperon, ne regarde point sa face, qu'il n'en prenne mauuaise accoustumance. Contregarde l'oiseau quand passera les
portes, & approcheras des murs, afin que s'il se debattoit, qu'il ne se
gastast, ou ses pennes, & le garde de fumée & de poudre. Accoustume
le à ne fuyr les Chiens, mais à les suiure, & qu'il les ait deuant & autour
de luy quand il paistra, & l'accoustume à iouyr & veoir tout ce qui est
de chasse.

Quand l'oiseau ne soustient bien ses aisles, la cause & le remede.

C H A P. XXXVI,

Ote que quand l'oiseau ne souſtient bien ſes aiſles, c'eſt
pour ce que quand il eſt nouuellemẽt mis ſur le poing,
ou ſur la perche, il n'eſt gardé de ſe debattre, & de s'eſchauffer: parquoy ſe refroidiſt, & ne peut bonnement
ſouſtenir ſes aiſles. Lors lie l'oiſeau de l'eau, & qu'il ſoit
contrainct d'entrer en ladite eau, afin que par ſe debat-
tre ſur ladite eau, il retire & redreſſe ſes aiſles. Apres mets-le au ſoleil,
ou aupres du feu, & le tiens chaudement, qu'il ne ſe refroidiſſe, ou piſſe
trois iours ſur les aiſles de l'oiſeau, & il les ſouſtiendra bien.

Pour bien faire l'oiſeau au leurre, & pour le bien faire voller au gibier.

CHAP. XXXVII.

Ote, que pour bien faire l'oiſeau au leurre, il ne le faut point
deſſiler iuſques à ce qu'il reuiendra bien ſur le poing, & qu'il
y mange bien, lors deſlie-le ſur le ſoir, afin qu'il ne s'en fuye,
& luy ſouffle vn peu de vin aux yeux. Et quand tu t'iras coucher, mets le pres de toy, ſur vn treteau, ou autrement, ſeurement, auec
chandelle allumée aſſez pres de luy, puis deuant iour ſoit enchapperonné, & mis ſur le poing. Et le traictes ainſi iuſques à ce qu'il ſoit bien
leurre & aſſeuré des gens. Apprens-le à deſcendre à terre ſur ſa proye,
& à oſter paiſiblement ſes ongles de ſa proye, afin qu'il ne les rompe:
de laquelle rompure d'ongle, eſt cy apres eſcrit en ſon chapitre. Garde
qu'il n'accouſtume en reuenant, cheoir à terre, mais l'accouſtume à
reuenir ſur le poing. En le leurrant, quand il ſera remonté, iette le leurre ſoubs les gens, afin qu'en pourſuiuant le leurre, il s'accouſtume de
ſuiuir, & non pas de fuyr les gens, & quand il ſera deſcendu, reſſerre le
bien, & luy fais aymer le leurre: car s'il ne reuient bien au leurre, combien que autrement il ſoit bon, ſi ne ſera-il rien priſé. Ietter l'oiſeau
pour voller pres des riuieres, ou pres des lieux auſquels on ne le peut
ſuiure, fait perdre ſouuent l'oiſeau. La premiere proye que luy feras
voller, ſoit Caille, Perdrix: puis Lieure, apres grans oiſeaux. Soule-le
de manger de ce qu'il aura prins, & principalement de ſa grand proye.
Pour bien faire voller l'oiſeau au gibier, trois choſes ſont neceſſaires,
bon maiſtre, bonne compagnie d'oiſeaux bien volans, & bon pays de
gibier.

Pour ongle rompu renouueller.

CHAP. XXXVIII.

Aut si l'ongle de l'oiseau est rōpu en partie, qu'il soit oingt de gresse de Serpent, & il croistra en maniere qu'il s'ē pourra aider comme des autres. Si l'ongle est tout rompu, & qu'il n'y demeure que le tendron, fais vn doigtier de cuir, & l'emply de graisse de geline, & mets le doigt de l'ongle rompu dedans, & attache seurement du mesme cuir le doigtier à la iambe de l'oiseau, en remüant & rafraischissant le doigtier de deux iours en deux iours, & ainsi le gouuerne iusques à ce que ledit tendron soit endurcy. Si par violence de la rompure de l'ongle la chair du doigt saigne, mets dessus poudre de sang de dragon, & estanchera le sang. Si le doigt est enflé, soit engraissé de graisse de geline iusques à ce qu'il soit guery : Si le pied ou la iambe luy enfle, fais oignement de graisse de geline, d'huile rosat, d'huile violat, de therebentine, de poudre d'encens, & de mastic, duquel oindras l'enflure iusques à ce qu'il soit guery. De reparer l'ongle descharné, ou qui vient droict & non crochu, est escript en la seconde partie de ce liure, au tiltre du pied.

Pour faire bien reuenir l'oiseau quand il a vollé, & la cause
pourquoy ne reuient.

CHAP. XXXIX.

Aut entendre que si l'oiseau ne veut ou oublie à reuenir, qu'il luy faut ietter vn oiseau : & celuy qui luy est le plus aggreable, est le Coulomb blanc. A ceste cause, dois auoir en ta gibbeciere vn Coulomb, ou autre oiseau blāc, pour rappeller ton oiseau quand ne voudra reuenir. La chair de poulle, comme est dit au chapitre du past de l'oiseau, ne luy est pas assez bonne. La cause pourquoy l'oiseau ne reuient est, qu'il est peu souuent tenu & porté, parquoy n'est accoustumé : ou pour ce qu'il hait son maistre, quand il le traitte rudemēt : ou pour aucune douleur qui luy est suruenuē. Le niais n'est pas si fugitif que le mué, car il n'est pas si astut & cault. Si l'oiseau ne veut reuenir, prés le gros d'vne petite feue de graisse du nōbril de cheual, de nuit en oings le bec de l'oiseau, & il aimera son maistre, & reuiē-

dra à luy facilement : ou trempe en eau toute vne nuict, poudre de regalice, & en icelle eau coullée, fais tremper chair de Vache couppée
en laisches, de laquelle paistras l'oiseau. La chair de Vache, comme est
dict au chapitre du past de l'oiseau, n'est pas bonne pour past, mais est
pour ceste medecine : ou prens herbe nommée cost, ou selon aucuns
baume, seche la, & puluerise, & d'icelle poudre, mettras sur la chair
que mangera l'oiseau. Si par orgueil ton oiseau ne veut souenir, prens
du sel rouge, la quantité d'vn bien gros pois, & le mets sur son past, lequel luy fera iettet toute sa superfluité, & son orgueil corriger.

CHAP. XL.

Our faire auoir faim à l'oiseau qui est trop pu, quand on
le veut faire voller, donne luy au soir en sa cure vne pillule d'aloës, auec ius de choux rouges: ou luy donne trois
morceaux de chair, où il y ait dedans chacun morceau,
aussi gros de succre qu'vn pois, & bien tost apres esmutira
deux ou trois fois, & aura faim.

CHAP. XLI.

I tu veux desaccoustumer l'oiseau de soy percher en arbre, laiffe le percher en arbre trois ou quatre fois, quand le temps sera
nubileux, pluuieux, & quand il fera roufée, & par tel ennuy
craindra de se percher.

CHAP. XLII.

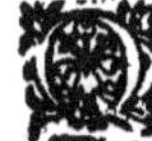

Vand l'oiseau n'a volonté de voller, baille luy l'eau pour soy
baigner, & luy laue son past en eau tiede, ou luy donne vne
pillule de graisse de lard,

Quand l'oiseau est esgaré, ou on ne peut ouyr ses sonnettes, ce qu'il est de faire.
CHAP. XLIII.

Vand l'oiseau est esgaré, ou on ne peut ouyr ses sonnettes, c'est pour ce que les oiseaux de proye, par leur astuce portent souuent leur proye és cauernes, ou pres des eaux, parquoy on ne peut ouyr les sonnettes : lors regarde où verras les oiseaux voller, & crier, car là doit estre le tien, qui est cause du cry des autres. Ou si tu ne le vois, ou ne le peux ouyr, monte en lieu haut, & mets ton oreille contre terre, & clos l'autre dessus, & oyras lesdits oiseaux. Si c'est en lieu plein & descouuert, mets ton fronc contre terre, en clouant vne oreille, & apres l'autre, & de quelque costé entendras où doit estre ton oiseau.

Pour faire l'oiseau hardy à sa proye, & voller grands oiseaux,
& comme lors doit estre porté.

CHAP. XLIIII.

Our faire l'oiseau hardy à sa proye, & voller grands oiseaux, trempe en vin pour son past, duquel luy donneras quand seras au gibier. Si c'est pour Autour, fais-le tremper en vinaigre, & luy en donne le gros d'vne amende : & quand tu le voudras faire voller, donne luy trois morceaux de chair trempée en vin : ou prens vn petit Coulomb, & luy ouure le bec, remplissant ledit Coulomb de vinaigre, puis fais voller ledit Coulomb iusques à ce que le vinaigre entre dedans sa chair, de laquelle donneras à ton oiseau quand tu seras au gibier. Quand il est hardy, ne le porte point sur le poing qu'en lieu solitaire.

Pour faire Lanier gruyer, ## CHAP. XLV.

Faire vn Lanier gruyer, fais vne cauerne & chambrette obscure soubs terre, & y mets le Lanier, qu'il ne voye point de lumiere, sinon quand le paistras, & ne le tiens point sur le poing que de nuict. Quand voudras qu'il volle, fais feu en ladite cauerne, & quand elle sera chaude oste le feu, & baigne l'oiseau en vin pur, & le mets en icelle cauerne, puis le paist de cerueau de ge-

ne & le meine voller deuant iour, & quand le iour apparoiſtra, iette
le de loin aux Gruës, lequel iour il ne prendra rien ſi n'eſt d'auenture,
mais les autres iours enſuiuans il ſera bon, & principalement depuis la
my-Iuillet, iuſques à la my-Octobre, & ſi ſera meilleur apres la muë,
que parauant. En temps froid, comme en hyuer, ne vaut rien.

Quand l'oiſeau volle autre proye qu'il ne doit, pour la luy hayr.
CHAP. XLVI.

Ais ſi l'oiſeau volle autre proye qu'il ne doit, comme Coulomb, Corneille, & autre, pour la luy faire hayr : porte en ta
gibbeciere fiel de geline, duquel oindras la poictrine de l'oiſeau qu'il aura prins, de laquelle luy laiſſeras vn peu manger,
car par celle amertume, il hayra les oiſeaux de telle ſorte.

Pour muër l'oiſeau de proye, en quel temps il muë, & pour le muër, ou ſur le poing ſans
chair, ou en muë auec chair : & comme il doit eſtre purgé & diſpoſé quand
on l'y met, du bon paſt pour luy en la muë, & pour le faire toſt &
bien muër, & le remede quand il muë mal.

CHAP. XLVII.

N dit que l'Eſperuier muë en Mars ou en Auril, & a muë
en Aouſt. Le Faucon muë à la my-Feurier. Pour muër l'oiſeau ſur le poing, qu'il ſoit mieux aſſeuré, & ne craigne
les gens, paiſt-le ſur le poing, & luy muë ſouuent ſon paſt,
& luy donne de celuy qu'il mangera plus volontiers : porte le matin
& ſoir : en temps chaut mets-le en chambre fraiſche, où il y ait vne
perche ſur laquelle il puiſſe voller quand il voudra : s'il ſe debat là, ſi
l'enchapperonne, ou le porte en lieu frais enchapperonné : s'il ſe debat ſur le poing, ſouffle luy au bec, ſoubs les aiſles, & par le corps, il
ne ſe debattra ſinon tant qu'il commencera à ietter. Quand il iettera
bien ſes plumes, mets-le en ladicte chambre, & deſſous luy vne
motte d'herbe verte, & ſablon, & luy offriras l'eau chacune ſepmai-
ne : & ainſi muëra bien, & ſera bon. Pour muër l'oiſeau ſans chair,
fais boüillir vn moyeu d'œuf, qu'il ſoit duret, & le refroidiras en eau
froide, puis l'eſſuyeras : quand premierement le donneras à l'oiſeau,
pour l'accouſtumer, tu mixtionneras ledit moyeu auec le ſang de
geline, ou d'autre oiſeau, & le donneras à l'oiſeau. Pour le faire

bien toft muës, meus vn Lifart vert en vn pot fans eau, & en fais poudre que tu mettras fur fa chair. La muë de l'oifeau doit eftre vne mai-
fonnette en lieu folitaire, fans poudre, & fumée, & où les poulles ne
puiffent venir, afin que les pouls ne tombent dedans la muë, qui ga-
fteroient l'oifeau. La muë foit claufe deuant midy, pour le vent chaut
& pluuieux. Mets dedans la muë fablon, & de trois iours en trois iours
herbe fraifche, fueilles & branches : & deuant l'oifeau vne tinette
pleine d'eau pour boire & fe baigner. Quand on veut mettre l'oifeau
en muë, il le faut premierement purger des pouls, & quand on le met
hors, foit purgé comme eft efcrit au chapitre, pour purger l'oifeau en
tout temps. Aguife luy le bec, & luy oings, plume le foubs le col, &
foubs la queuë, paifts-le fept iours en la mue de petits colombs, auec
leur fang, puis trois iours de chair trempée en vrine. Il aduient fouuent qu'vn oifeau ne prend pas mue en temps deu, & fe mue fi tard que
la faifon de voller aux oifeaux de riuiere fe paffe, auant qu'il foit preft
de voller, parquoy eft bon de le hafter, qui veut charmer en voller la
faifon d'hyuer. Que fi ton Faucon ne iette nul de fes plumes, au mois
de Iuillet, tu en peux voller tout le mois d'Aouft aux Pies, & aux Perdrix : le mois d'Aouft paffé, mets-le en chambre affez chaude, fus vne
cloüe, ou fus vn plot, à quoy il fera attaché, qui foit fi obfcure qu'on
n'y voye goutte, & le garde ainfi, en luy baillant oifeaux vifs à manger,
iufques à ce qu'il foit gras & en bon poinct, principalement petits oifeaux de riuiere, qui ont longue queüe, qu'on appelle Bergeronnettes,
pour le moins deux fois la fepmaine, puis baille iour à ton Faucon de
peu à peu. Pour le faire toft & bien muer, paft le de chair de Heriffon
fans graiffe, ou prens des glandes qui font au col de mouton deffoubs
l'oreille, & les hache menu, & luy donne auec fon paft, & trouue façon qu'il les aualle, s'il ne les vouloit manger. S'il fe met à ietter plumes, ne luy en donne plus, car il pourroit auffi bien ietter les neufues
que les vieilles : ou luy donne par trois iours, au lieu defdictes glandes
chair de rats, ou de taupes, oingte de beurre. Apres donne luy vne
piece de chair de Serpent, auec la peau, entre la tefte & la queüe, &
trois petites grenoüilles. Pour faire bien muer toute efpece d'oifeau,
paifts-le de chair de petits chiens de laict, trempée au laict de la mulette
du chien, apres donne luy la mulette coupée en mourceaux, car ce
paft luy eft naturel. Quand les plumes dudit oifeau commenceront à
faillir, oings la chair de fon paft d'huile nommée Sifamminum, car elle
luy fera les plumes groffettes & molles : & fi elles failloient feches, fe
remproient

romproient ou dedans ou dehors la chair de l'oiseau. Ne le mets hors
de la muë iusques à ce qu'il aura bien mué toutes ses plumes. Quãd les
plumes saillent maigres,seiches,courtes,ou vieilles,c'est pource qu'elles saillent trop tost,& l'oiseau n'a pas graisse suffisante pour les nourrir
lors le nourriras de chair de petits Coulombs, & d'autres chairs chaudes. S'il y a aucune penne ou pennes mauuaises,qui ne cheent point,
ou qu'ils saillent mauuaisement, oings les d'huyle de Laurier, car elle
les fera choir & naistre bonnes.　Si lesion aucune suruient à l'oiseau
estant en la muë, le meilleur est differer toute medecine iusques à ce
queil soit hors de maladie,car les medecines ordonnees pour sa muë,
sont contraires à sa nature.

Quand l'oiseau engendre œufs dedans le ventre,en la mue ou ailleurs,les
signes & le remede pour l'en preseruer,ou les luy faire fondre.
CHAP. XLVIII.

I l'oiseau engendre œufs dedans son ventre, en la muë , ou
ailleurs,il est malade & en peril de mourir. Les signes quand
il engendre œufs,sont que le fondement luy enfle, & deuient
roux les narilles & les yeux luy enflont. Pour l'en preseruer,
donne luy depuis deux mois de Mars dedãs son past de l'orpigmẽt,aussi
gros qu'vn poix,lequel luy refroidira ce desir.Et la chair que luy donneras huict ou dix iours, soit lauee d'eau de vigne ,laquelle degoutte
quand elle est nouuellement taillee.

Pour oiseau saillant de la mue,gras & orgueilleux , rendre familier , qu'il ne s'enfuye.
CHAP. XLIX.

Vand l'oiseau partant de la muë est gras,& qu'il sent l'air
&le ventchaud,qui est cause qu'il se debat&s'eschauffe,qui
luy pourroit causer vn refroidissemẽt, & en dãger de mourir,porte-le paisiblement enchapperõné, & hors du chaud.
Et pource qu'il est gras & orgueilleux,& qu'ils ẽ pourroit
fuir,purge-le par pillule de gras lard, ordõce cy dessus au chapitre 21.
Pour purger l'oiseau en tout teps, paists-le de chair de poulmõ de moutõ taillee en lopins,& lauee,tãt qu'elle perde tout le sang,& la pluspart
de sa substance, car elle amaigrira l'oiseau.Mets & lie sur la perche de
l'oiseau boüe grasse,ou engraisse la perche, & de nuict lie le dessus loi-

feau: car pource qu'il gliffera il trauaillera, & ne pourra dormir, parquoy il s'ameigrira, & fe rendra plus familier. Leurre-le bien, qu'il ne
s'en fuye: car s'il eft trop gras, & n'eft bien purgé il s'enfuira.

Quand l'oifeau pert le manger apres la mue, le remede pour luy donner
appetit de manger.

CHAP. L.

T fi l'oifeau perd le manger apres la mue, le remede pour
luy donner appetit de manger eft, prendre aloës cicotrin
en poudre, & ius de choux rouges, tout meflé & mis en
boyaux de geline, liez au bout, & lu faire aualler:
puis le tiens fur le poing iufques à ce qu'il foit purgé, & ne
le laiffe iufques apres midy, lors donne luy paft vif & bon, & le lendemain de geline: apres baille luy l'eau pour fe baigner: cefte medecine
eft bonne contre les aiguilles & filandres.

Pour muer le pennage de l'oifeau en blanc.

CHAP. LI.

Ous pouuez muer le pennage de voftre oifeau en blanc, en
mouillant premierement fa chair en fang de Mille, les autres
difent Millet, par cinq fois. Et quand viendra au tiers iour,
muez fa chair en fang de Mille ou Millet, & en donnez à manger à voftre oifeau.

Quand l'oifeau fe bat trop à la perche.

CHAP. LII.

E peur que l'oifeau ne fe debatte par trop à la perche, mais fe
repofe, cuifez myrrhe en eau, & puis luy en lauez tout le corps.
Et moüillez auffi fa chair en celle mefme eau, iufques à neuf
fois, & luy donnez quand il voudra enduire.

Fin de la premiere partie de la Fauconnerie.

La seconde partie de Fauconnerie
PAR GVILLAVME. TARDIF
DV PVY EN VELLAY.

Contenant les maladies des oiseaux &
les medecines d'icelles.

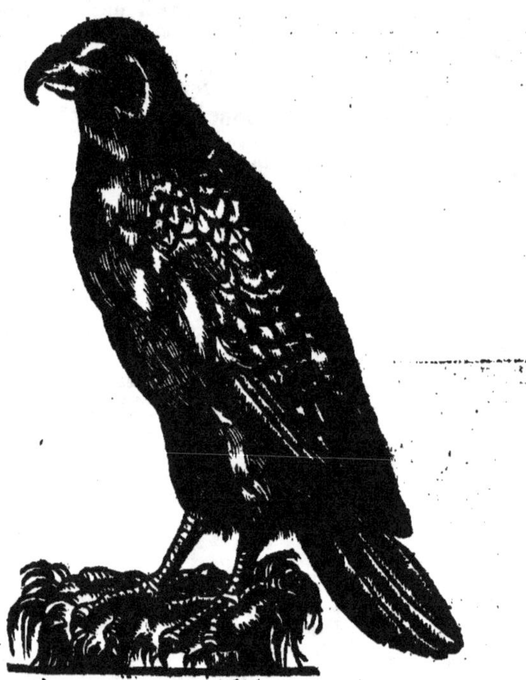

T ij

En donnant les medecines aux oiseaux on doit considerer la disposition d'iceux,
& la qualité du temps pour les bailler. Les signes communs de la
maladie en oiseau de proye.

CHAP. I.

ES signes de chaleur exterieur en l'oiseau sont, quand il tient
sa bouche ouuerte, la langue tremblante, respire soudainement, les yeux luy en grossissent, ioint les aisles, les plumes
dessus le col descouurent la chair, les pennes des aisles grosses qu'on nomme couteaux sont lasches & penchans. Les signes de
froideur exterieure en l'oiseau sont quand il clost en partie ou du tout
les yeux, & leue vn pied, & herisse les plumes. Les signes qu'il est las,
ou malade sont, quand il a le bec clos, les aisles abbatues, & respire
souuent par les narilles. Le signe qu'il est debile est, quand il s'appuye
aucunement sur la perche. Le signe qu'il est mal gouuerné, & qu'il est
maigre est, quand il espluche souuent ses plumes. Les signes de mort
en l'oiseau sont, quand l'esmonct est verd, & quand en saillant il ne peut
remonster sur sa perche.

Contre rheume au cerueau de l'oiseau les signes, la cause, & le remede.
CHAP. II.

ES signes pour cognoistre le rheume au cerueau
de l'oiseau sont quand il iette eau des narilles, & à
larmes, cõme vne nuę aux yeux, & au soir clost vn
œil, puis l'autre, puis tous deux, & les couure tant
qu'il sēble à voir qu'il dorme. Ce rheume luy engēdre aucunesfois la taye en l'œil, & l'ongle, la pepie en la lãgue, luy fait enfler le palais, luy engendre le chancre. Quãd il semble que le rheume sort
par les yeux, ou par les narilles, ou par la bouche l'oiseau est en danger
de mort. La cause dudit rheume est, que l'oiseau est pu de chair grosses
ou mauuaises à grosse gorge, & plustost luy vient quand il est maigre,
que quand il est bien gras. En oultre qu'il ne peut enduire tel past,
mais le tient longuement, il deuient puant, & celle puanteur montant
au cerueau de l'oiseau, luy clost les aureilles, narilles & conduits : tellement que les humeurs ne peuuent vuider comme elles ont accoustu-

mé. Le remede est, purger l'oiseau, ainsi qu'il est escrit au chap. vingt-
vniesme, pour purger l'oiseau en tout temps: Quand l'oiseau demeine
souuent les paupieres par le rheume du cerueau, mets en ses narilles
huile violat, le iour apres donne luy en son past vn peu de sel armoniac
meslé auec beurre, le tiers iour souffle en ses narilles vn peu de theriacle
meslé auec huile violat.

CHAP. III.

Es signes du rheume sec au cerueau de l'oiseau sont, quand
l'oiseau esternuë beaucoup, & rien ne luy sort des narilles.
Pour lequel rheume guerir, faut souffler Obsomogarum
auec vin vieil, aux narilles de l'oiseau, & apres mets l'oiseau
au Soleil, ou aupres du feu. Quand l'esternuër luy sera pas-
sé, donne luy chair nerueuse, pour le faire trauailler en tirant, afin que
par tel labeur ledit rheume descende du cerueau aux narilles, & sorte
dehors. Quand l'oiseau a la teste enflée pour ledit rheume, mets luy
sous ses pieds drap de laine moüillée en eau froide, tellement que l'oiseau sente la froideur. Quand il frotte ses plumes, & se gratte à cause de
ceste maladie, donnes luy en son past maues broyées. Quand il bée
souuent & respire fort pour ledit rheume, prens trois goutes d'huile de
laurier, & vne once d'huile d'oliue, trois moyeux d'œufs, & du cost,
autrement nommé baume, mesle tout ensemble, & donne sur le past
de l'oiseau.

CHAP. IIII.

E signe de rheume engendré au cerueau de l'oiseau par fumée ou par poudre est, quand il iette flegme & eau des narilles. Le remede, souffle vin vieil aux narilles & face dudit
oiseau, ou bien huile violat meslé auec laict de femme, si le
temps est chaud: ou broye des aux sauuages auec vin vieil, & ce
moüille les narilles de l'oiseau, & qu'il entre dedans, & cela luy fera
jetter le flegme.

T   iij

SECONDE PARTIE

CHAP. V.

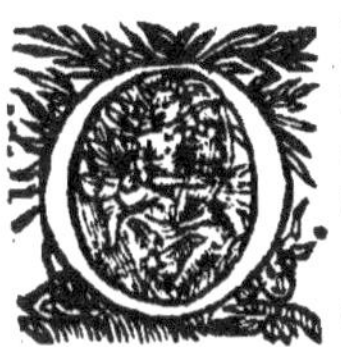N esprouue le haut mal d’epilence en ceste manie-
re, quand l’oiseau chet soudainement , & gist par
quelque temps comme mort, & cela luy vient souuent au matin, & au vespre. Il a les yeux clos, les
paupieres enflees, l’haleine puante, & s’efforce d’esmutir. La cause de ceste maladie est , chaleur &
fumee du foye, laquelle monte au ceruau , & le
lie & trouble. Le remede est, purger l’oiseau, comme est escrit en la premiere partie de ce liure, au chapitre vingt & vniesme. De purger l’oiseau
en tout temps. Tu luy donneras dedans peu de chair le gros de deux
poix d’aureau alexandrine, puis apres fais poudre de lentilles rousses
& prens limeure de fer bien menue, tant d’vn que d’autre, & lie tous
les deux en miel, & en fais pillules du gros d’vn poix, desquelles deux
ou trois feras aualler à l’oiseau. Apres tiens ton oiseau sur le poing au
Soleil ou aupres du feu, iusques à ce qu’il ait esmuti vne fois ou deux,
& ne soit pu iusques apres midy, lors donne luy bon past, & petite gorge. Ou fais pillules de poudre de Gerapigre, auec ius d’aluyne, lesquelles donneras à l’oiseau en sa cure. On luy donne poudre de gomme
Balsami & Castorei, auec ius de mentastre, autrement nommee herbe
contre les puces, soit l’oyseau tenu de iour, en lieu obscur, & l’eau deuant luy, laquelle luy est necessaire, & de nuict soit tenu à la fraicheur,
& fais ainsi six ou huict iours. Ceste maladie est contagieuse, pource
garde qu’autre ne luy touche.

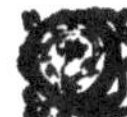Vand l’oiseau dort souuent, pour l’esueiller, paists-le de queuë
de mouton oingte d’huile d’oliue.

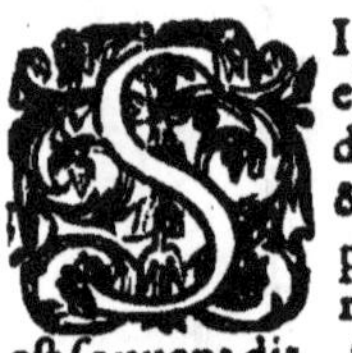

E signe d'oppilation & surdité des oreilles de l'oiseau est,
quand il pose la teste detrauers, & est tout mat. La cause,
est le rheume qu'il a en la teste. Le remede est, le purger
ainsi qu'il est escrit au chapitre vingt-vniesme. De purger
l'oiseau en tout temps. Apres poudroye la chair du past d'iceluy de
poiure blanc, icelle chair mise en lesches.

*Contre enfleure & viscosité des paupieres de l'oiseau, le signe,
la cause, & le remede.*

CHAP. VIII.

Igne d'enfleure & viscosité des paupieres de l'oiseau
est, qu'il a enfleure dessus l'œil, & que les paupieres
deuiennent noires. La cause est, le rheume du cerueau,
& de celuy peut venir la maladie nommee l'ongle, &
pourra tant croistre qu'elle creuera l'œil à l'oiseau. Le
remede est, purger le cerueau de l'oiseau, ainsi qu'il
est souuent dit. Quand les paupieres sont si visqueuses qu'elles se ioy-
gnent ensemble, laue les de vin vieil, & paists l'oiseau de chair chaude, &
puluerise fiante de vache, laquelle souffleras auec vn tuyau aux yeux
& narilles de l'oiseau.

Contre enfleure des yeux de l'oiseau, les causes & le remede.
CHAP. IX.

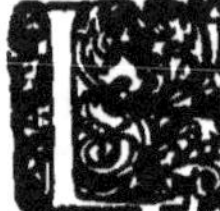

'Enfleure des yeux de l'oiseau viét pour trois causes, ou par
ventosité, ou par coup, ou par playe. Si par ventosité les
yeux sont enflez, destrempe moustarde en eau, de laquelle
oindras l'enfleure. Si par coulpe les yeux sont enflez, laue le
coup d'eau rose, & d'eau de fenoil, autant de l'vn que de
l'autre. Si par playe les yeux sont enflez, en beurtant à quelque espine,
ou ailleurs, messe arsenic rouge auec laict de femme.

Contre le mal des yeux de l'oiseau.

CHAP. X.

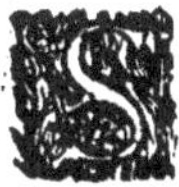

I ton oiſeau à mal aux yeux de coup ou de taye, prens vne herbe qui s'appelle Filago, elle croiſt pres de terre, & eſt chauue, & creſpue de fueilles, & mets le ius d'icelle herbe en l'œil de ton oiſeau.

Comme on gueriſt l'oiſeau de chancre.
CHAP. XI.

Aut prendre miel & vin blanc, & faire le tout boüillir enſemble, & apres luy en lauer la bouche, apres l'eſſuyer & mettre deſſus la poudre de cerfueil, & il guarira.

Contre la pepie en la langue de l'oiſeau.
CHAP. XII.

Epie en la langue de l'oiſeau eſt, quand il eſternuë ſouuent, & ce faiſant crie. La cauſe eſt, la chair mauuaiſe & orde qu'il a pu. Le remede eſt, premierement laue la langue & la pepie d'eau roſe, miſe en cottô lié au bout d'vn petit baſton, apres oingts luy par trois ou quatre iours la langue d'huyle d'oliue, & d'huyle d'amandes meſlees enſemble, & la pepie ſe blanchira & molifiera. Et quand elle ſera bien meure, oſte-la comme on fait aux Gelines. Apres oingts la langue de l'oiſeau trois ou quatre fois le iour deſdites huyles, iuſques à ce qu'elle ſoit guerie.

Contre flegme engendré au goſier de l'oiſeau, le ſigne, & le remede.
CHAP. XIII.

Vand tu verras le flegme gros comme crachat au goſier de l'oiſeau, qui cauſe qu'il s'engraiſſe, prens le poids de trois grains de ſel armoniac, meſlé auec miel & en frotte le goſier de l'oiſeau, & ce à trois heures apres midy. Puis prens reguelice & des penites, ſept drachmes tât d'vn que d'autre, de paille d'orge quatorze drachmes, & dix liures d'eau : fais tout boüillir, couleur & refroidir, iuſques à ce que il ſoit tiede, & le mets deuant l'oiſeau, & ne ſoit pu iuſques à neuf heures au ſoir, apres le paiſtras d'aiſle de Geline, & ſi ce ne le guariſt, prens
ſtaſiſagre

Stafisaigre broyé auec bourrache, & auec vn drappeau en frotte le dit
lieu malade. Et quand ledit flegme sera failly, paistras l'oiseau de chair
de Coulomb auec son sang, & luy mets l'eau deuant luy.

Contre la maladie des sangsues qui sont au gosier de l'oiseau, le
signe, la cause, & le remede.

CHAP. XIV.

Igne de la maladie des sangsues, qui sont au gosier
de l'oiseau, est que quand l'oiseau paist, la sangsue
se remuë dedans la gorge de l'oiseau, & aucunesfois
se monstre hors des narilles. La cause est, quand
l'oiseau se baigne en eau paisible, non courante comme celle de fontaine, & qu'il en boit, luy entre quelque sangsuë dedans le bec ou narilles, & s'enfle
du sang de l'oiseau. Le remede est, mets moustarde dessus les narilles de l'oiseau, & la sangsue en sortira : ou mets dedans les narilles de
l'oiseau trois ou quatre gouttes de ius de limons, & l'oiseau iettera la
sangsue dehors: ou mets sur le charbon ardant quatre ou cinq punai-
ses & fais entrer celle fumée dedans la bouche & narilles de l'oiseau &
la sangsue s'enfuira dehors.

Contre filandres, les especes d'icelles, les signes, la cause, & le remede.
CHAP. XV.

Ilandres sont petits vers, dont en y a de quatre especes : l'v-
ne est en la gorge de l'oiseau, l'autre au ventre, l'autre aux
reins. La quatriesme est nommée aiguilles, qui sont aussi
bien petits verds de la premiere espece de filädres qui viè-
nèt en la gorge. Et apres diray des autres en leurs lieux. Les
signes de filandres en la gorge sont, que l'oiseau baille souuent, frotte
les yeux à son aisle, gratte ses narilles. Et quand il est peu, & les filandres
sentent la chair fraiche, elles se remuent, tellement que l'oiseau les
quide ietter dehors, & en ouurant le bec dudit oiseau, facilement
les y verras. La cause des filandres, sont mauuaises humeurs au corps
de l'oiseau, par mauuais & ord past, comme souuent est dit : lesquelles filandres montent au gosier de l'oiseau, iusques au pertuis de l'haleine d'iceluy, & le poignent là, & au cerueau. Le remede est, broye

V

herbe nommée mente , & le ius d'icelle osté, mesle le marc auec vinaigre,& en chair de poussin , & la donne à l'oiseau. Ou prens bois de
ruë bien gros,& y faits vne fossette, &la remplis d'eau, puis mets ainsi
ladite ruë sur charbons ardans , l'espace de demie heure,iusques à ce
qu'elle soit bien cuitte. Et si l'eau sort, ou tombe, ou se diminue, réplis
ladite fossette d'autre eau, puis prens icelle eau, & tout le ius d'icelle
ruë bien espraint,& y mesle poudre de saffran,la quãtité d'vn gros pois
en laquelle eau tremperas la chair du past de l'oiseau,de laquelle le paistras à demy gorge , & s'il ne la veut manger, garde la luy iusques à ce
qu'il aura appetir,& luy continue trois ou quatre iours, ou la luy trempe en eau de souffre,& suc de Grenades.

Contre raucité seche de l'oiseau.   C H A P.   XVI.

Our raucité seche de l'oiseau, prens vn coulomb ieune,gras,
& luy fais tant boire de vinaigre qu'il meure : apres mets-le
aupres de l'oiseau qu'il l'estrangle , & qu'il boiue le sang, &
garde bien qu'il n'aualle des plumes ne des osselets du Coulomb.
Les autres iours , paists-le de chair de veau chaude, ou trempe en
suc de racine de fenoil,& succre, trois morceaux de chair, & en paists
l'oiseau.

Contre l'haleine puante de l'oiseau , la cause & le remede.
C H A P.   XVII.

Velque fois l'haleine put à l'oiseau, pource qu'il est pu de
chair mauuaise,& qui n'a esté trempée & lauee, laquelle
luy engendre humeurs,qui luy font l'haleine puante. Le
remede est,purger l'oiseau de pillule de graisse de lard,or-
donnée au chapitre. Pour purger l'oiseau en tout temps.
Trois iours apres feras secher au feu,ou au four du romarin,duquel feras poudre,& froisseras trois cloux de girofle,desquels,& de ladite poudre de romarin,prendras à la quantité d'vne pillule,& mettras dedãs vn
peu de cotton,lié d'vn petit filet,& au vespre le feras aualler à l'oiseau.
Et continue ainsi cinq ou six iours,apres cinq ou six iours,luy en donneras pareillement vne iusqu'à ce qu'il aura bonne haleine. Aucunesfois l'oiseau a l'haleine puante,parce qu'il à le poulmon trop gras. Faut
prendre vne graine qui est appellée graine d'outre-mer, qui ressemble
à celle de romarin,fors qu'elle est plus menue,on en trouue chez les A-
pothicaires,si luy en donnez auec sa chair, & il aura bonne haleine.

Contre poux és plumes de l'oiseau, les signes, & quand on les luy doit oster, & comment.

CHAP. XVIII.

Ote que le signe que l'oiseau a des poux est, quand il s'espoüille souuent, & soigneusement, & quand il est mis au Soleil bien chaud, hors du vent, les poux se monstrent sur les plumes. On doit oster les poux à l'oiseau deux fois l'an: L'vne, quand on le met en la muë, & l'autre quand on l'en oste, comme aussi il est escrit au chapitre de la muë. Pour oster les poux à l'oiseau mets de l'absynthe, autrement nommée aluyne, sur les lieux où sont les poux : apres oingts d'huiles les iambes & les pieds de l'oiseau, & le tiens en estuue iusques à ce qu'il suë, & les poux descendront à l'odeur de l'huile, & ainsi tu les pourras oster. Ou oingts les lieux où sont les poux d'argent vif, mortifié en cendre & huile, & quãd les poux se monstreront, mets deuant l'oiseau l'eau pour se lauer, & garde que l'argent vif ne tombe en la bouche de l'oiseau. Si les poux sont en toutes les plumes, prens poudre de poyure, & cendre de sarment meslez ensemble, poudroye lesdites plumes, & enueloppe l'oiseau, & le mets au Soleil. Apres desueloppe l'oiseau & le mets sur le poing, & quãd verras les poux, abbats-les auec instrument à ce propre. Ou prens argent vif, mortifié en saliue, & meslé auec saing de porc, auquel trempe vn gros & mollet cordon de laine, puis le lie au col de l'oiseau, & les poux y viendront, & mourront. Ou trempe en cedit saing vn drap mollet de laine, & y enueloppe l'oiseau, & le tiens en estuue tant qu'il suë, & les poux prendront audit drap. Si l'oiseau a les poux à la plante, mets en eau chaude poudre de staphisaigre, puis d'icelle eau coulée mets sur les lieux où sont les poux : & s'ils ne meurent, prens absynthe & du lupin, autant d'vn que d'autre, & mets en eau, laquelle coulée mettras en vaisseau auquel l'oiseau se puisse aisément lauer. S'il a tant de poux qu'il arrache ses plumes, cuits bien en eau souffre cicotrin, puis mets icelle eau chaude en vne tinette, & sur elle vn crible ; sur lequel lie l'oiseau, tant que la chaleur & vapeur d'icelle eau chaude monte iusques à l'oiseau, & qu'il suë, alors les poux tomberont. L'orpin oste biẽ les poux, mais il fait changer le plumage, & fait mal à la langue de l'oiseau.

SECONDE PARTIE

L est tenu pour certain que la teigne és pennes de l'oiseau est
de deux especes: L'vne, ronge la penne au bout du tuyau, l'autre fait cheoir les pennes saignantes au bout. La cause de la
premiere espece est, que l'oiseau est ord dedans le corps, comme n'ayant pas esté bien baigné , & est tenu en lieu ord, poudreux ou
fumeux. Le remede est, laue vne fois le iour l'oiseau de lesciue de sarment, & le laisse essuyer : apres oingts les pennes teigneuses de miel, &
mets sur lesdits lieux sang de dragon, & alun de glace. Quand les pennes tombent saignantes , la cause est la chaleur du foye de l'oiseau, laquelle fait vne vessie sur le lieu où tient ladite penne, apres pourrist le
bout de la penne , & la fait choir, & le trou dont elle est partie se ferme,
par ce autre penne n'y peut croistre. Le remede est, fais vne brochette
de bois de sapin, laquelle ne soit point fort aiguë, qu'elle ne blesse l'oiseau, & puisse aisément sans douleur entrer dedans ledit trou. Ou prens
vn grain d'orge, & luy coupe la pointe du costé duquel le mettras audit
lieu , & oingts iceluy grain d'huile d'oliue , & le mets audit lieu , tellement qu'il en demeure vn peu dehors, afin qu'il garde le trou de se
clorre, apres perce ladite vessie, de laquelle sortira vne eau rousse , puis
prens poudres d'aloës cicotrin, & fiel de bœuf battu ensemble, duquel
oindras ledit lieu , & garde qu'il n'en entre dedans. Quand l'enfleure
de rougeur dudit lieu où est la douleur sera passée, oingts le lieu malade d'huile rosat, pour oster les croustes & ordures dudit lieu , afin que
la penne nouuelle puisse sortir, & mets l'oiseau en chambre où il y ait
perches aupres de terre pour s'y reposer, & ses pennes soulager , soit là
pu , & l'eau mise deuant luy pour se baigner. Ou bien si vn oiseau a tei-
gues en l'aisle ou bien ailleurs, prens vne pierre de chaux bien viue, &
la mets en vn bassin où il y ait de l'eau, & luy laisse toute la nuict, & de
la graisse qui sera pardessus l'eau, laues-en par quatre ou cinq iours
l'aisle de ton oiseau. S'il y a penne ou pennes mauuaises, fais comme il
est escrit au chapitre de la muë. Si l'oiseau renge ses pennes, mets sur
son past poudre de maulues, laquelle luy fera oublier de les róger. Mais
garde qu'autre oiseau ne soit mis pres de l'oiseau teigneux, & qu'il ne
soit pu du past d'iceluy, ne mis sur le gand sur lequel il auroit esté, car il

prendroit la teigne. Pour reparer pennes froiſſées ou rompuës, ou ar-
rachées eſt eſcrit en la premiere partie de ce liure.

Quand l'oiſeau heriſſonne, les ſignes, & le remede.

CHAP. XX.

Ignes quand l'oiſeau heriſſonne ſont, quil leue les aiſles, &
puis les eſtraint, leue vn pied, puis l'approche de l'autre, a les
yeux enfoncez, & les couure en partie, ou tout, & ouure &
cloſt toſt la bouche : leſquels deux derniers ſignes ſont mauuais en ceſte maladie. Le remede eſt, chauffer l'oiſeau au feu, ou l'enuelopper dans vn drapeau, & le faire ſuër ſur chaleur & vapeur de vin ietté ſur cailloux rougis par grand feu, apres ſeiche l'oiſeau au feu, & le
tiens bien chaudement.

Quand l'oiſeau tremble, & ne ſe peut ſouſtenir, le remede.

CHAP. XXI.

Vand l'oiſeau tremble, & ne ſe peut ſouſtenir, le remede eſt,
poudroye le paſt d'iceluy de poudre de reguelice, & de
poudre de mauues meſlées enſemble : ou diſtile és narilles
de l'oiſeau quatre gouttes de ſuc de grenades douces, apres
frotte le palais de l'oiſeau de poudre de ſtaſiſaigre & ſel menu enſemble. Et luy preſente l'eau tiede, & au ſoir tu le paiſtras de chair
de Geline chaude.

Quand l'oiſeau a prins coup en heurtant à quelque choſe,
ou contre ſa proye, le remede.
CHAP. XXII.

Ote que quand l'oiſeau a prins quelque coup en heurtant
contre aucune choſe, ou contre ſa proye, le remede eſt, fais
boüillir en vin, ſauge, mente, poulliot & guimauue : & de
ce vin eſtuue auec vne eſponge le lieu malade, iuſques à ce
que l'oiſeau ſue : puis emplaſtre ledict lieu d'encens en poudre, & de
guimauues meſlées en blanc d'œuf : eſſuyant l'oiſeau au feu, & le

SECONDE PARTIE

tiens chaudement,& continuë cecy deux fois le iour, iufques à ce que
l'oifeau foit amendé. Si l'oifeau a prins fi grand coup qu'il iette fang
par les narilles,ou par la bouche,ou par le fondemenr, & les coftes luy
pouffent,& efmutit noir,&en demenant la queuë çà & là,donne luy en
fon paft,auec fang de Geline,poudre de fang de dragon,du bolyarme-
ny,& de la momie.Paifts-le de chair de Coulomb ieune,auec fon fang,
ou trempe chair de Geline en vrine, pour fon paft, par aucuns iours.

CHAP. XXIII.

Vand l'oifeau s'eft fai& playe en heurtant,comme
il eft efcript au chapitre du Coup, le remede eft,
laue & eftuue la playe de vin tiede, puis fi le cuir
eft grandemét fendu, recous-le auec vne aiguille
neufue & fil delié. Apres oingts ledit lieu d'huile
rofat, & mets deffus de la poudre d'efcorce de
chefne, ou de courge. Ou bien fi c'eft en lieu nerueux, mets deffus therebentine, ou bien le ius de
l'herbe nommée l'herbe Robert: & apres y mets le marc de ladite herbe. Si tu ne trouues dudit ius, mets-y de la poudre de ladite herbe, laquelle herbe garde d'apoftumer playes, & emplaftre ledit lieu du blanc
d'vn œuf : & puis fi la playe eft profonde, fais poudre de fang de dragon, d'encens blanc, de maftic,& d'aloës cicotrin,autant d'vn que d'autre enfemble, de laquelle mets en ladite playe. Apres pour appaifer la
douleur, l'oindras d'huile rofat tiede, & l'emplaftreras ainfi.

CHAP. XXIIII.

Our eftancher la veine de l'oifeau,prens fang de dragõ,aloës
cicotrin en poudre, & du poil de Lieure ou de Chat,ou toile
d'araigne meflez enfemble, auec blanc d'œuf, & mets deffus
ladite veine,& la couure d'eftoupes trempées en blanc d'œuf
& huile rofat, & ce renouuelleras, tellement que ce qui eft
ja mis deffus par foy tombe.

Pour os rompu, ou hors de son lieu, faire reprendre.

CHAP. XXV.

E T si ton oiseau à os rompu ou hors de son lieu, comme l'aileron, l'aisle, cuisse, ou iambe, pour les faire reprendre, soient bien remis en leur lieu, où adressé vn os endroit l'autre. Apres prens sang de dragon, boliarmenic, gomme arabic, encens blanc, aloës cicotrin, momie, & vn peu de farine: destrempe tout en blanc d'œuf, & emplastre le lieu malade, & s'il est besoing soit bandé auec hastelles, & l'oiseau emmailloté, afin que l'os se reprenne plus seurement, & garde qu'il ne soit trop estreint, singulierement la iambe, si l'os est rompu, car le pied luy secheroit. Renouuelle l'éplastre de quatre en quatre iours, si besoing est, & garde bien que ledit os ne se reiette hors de son lieu: soit ainsi tenu & enchapperonné, iusques à ce qu'il soit guary: ou prens poudre d'aloës, poix Grec, & myrrhe, mis en blanc d'œuf, emplastre ledit lieu: S'il a l'os de la cuisse ou iambe rompuë, oste luy les iects, & les mets en chambre obscure, sur l'herbe, & soit pu de bon past, à petits morceaux, assez bonne gorge.

DES MALADIES ET MEDECINES
qui sont dedans le corps des oiseaux, &
qu'on ne void point.

Contre foye de l'oiseau eschauffé, les signes, la cause, & le remede pour le refroidir.

CHAP. XXVI,

M Aintenant venons à parler des maladies qui sont dedans le corps de l'oiseau. Les signes du foye eschauffé sont quand l'oiseau gratte la dextre & haute partie du bec, & a la gorge eschauffee, & changeant en couleur, & blanchissant, & qu'il a les pieds eschauffez, & le dessoubs d'iceux est noir ou verd : & que si la langue luy deuiét noire, c'est signe de mort. La cause, est ord past qu'on luy a donné, ou qu'on ne la baigné quand on deuoit, ou par eschauffement de trop voller, ou par estre trop longuement sans paistre. Le remede de luy refroidir le foye est, purger l'oiseau par pillule du gras

de lard, ordonnée au chapitre, pour purger l'oiseau en tout temps, &
apres luy donner Limaçons, ainsi qu'il est escrit au chapitre, pour oiseau maigre mettre sus. Puis trempe rheubarbe vne nuict en eau, à la
fraischeur le lendemain, & quatre ou cinq iours apres, laue son past d'i-
celle eau. Paists l'oiseau de graisse de porc, ou de cuisse de geline, &
semblables chairs non chaudes trempées en laict.

Contre la maladie de poulmon de l'oiseau, & le remede.

CHAP. XXVII.

I tu veux remedier contre la maladie du poulmon de l'oiseau
paists-le de chair de Lieure, ou puluerise succre & saffran tãt
d'vn que d'autre, & mets en trois morceaux de chair fraische
de Chieure, desquels paistras l'oiseau. Quand l'oiseau aura
digeré, donne luy le surplus de son past deu, & de bõne chair, ou tren-
che bien menu poils de porc, & les mets en sang de porc, & quand ledit sang sera coagulé & figé, paists en l'oiseau. Apres ce, prens quatre
onces de poudre de l'herbe nommée cost, & du sel gemme, puluerisé
& meslé auec miel, huyle d'oliue, & blanc d'œuf, & en trempe le past
de l'oiseau quand l'oiseau respire fort, par la douleur du poulmon, cuits
en eau, rusche de miel, & la mets en la gorge de l'oiseau, & le lie iusques à midy, puis le paists de geline.

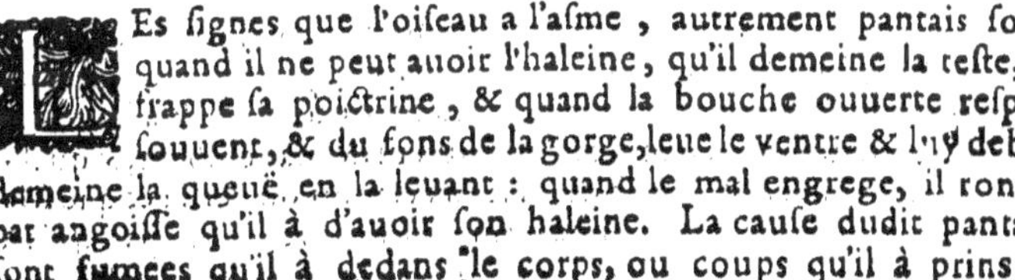

Contre asme, autrement dit pantais, quand l'oiseau ne peut auoir son
haleine, & à l'haleine grosse, les signes, la cause,
les deux especes d'iceluy, & le remede.

CHAP. XXVIII.

Es signes que l'oiseau a l'asme, autrement pantais sont,
quand il ne peut auoir l'haleine, qu'il demeine la teste, &
frappe sa poictrine, & quand la bouche ouuerte respire
souuent, & du sons de la gorge, leue le ventre & luy debat,
demeine la queuë en la leuant : quand le mal engrege, il ronfle,
par angoisse qu'il à d'auoir son haleine. La cause dudit pantais,
sont fumees qu'il à dedans le corps, ou coups qu'il à prins au
gibier

gibier ou par eschauffement qu'il à prins par trop roidement voller
ou par se debattre sur la perche, s'est rompu aucunes petites veines du
foye, & le sang d'icelles saillant, s'est endurcy & monté pres de la gorge. Il y a deux especes de pantais, l'vn est en la gorge, l'autre és reins. Le
remede au pantais en la gorge est, premierement soit purgé l'oiseau,
comme dit est au chapitre, pour purger l'oiseau en tout temps. Apres
mets le sans gets & sonnettes dedans chambre nette & claire, les fene-
stres ouuertes & treillissees, tellemēt qu'il n'en puisse sortir, & que le soleil ou grand air puisse entrer dedans, auquel lieu y ait perches sur lesquelles il puisse voller, & l'eau deuāt luy. Tu le paistras de bonne chair
taillée en morceaux, & arrousée d'huile d'amendes douces, ou de laiꝗt,
& à demie gorge à la fois. Ou luy donne sur la chair, limeure d'acier,
meslée en miel ou en poudre de boliarmenic. Et s'il iette moruats durs
des narilles, est signe de guarison. La cause du pātais qui est és reins est,
pource quel'oiseau à estéfort malade puis guary, puis recheut: parquoi
s'engēdre és reins vne maladie du gros d'vne febue en maniere de chācre, laquelle eschauffe tellemēt l'oiseau qu'il iette son past. Les signes de
ce pantais sont, que ce mal ne trauaille point l'oiseau continuellement,
cóme l'autre qui est en la gorge, mais de huit iours en huit iours ou de
quinze iours en quinze iours, ou de mois en mois, & l'oiseau remuë plꝰ
les reins que les espaules. Le remede est, fais boüillir en eau & en pot
neuf, racines d'esparges, de fenoil, & de capres : puis d'icelles racines
fais pouldre sur vne tuille vieille, laquelle y est meilleure que la neufue
& en icelle eau, trēpe de bonne chair, de laquelle paistras l'oiseau à demie gorge. Et au soir ne la tremperas point, mais mettras dessus de la
poudre desdites racines, & continuë ainsi par dix ou douze iours. Autres donnent à l'oiseau qui a grosse haleine & brute, de la poudre sur sa
chair, qui est faite du poulmon bruslé d'vn Regnard. Si l'oiseau a longuement pantisé & il est maigre, il est incurable.

Contre sang assemblé & figé au ventre de l'oiseau, le remede.
CHAP. XXIX.

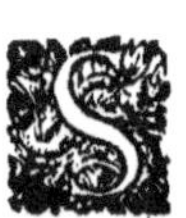
I l'oiseau a sang assemblé & figé au ventre, le remede est, mets
succre en eau de grenades, & en eau de souffre, & y trempe vn
morceau de chair, lequel donneras à l'oiseau, & quand il l'aura digeré parfaits son past. Ou mets en eau poudre d'Assa feti-
da, & des racines de capres, & quād l'eau sera reposée, trempes y morceaux de chair, desquels paistras l'oiseau.

SECONDE PARTIE

CHAP. XXX.

ES filandres qui sont en la gorge, & que c'est que filandres, &
des signes pour les cognoistre, est escrit au chapitre treiziesme,
& icy est escrit des Filandres qui sont dedans le corps de l'oiseau.
Les signes pour les cognoistre quand elles y sont, quand l'oiseau se
plaint de nuit & crie crac crac, & quand tu le portes au matin, il estraint
ton poing, ce qu'il ne faisoit parauant, & fait semblant de se coucher
sur le poing, qui est le signe de grande vexation que luy font les filandres, & est lors en danger de mort, il plume son ventre, & en sa cure ap-
paroissent & se monstrent vers, ou chairs rouge, qui est le ver. Et aussi
vous le sçaurez és mües, qui sont pleines d'vne maniere de filets de
chair longue, qui luy pendent quelquefois au fondemét. La causes des
filandres est, le debattre qu'il fait contre sa proye, ou autrement, & se
rompt quelque veine dedans le ccps, par laquelle le sang se respand
par les entrailles, & se caille & seche, duquel s'engendrét lesdites filandres lesquelles pour fuyr la puáteur dudit sang, cherchent lieu net par
le corps, & montent aux entrailles & au cœur de l'oiseau. Le remede
pour les faire mourir est, faits poudre de lentilles des plus rousses, & en
icelle mesle moins de poudre de vers, & les lie en miel & en fais emplastre, apres plume le vétre de l'oiseau, & y mets ledit emplastre. Puis fais
ius d'herbe de ruë, & de fueilles de pescher, auec lequel mesle poudre
de vers, & en fais emplastre, & le mets sur les reins de l'oiseau, lesquels
reins plumeras parauant, & renouuelleras l'emplastre par cinq ou six
iours. Apres mets dedans vn boyau de geline, du theriaque, poudre
d'aloës & poudre de vers, & lie le boyau au deux bouts, & le fais aualler
à l'oiseau, & trempe la chair de son past en ius fait d'herbe verte de fro-
ment. Ou bien prens vn franc Pinpenel, escorche-le, & le couppe au
dessoubs du nombril, & prens la partie vers la queuë, & la moüille en
vin blanc quand tu luy donneras en mangeant sa premiere viande, &
ce par trois ou quatre fois.

CHAP. XXXI.

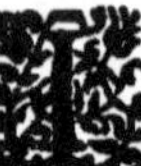 L eſt certain que les ſignes des aiguilles, autrement lumbri-
ques, ſont tels que ceux des filandres, ioinct que l'oiſeau qui a
aiguilles plume ſouuët ſon brayeul,&s'eſcout deſſus le leurre.

La cauſe eſt,celle meſme eſt des filandres.Le remede eſt,il faut
que tu prennes poudre de Staſiſagre, & poudre d'aloës cicotrin meſlez
enſemble, le gros d'vne petite noiſette, mis en cuir de geline, & le fais
aualler à l'oiſeau,puis luy dône le gros d'vne febue de la chair de mouton ou de pouſſin , apres mets l'oiſeau au ſoleil ou aupres du feu, & ne
ſoit pu iuſques apres midy,à demy gorge. Continuë luy icelle poudre
trois ou quatre iours, & garde que l'oiſeau à qui tu donneras ceſte medecine ne ſoit maigre, car il ne la pourroit endurer : ou fais pillules du
gros d'vne noiſette, de poudre de corne de Cerf,& de poudre de vers,
liée en theriaque, deſquelles donneras à l'oiſeau cinq ou ſix iours vne,
enueloppée en peau de geline,ou en peau de bonne chair,& apres bien
toſt ſoit l'oiſeau pu d'vne gorge,ou de paſt de chair de porc poudroyée
de limeure de fer,ou de chair de pouſſin trempée en ius de mente,auec
vinaigre. On cognoiſt le Faucon auoir vers au corps, quand il fait tout
vn iour eſmeut vert & iaune, & tremble trois ou quatre fois l'vne apres
l'autre, ſans trop croller le corps en regardant touſiours à terre.Pour le
guarir, prens auſſi gros d'aloës qu'vn pois brayé en vne eſcuelle, puis
ſoit deſtrempé d'eau claire tiede,pleine vne coquille de noix,& le verſe
dans la gorge de l'oiſeau malade, au matin à ieun. Et long temps apres
donne luy vne cuiſſe de ieune geline trempée en eau & ſuccre : car le
ſuccre oſte l'amer de la gorge. L'autre iour apres donne luy vne cuiſſe
de poule,trempée en vin de pommes de grenades. Puis luy donne à
manger par trois iours la chair de ieunes Coulombs, & il guarira.

Contre apoſtume dans le corps de l'oiſeau, les ſignes, la cauſe, & le remede.
CHAP. XXXII.

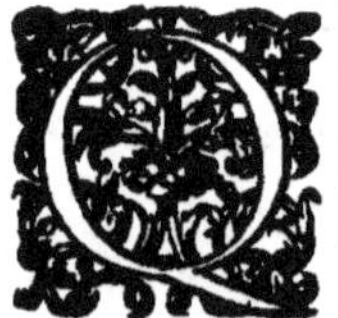 Vand l'oiſeau a apoſtume dedans le corps, tu verras
que ſes narilles s'eſtouppent , & le cœur luy bat.
La cauſe eſt , le debat qu'il fait à la perche fort &
ſouuent, ou les coups qu'il prend à ſa proye, ou
ailleurs, & s'eſchauffe, & apres ſe refroidiſt, & de
ce s'engendre apoſtume. Le vray & ſouuerain
remede eſt , laſche fort le ventre de l'oiſeau par
paſt de chair de Vache, trempée en eau emmiellée. Apres duits

Abſinte en eau, en laquelle meſle miel & cendre d'orge : & de ces choſes aſſemblées fais Trociſques, qui ſont comme morceaux plats, deſquels paiſt ras l'oiſeau trois iours, & il iettera l'apoſtume. Ou prens ius
de fueilles de choux, meſlez auec le blanc d'vn œuf, & mis en vn boyau
de geline, ié aux deux bouts, & le donne au matin à l'oiſeau. Apres ſoit
mis au ſoleil, ou aupres du feu, & ne ſoit pu iuſques apres midy, & de
poulaille ou mouton. Le lendemain, bruſle à feu clair roſmarin, & en
fais poudre, de laquelle mets ſur le paſt de l'oiſeau, continuant cela
quinze iours durant, puis d'vn peu d'autre, & le tiens chaudement, en
luy baillant moyenne gorge, & de bon paſt vif.

CHAP. XXIII.

 Ote que les ſignes du mal ſubtil ſont, quand l'oiſeau eſt
touſiours affamé, cõbien que tu luy dónes ſouuét à máger,
toutesfois ſi eſt-il touſiours affamé, & plus mange, & plus
veut manger, & eſmutiſt ſouuent, & plus qu'il n'a accouſtumé. La cauſe eſt, qu'il eſt fort maigre, & tu le veux mettre ſus preſtemét, & le cuides faire gras par groſſes gorges que luy donneras, par leſquelles il eſteint la chaleur de la digeſtion. Le remede eſt,
prens vn cœur de moutó mis en trois parties, puis le trempe vne nuiĉt
en laiĉt, duquel trois fois le iour, au matin, apres midy, & au veſpre tu
paiſtras ſoigneuſement l'oiſeau, continuant ainſi cinq ou ſix iours, ou
iuſques à ce que tu puiſſes cognoiſtre qu'il amende & eſmutiſſe comme
il doit. Apres ſoit pu quatre iours deux fois le iour, & de bon paſt, arroſé d'huile d'amandes douces.

CHAP. XXIIII.

Vand tu voudras cognoiſtre les ſignes des grãdes chaleurs qui ſont dedans le corps de l'oiſeau, faut regarder quand il a la bouche ouuerte, & reſpire ſouuent, leuant les aiſles, & les ventile, & ſemble que ſes yeux ſaillent dehors de la teſte, ioinct ſes plumes, & entr'ouure les pennes, qu'il heriſſonne, & met les plumes deſſus la teſte, le col luy amaigriſt, & a le courage remis. Le remede eſt, mets l'oiſeau en lieu frais, & mets ſuccre, & vn peu de canfre en eau roſe, de laquelle tu luy arroſeras la teſte, & ſouffle en ſes narilles vn peu d'huile violat miſe en eau fraiſche, & le paiſts de chair trempée en eau ſuccrée.

Contre fiebure, le ſigne, & le remede.
CHAP. XXXV.

Vand l'oiſeau a les pieds chauds faut cognoiſtre qu'il eſt en fieure. Le remede eſt, trempe en vinaigre graiſſe de geline, & aloës, & luy fais aualler, & luy oingts les pieds de muſc, qui ſoit meſlé auec graiſſe de geline.

Contre ventoſité engendrée au corps de l'oiſeau, les ſignes & le remede.

CHAP. XXXVI.

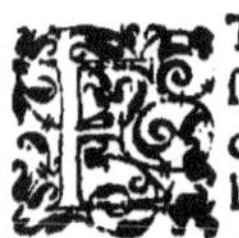

T les ſignes de ventoſité engendrées au corps de l'oiſeau ſont, qu'il baiſſe & eſpluche ſon dos, luy eſtant ſur la perche, & quand il met au bec ſon paſt. Le remede eſt, purger l'oiſeau, comme il eſt eſcrit au chapitre pour purger l'oiſeau en tous temps. Apres prens vn poulmon d'aigneau, & le couppe en morceaux, cuit en beurre, iuſques à ce que la ſaueur du poulmon ſoit incorporée auec le beurre, & luy donne au matin ſur ſon paſt, autant qu'il en duira bien: à midy luy donneras poudre de ſemence de iuſquiami auec bonne chair, & luy preſenteras l'eau pour boire: le lendemain le paiſtras d'entrailles, du poulmon & du ſang de coulomb ieune. Quand ſon ventre gargoüille par ventoſité, donne luy paſt d'ail ſauuage, & le mets à la perche.

Contre la pierre autrement nommée craye, & les ſignes, la cauſe, & le remede.
CHAP. XXXVII.

X iij

Aut que tu entendes que les signes de la pierre, autrement nómée craye, sont, que l'oiseau a les yeux & les pieds enflez, clost l'œil, & le frotte du haut de son aisle, & les deux veines qui sont entre les yeux luy poussent fort. Il a les narilles estouppées, & leue la queuë deux ou trois fois deuát qu'il puisse esmutir. Quand il esmutit, il fait son comme petits pets, son esmout est mol comme eau trouble, & aucunesfois visqueux comme chaux endurcie. Il a l'orifice du fondement cóstipé, & luy deult, à ceste cause il effriche auec le bec, tant qu'il en fait saillir sang, & l'escorche, & sort vn peu hors, & les plumes de son brayeul, & son esmout sont ords. La cause est, indigestion & ventosité. Le remede est, purger l'oiseau, cóme il est escrit au chapitre pour purger l'oiseau en tout temps. Apres donne luy du blanc d'œuf dedans son past par trois iours : l'vn iour trempé en vin, & l'autre iour en miel, ou trempe son past en ius de racines d'orties griesches. Aussi quànd l'oiseau a le fondement constipé, oingts ledit lieu d'huile du dedans de noyaux de pesches : Quand l'oiseau s'efforce d'esmutir, & le bout du boyau luy sort dehors, alors prens auec deux doigts ledit boyau, & oingts le bout d'huile rosat. Apres paists le de chair de porc auec son sang, ou l'oingts d'huile de noix : ou luy donnes trois iours son past de cœur de porc, semé de soyes menuës couppées dudit porc : ou bien prens fiel de petit porc, de trois sepmaines ou enuiró, & le fais aualler à l'oiseau sans rompre. Prens garde qu'il n'en iette rié : donne luy aussi gros qu'vne febue de chair du cœur, puis le laisse ieusner iusques au vespre, apres tu le mettras au Soleil ou aupres du feu, continuant ceste medecine selon la force de l'oiseau, deux ou trois fois. Puis au soir soit pu de chair de mouton, ou de poulaille, & le lendemain soit trempé son past en laict sucré. Et ainsi soit pu trois iours, & à petite gorge.

Contre l'enflure de cuisse ou de iambe, la cause & le remede.
CHAP. XXXVIII.

I tu veux sçauoir la cause de l'enflure de cuisse ou de iambe en l'oiseau, la raison est, pour le trauail qu'il a prins au gibier, ou par frapper sa proye, par lequel l'oiseau s'est eschauffé, puis refroidy, qui cause que les humeurs luy sót descéduës. Le remede est, purge l'oiseau par les pillules du gras de lard, ordónées au chapitre pour purger l'oiseau en tout temps. Puis apres fais bien cuire dix ou douze œufs auec l'escaille : Et quand ils seront refroidis, oste les de l'es-

caille, & en prends les moyeux tant seulement, lesquels rompus dedans vne poisle, mettras deuant feu clair, & les remueras sans reposer, & quand ils deuiendront noirs,& cuideras qu'ils soient gastez,fais
les boüillir auec vn peu d'huile d'oliue,& les assemble & presse tant que
ils rendent l'huile,duquel huile,ce qu'en pourras auoir,mettras dedans
vn verre bien couuert. Quand tu voudras vser dudit huile, prens en
dix gouttes,& y mets trois gouttes d'eau rose, & autant de vinaigre
& premier oingts d'vn peu d'eau ladite enflure, apres vse d'icelle huile
appareillée comme dit est. Et continue iusques a ce que l'oiseau soit
guary. De rabiller os hors de son lieu, ou rompu,est escrit au titre du
corps.

Contre filandres és cuisses, le signe, la cause, & le remede.
C H A P.   XXXIX.

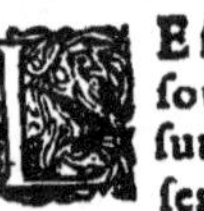

E signe que l'oiseau à filandres és cuisses est qu'il les plume
souuent. La cause est, le debatre qu'il a fait à la perche, ou
sur le poing, par lequel il s'est rompu quelque veine des cuisses,ainsi qu'il est escrit au chapitre des filandres dedans le
corps.Le remede est, curer l'oiseau,comme est escrit audit chapitre.Et
du ius de ruë, & des autres herbes la escrites, auec poudre de vers,
lauet les cuisses de l'oiseau,& le marc d'icelle mettre dessus.

Contre enflure des pieds',la cause,& le remede.
C H A P. XL.

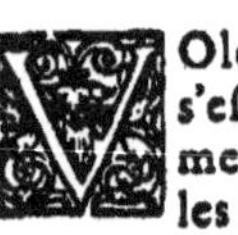

Olontiers les pieds s'enflent par froidure, par ce que l'oiseau
s'eschauffe à battre sa proie,puis se refroidist par faute de luy
mettre drap sous les pieds, ou pource qu'il est ord dedãs, &
les humeurs descendét sur les pieds, & plus au Gerfaut qu'à
autre oiseau, car il est pesant, & a les pieds gras. Le remede est,le purger, comme est dit au chapitre.Pour purger l'oiseau en tout temps. A-
pres prens poudre de boliarmenic,& la moitié moins de poudre de
sang de dragon, meslées ensemble, & liées d'vn blanc d'œuf, & de ce
oingts deux fois le iour,trois ou quatre iours ensuiuãs ladite enflure,&
mets dessoubs les pieds de l'oiseau drap pour les tenir chauds, apres
fais oignement de graisse de geline, huile rosat, cire neufue, pouldre
d'encens & boliarmenic, duquel oignement feras comme dessus est
dit.Si les pieds luy enflent,& ne se peut soustenir, par grand sejour &

faute d'exercitation, oingts lesdits pieds de l'oiseau d   te de vache
& mesle en iceluy vn peu de poudre de Galbane, ap   e vn iour &
vne nuict. Et si les pieds & iambes luy enflent, & il y apparoisse quelque
accroissement de chair, la cause est, les geets qui luy sont trop durs, &
serrent trop, ou c'est par choir trop roidement sur la proye. Le remede
est, fais poudre d'encens masle, de litarge, de verre Alexandrin, & de
Colcotar, qui est matiere mineral, autant d'vn que d'autre, meslez en
blanc d'œuf. Apres laue lesdits lieux de l'oiseau, & emplastre dessus ce
que dit est, & mets sous les pieds dudit oiseau drap moüillé en eau froide, tiens le ainsi iusques à ce qu'il soit guary.

Contre cloux és pieds de l'oiseau, le remede, & de le guarir d'vne
fontaine qu'il aura au pied.
C H A P. XLI.

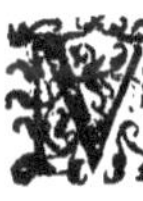

L E remede contre cloux és pieds de l'oiseau est, oindre lesdits
pieds & cloux dudit oiseau, comme est escrit au chapitre,
comme vessie enflée en la plante de l'oiseau. Apres le lieras sur
vne pierre de chaux, & deux fois le iour arrouseras d'eau ladite pierre. Et s'il a vne fontaine au pied, prés du rosmarin, du plus vieil,
non pas de la feuille, & le fais ardre, puis prens la cendre, & de l'oignement de blanc razis, huile rosat, & gresse de geline, meslez ensemble,
& fais le tout boüillir en vn pot, & de ce laue le pied de ton oiseau, & il
guarira.

Contre podagre, autrement nommée cloux ou galles, les signes,
la cause, & le remede.
C H A P. XLII.

M Ais pour bien cognoistre les signes de podagre, ou autrement nommée cloux ou galles, que les oiseaux ont és
pieds. Tu les cognoistras facilement quand lesdits pieds
enflent dessoubs, & ne se peuuent soustenir sur eux, mais
s'appuyent sur leur poictrine. La cause est, l'enfleure des iambes & des
pieds, & humeurs du corps sur les pieds descendans. Le remede est,
purger l'oiseau, comme il est escrit au chapitre. Pour purger l'oiseau en
tout temps. Apres prens alun, mastic, encens, broyez ensemble: puis
fonds miel, cire neufue, therebentine, sang de castor, graisse de geline,
& y mets vinaigre fort: de ces choses meslées, fonduës & passées, fais
oignement, lequel bien clos, durera en sa vertu deux ans: d'iceluy
oindras

oingdras les pieds, la perche, & le gand de l'oiseau, & en mettras em-
plaistre dessus la maladie. Tu passeras les doigts de l'oiseau dedans tous
faicts en l'emplastre, lequel apres lieras bien sur le pied de l'oiseau, tellement qe'il ne le puisse deslier:renouuellant l'emplastre de trois iours
en trois iours. Cet oignemēt luy fera sortir hors la podagre : & si le cuir
des pieds estoit si dur qu'il ne peust creuer, perce-le tellement que l'ordure puisse sortir. Apres, pour appaiser la douleur mets dessus emplastre de l'oignement nommé diaculum: & s'il a chair morte, mets dessus
vn peu de verds de gris.

Quand les ongles se descharnent, ou viennent droicts & non crochus, le remede.
C H A P. X L I I I.

Ous tenons pour chose veritable que quãd les ongles se descharnent, & sont en peril de cheoir, on
les doit remettre doucement en leur lieu : & apres
faut les pulueriser de bouë de fer, qui sont les es-
clats du fer quand on le forge. Et faut lier l'oiseau
sept ou huit iours, iusques à ce qu'autres ongles
saillent. Ou en tout cas faut prendre de l'arsenic &
myrrhe, tãt d'vn que d'autre, & mesler auec blancs
d'œufs & vinaigre, puis oindre les les pieds & ongles de l'oiseau, & le
lier. Quand les ongles saillent droicts & non crochus, faut mettre en
eau de l'aloës & de la vesse sauuage, & grand polieu, & d'icelles oingdre
les pieds de l'oiseau. De rōpeure d'ongle, est escrit en la premiere partie de ce liure.

Quand l'oiseau ronge ou gaste ses pieds, la cause & le remede.

C H A P. X L I I I I.

Vand l'oiseau gaste ou ronge ses pieds, la cause est v-
ne maniere de fourmiere qui les gaste, & ceux des Esmerillons plus souuent que des autres. Le remede est,
de battre ensemble poudre d'aloës & fiel de bœuf, &
puis apres oingdre les pieds deux ou trois tois le iour
cinq ou six iours: & faire secher au feu sur vne tuyle, a-
uec fiante de pourceau, & en fais poudre, & incontinent apres laue les
pieds de l'oiseau de fort vinaigre, puis mets dessus beaucoud de ladicte

poudre deux fois le iour, iusques à ce que l'oiseau soit guary. Et afin qu'il ne puisse toucher de son bec à ses pieds, perce vne demie feuille de papier, & la mets au col de l'oiseau en pendant deuant.

Contre vessie enflee ou la plante de l'oiseau, le remede.

CHAP. XLV.

Our mal de vessie enflee en la plante de l'oiseau, oste les gets, & le mets en spacieuse chambre, iusques à ce que ladite vessie soit seichee : car tu le portes au gibier, elle croistra, creuera, & seignera, & luy fera enfler les pieds.

Fin du Liure de la Fauconnerie.

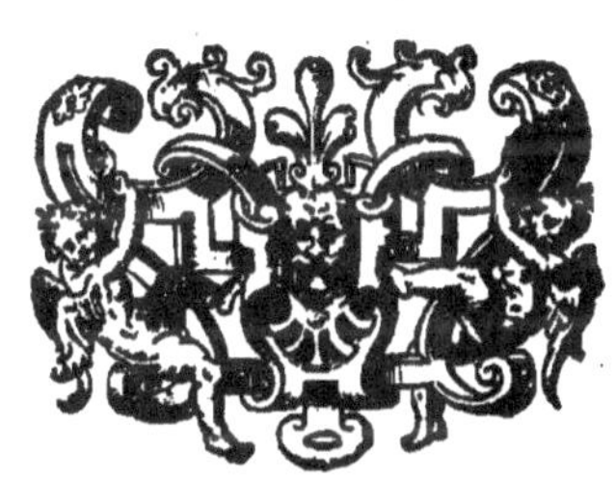

LA
Fauconnerie de Meſsire Arthelou-
che de Alagona, Seigneur de
Maraueques, Conſeiller &
Chambellan du Roy
de Sicille.

Y ij

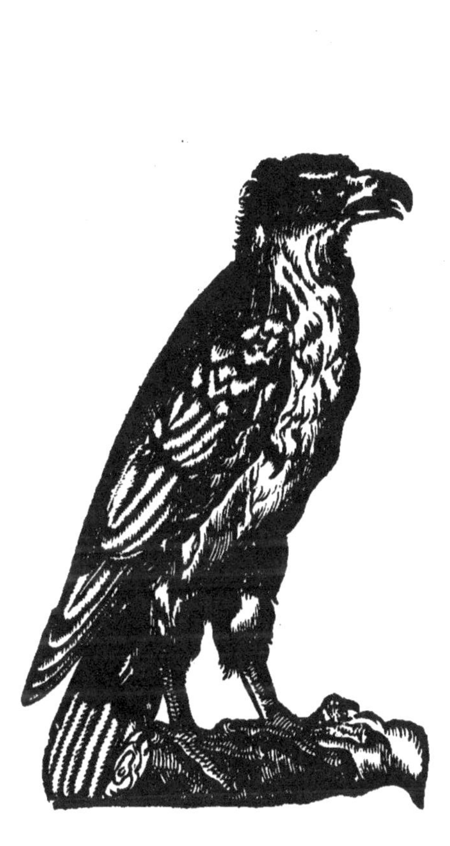

Ombien que nul n'ignore que l'antiquité n'ait eu cela de peculier pour la Nobleſſe, que d'adreſſer les enfans des bonnes maiſons à la chaſſe, tant pour leur donner cœur, & accouſtumer aux dangers, comme auſſi pour les renforcer, & rendre plus vſitez au trauail, & leur oſter ceſte delicateſſe qui ſuit les grand's maiſons : veu qu'à la ſuitte des beſtes les ruſes de guerre y ſont obſeruees : car on y dreſſe vn eſcadron d'abbayeurs, les Chiens courans ſont aux flancs pour ſuyure l'ennemy, & l'homme à cheual ſert de luy donner la chaſſe lors qu'il ſe prend à broſſer, les trompes n'y manquans pour ſonner le mot, & donner cœur aux chiens qui ſont en deuoir : ſi bien qu'il ſemble que ce ſoit vn champ de bataille dreſſé pour le plaiſir de ceſte ieuneſſe. Si eſt-ce que de la chaſſe ſont procedez de grans mal'heurs. Meleager en perdit la vie, pour la victoire rapportée ſur le Sanglier de Calidoine, Le bel Adonis fut tué par vn Sanglier. Acteon fut deuoré de ſes propres chiens. Cephale y tua ſa chere Procris, & Acaſte en fut interdict, ayant occis le fils du Roy qui luy auoit eſté donné en charge, comme fut Brutus pour auoir tué ſon pere Syluius par meſgarde. Vn Empereur fut occis par la beſte qu'il pourſuiuoit. Vn Roy en courant à la chaſſe ſe caſſa le col en tombant de cheual. Que qui craindra ces dangereux effectz qu'il s'adonne à la Vollerie, où il trouuera ſans doubte plus grand plaiſir.

ET PREMIEREMENT.

Fin de la Table.

De l'esle44ion de l'Esperuier.

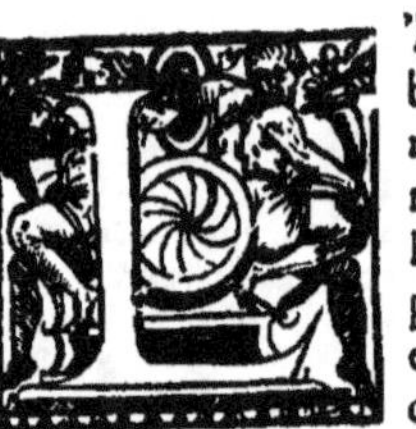

'ESPERVIER nay en bois, en lieu sec, & le nid bas, est fort hardy, & doit auoir aucunes taches noires ou rousses pour son plumage: ceux qui sót nays en lieu de marests, ou autre lieu fangeux & humide, tirant sur couleur fauue, sót plus forts & plus grands, mais que ce soit en pays froid. Si c'est en pays chaud, ils sont plus foibles & plus petits: combien que de toutes conditiós s'en trouue de bons: Et selon Armodeus les oiseaux noirs sont de plus forte comple-44ion que les autres. Les Fiorentins disent que les Esperuiers qui ont la croix sur les doigts, specialement sur la serre du milieu, en ceste forme X, sont les meilleurs pour estre auantageux & bons.

L'Esperuier qui a treze pennes en la queuë, & sur le iaune du bec a vne tache noire, comme vn graiu de poyure, sont deux signes pour e-stre bons. L'Esperuier pesant est vn moult bon signe, selon Armodeus. Selon les Florentins, l'Esperuier qui à la couuerte noire, & pennage de trauers roux, & la maille noire & blanche entremeslee, brayer net, est des meilleurs qui se trouuent, & sont appellez blancs-noirs. Les Esper-uiers blancs, & fauues, sont bons apres les roux, & sont gracieux & paisibles. Les esperuiers blancs-roux sont bons apres les blács-fauues, quelle que la couuerte soit: mais qu'il ayent la maille trauersee noire, & la teste noire, tirant sur le roux, & le brayer soit blanc & roux. Les Es-peruiers roux-noirs sont apres ceux qui ont les signes du blanc-roux, excepté qu'ils ont le brayer obscur. Les Esperuiers auec deux pluma-ges: c'est à sçauoir, de deux couleurs, & non de maille, sont les plus meschans qui se puissent trouuer. L'Esperuier qui a le col long & plus estédu, est tenu & reputé pour lasche voleur, de quelque plumage qu'i foit. L'efperuier qui a le col court,& nón trop,& a la tefte platte & bien proportionnee de fes mambres à l'aduenant du corps, eft tenu pour grand volleur.

Eſleƈtion des Autours.

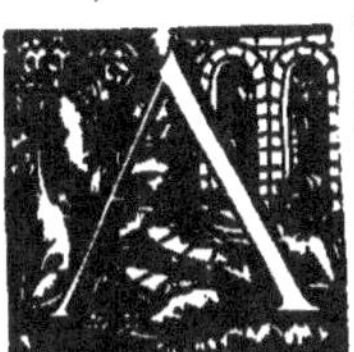

Vtours ou Tiercelets, nais en region chaude, ont peu de fang: le peu de fang les fait eftre coürads:car l'abondance du fang eft ce qui leur donne hardieffe. Ceux qui naiffent en region froide & humide, font hardis. Ceux qui naiffent en region attrempee, fans eftre trop chaude ne trop froide, par raifon de la nature du lieu en quoy ils font participás, font attrempez entre hardieffe & coüardife. Et pour les meillieurs Autours & Tiercelets, ce font ceux qui naifsent en regions froides, dont les fignes font tels: Ils ont la langue & le bec communément noiraftres, la tefte longue & grefle en la cime du palais, le bec long & gros, le col long & grefle, les efpaules larges, la poiƈtrine ronde, & le fiege large, la queuë moyenne, les iambes groffes & courtes, les pieds gros, & grandes ferres & bien onglees.

Eſleƈtion du Faucon Pelerin.

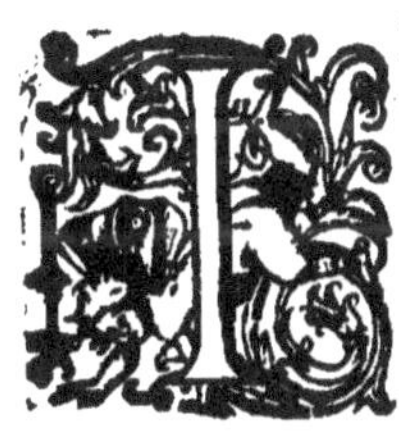

L fe void communément que le Faucon Pelerin efmeutift defsoubs le poing, & le Gentil faiƈt le contraire. Le Pelerin fe cognoift à la muë: car il fe muë en Aouft, & le Gentil dés Mars, ou plus toft. Le Pelerin eft plus plein fur les efpaules que les autres Faucons, de petites plumes bordees de rouffeur, de ou iaune, ou d'autre couleur, felon fa couuerture: & a grands yeux & grands pieds, fort fenduz & bien onglez. Le Pelerin à les yeux enfoncez & le bec gros: & a le dedans des cuiffes blanc, & les pieds & le bec de couleur verde plombee.

Du Faucon

Du Faucon Saffir, & des autres Faucons.

AVCVNS Fauconniers difent que le Faucon Saffir fe cognoift à ce qu'il à les couteaux plus longs que la queuë, & à les fignes femblans au Pelerin, finon qu'il eft plus petit, comme le Gentil eft meilleur que le Pelerin. Il y a vne autre forte de Faucons, beaux de corps, mais ils font petits, lefquels ont la tefte plus groffe que les autres Faucons, & ont les fignes de Gentils. Ce font les plus nobles oifeaux du monde, & font appellez Zechart. Entre le Gerfaut & le Faucon n'a autre difference, fors que le Gerfaut monte pluftoft, pource qu'il monte par poinctes. Les Lafniers qui ont la gerlande blanche entour le col, font les plus courtois oifeaux qui foient de leur generation. Et felon mon opinió, ils font meilleurs pour Perdrix que les Sacres, pour ce qu'ils endurent plus de peine & de trauail que nuls autres oifeaux. Et fe peuuent reclamer au poing & arrefter en toutes manieres & en tous lieux, foit la branche feche ou verde mais contre vent, les Sacres font plus forts pour refifter. Que fi vn Villain de quelque condition qu'il foit, fe trouue bon, il eft meilleur que les autres. Selon aucuns, les Sacres font nommez oifeaux mafles, pource qu'ils peuuent fouffrir plus de peine & de trauail que ne font les autres, & font meilleure digeftion de groffes viandes. Ils font moult excellens pour la Gruë, Biftars, & prennent les Garfottes de leur propre nature. Ils font bons pour les champs & pour riuiere: & font des plus nobles Faucons du monde en bonté de quelque nation qu'ils foient & de meilleure difpofition. Et fi vous trouuez vn Sacre qui ait les plumes fouëfues, & les doigts gros, tirans à couleur perfe, la langue noire, & le col rouge, ou roux, ou foit iaune à couleur viue, ou gris, combien qu'il s'en trouue peu, il n'en eft point de meilleurs. Les Faucons noirs font tenus pour les plus vaillans oifeaux qui foient, & les plus blancs font les plus paifibles, & qui moins vont à l'arbre. Quant à la beauté des oifeaux, les Efperuiers, Autours, Tiercelets, & Faucons doiuent eftre blanc tannez, tirans à rouffeur de poullaille: & doiuent eftre grands & longs, & de gros plumage, bien net, & bien formé, la queuë groffe & courte, gros bec, larges narilles, petite tefte & platte, les yeux enfoncez, le col long & fubtil, gros eftomac, larges efpaules, & larges reins, courtes iambes, & longues ferres, & bien fenduës, les ongles deliez & agus. Et fi vous trouuez oifeau brú qui foit d'icelle forme, achetez le autant que le blanc. Neantmoins que de tous

Z

plumages s'en trouue de bons, fi par deffaut de mal gouuerner, ou de bon paſt, n'aduient, ou par non auoir bonne compagnie.

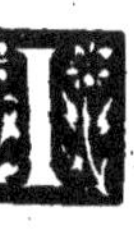IL faut prendre l'Eſperuier, & luy mettre le chapelet, & à l'Autour & Tiercelet pareillement, auec le brayer, & ne les deſcouurez iuſques à ce qu'ils ſe tiennét & paiſſent ſur le poing, & qu'ils ne tiennent plus conte du chappelet. Et quand vous le mettrez ſur la perche, liez les court, afin qu'ils ne ſe puiſſent decouurir, & puis le deſcouurez au ſoir à la chandelle, & les eſiouffez, auec vin fort. Et quand vous les remettez à la perche, laiſſéz leur de la lumiere, afin qu'ils ne dorment aucunement la nuict. Et au matin à l'aube du iour, prenez les ſur le poing, & les portez entre gens, là où on face grand bruit, comme mareſchaux, & autres ſemblables, pour ne l'aſſeurer, & ne leur leuez le chappelet iuſques à ce qu'il ſoit temps de le paiſtre, & quãd ils ſeront pu, & oingts, remettez leur le chapelet iuſques a midy, & apres luy preſenterez l'eau, mais qu'il ayent enduit, ou bien pres, & a heure de veſpres le faites tirer entre les gens, & puis leur retourner le chapelet iuſques à heure de les paiſtre. Et quãd ils ſeront vn peu oingts, comme dit eſt, remettez leur le chapelet, & les tenez iuſques à l'entrée de la nuict, & incontinent qu'aurez la lumiere, leuez leur le chapelet entre les gés & le faites ſecoure & eſmutir, & puis les remettez à la perche, comme dit eſt: & tous les ſoirs donnez cure de plume eſſuyée ou baignée, Et s'il eſtoit diuers, dõnez luy la cure de cotton on deſtoupes, ou deſcoupez vne iambe de Lieure, ſelon qu'il ſera diuers a eſſimér. Ne les reclamez point iuſques à tant qu'ils ſoient aſſeurez, car ils ſe deboutteroient du poing, & ne voudroiét iamais arreſter. Gardez que n'apprenez à l'oiſeau de venir augand, pour ce qu'apres il ne voudroit venir au poing. Et quand il ſera aſſeuré, commencez peu à peu de le reclamer, iuſques à ce que le pourrez faire ſans aucune filiere. Et notez que l'Eſperuiet ſe doit encharner biẽ aſſeuré, & l'Autour demy ſauuage, mais qu'il cognoiſſe la proye. Quand il ſera fait, faites luy vn ou deux trains, & ſi vous voulez faire vn bon oiſeau, mette-le touſiours ſur le poing, iuſques à ce qu'il ſoit encharné. Et ſoyez aduiſé de ne reſtraindre trop l'oiſeau auec paſt laxatif, ou auec peu paſt: car pour ceſte cauſe pluſieurs oiſeaux meurent, mais auec bõ

paſt le ferez meilleur, moyennant qu'il ſoit pu de bon paſt. L'Eſperuier
ou Autour doiuent eſtre tenus aux blocs depuis qu'ils ſont faicts, ou à
terre, car ils ne ſe deſrompent pas tant. Le Hairon, le Biſtard, le Corbeau, les Corneilles, & les Chouëttes ſe veulent de poing.

Pour faire vn oiſeau à la guiſe de Lombardie.

Vand l'Eſperuier ſera aſſeuré, faites-luy neuf ou dix trains:
du moins: & toutes les fois qu'il prẽdra, paiſſez-le touſiours,
& faictes que la caille dont vous ferez le train, ait touſiours
quelque plume moins en l'aiſle, & luy iettez l'Eſperuier de
loing, par tant de fois qu'il la prẽne bien loing, & puis apres
luy iettez vne caille qui ait les aiſles entieres. Apres le pouuez faire
voller au ſauuage : & toutes les fois qu'il prendra, paiſſez-le à ſa volonté. Les Allemans trouuent les Fiercelets plus vaillants & plus legers
que les Autours, pour Perdrix & Faiſan. Si vous voulez faire vn Eſperuier pour la Pie, deſmembrez la Pie, & la luy iettez en terre, & le paiſſez
deſſus du paſt chaud, comme de Pinçon, ou autre choſe ſemblable, par
deux fois : & puis la luy pouuez ietter volante & ſillée, le paiſſant cóme
dit eſt. Leuez à la Pie quelque penne de l'aiſle, & la iettez en vn arbre,
& la luy faites prendre par aucunesfois, & luy faites le plus de plaiſir
que pourrez, & puis luy faites frẽchement voller la ſauuage. Mais ayez
en memoire quand luy faites leſdits trains, que la Pie ait le bec taillé ou
lié, afin qu'elle ne puiſſe gaſter ledit Eſperuier. Les Autours & Tiercelets ſont meilleurs d'vne ou deux muës du bois & Agars que ne ſont les
Sors : mais ils ſe doiuent nourrir auec paſt plus delicat que les Sors, car
ils ſont plus dangereux, parce qu'ils ont accouſtumé au bois d'eux paiſtre de viandes chaudes. Et ſi ſe perdent plus de leger que ne ſont ceux
qui ſont prins hors, pour cauſe des airs : mais ils ne doiuent eſtre que
de deux muës, ſans plus.

Pour eſſimer & faire Faucons.

Renez le Faucon, & luy tenez la reigle de l'Autour, comme
deuant eſt dict, ſinon qu'en le paiſſant criez luy comme ſi vous
l'appelliez au leurre, & tous les iours luy offrez l'eau, & luy
donnez tous les ſoirs cure ſelon qu'il enduira : & luy oſtez ſou-
uẽt le chappelet entre gens. Et afin qu'il ne ſe batte, tenez touſ-

iours quelque tirouër en la main. Et le foir au iour failly, leuez-luy le chappellet entre gens, à la chandelle, iufques à tant qu'il s'eftonne, & qu'il efmutiffe, & lors le mettez à la perche, & non pas pluroft: & luy mettez la lumiere deuant luy. Et quand verrez qu'il fera affeuré fur le poing, commencez à l'affeurer fur le leurre, & le luy faictes cognoiftre, & peu à peu le reclamez iufques à ce que vous le pourrez abandonner fans filiere, & foyez aduifé qu'incontinent que vous tiendrez le Faucon fauuage, de luy ofter les poils, & s'il eft mué de bois Agart, donnez luy le lardon. Tout Faucon a befoin de compagnie pour luy monftrer à arrefter, fpecialement l'Agart, lequel fe peut faire d'vne, de deux, ou de trois muës, & fi eft meilleur pour le Heron. Si le Faucon mué Agart ne fe vouloit arrefter, taillez luy deux couteaux pour aifle, le long & le prochain de luy, & parce il arreftera. Faictes luy le bec, & l'efpincetez raifonnablement. Les Allemans font tirer le Faucon foir & matin: mais les Fauconniers de terre d'Oriente font de contraire opinion, & difent que ce leur gafte les reins. Si vous voulez faire monter le Faucó apres qu'il fera leurré & reclamé, & tout preft: quand vous le leurre-rez, cachez le leurre & le laiffez paffer. Et quand il fera retourné deuers vous, iettez-luy le leurre, & luy faites grand' fefte, & ce faites par plu-fieurs fois, & puis commencez à le bouter en haut, en quelque cam-pagne fans arbres. Et s'il prenoit quelque poincte, donnez luy vn tour de gand: & quand il viendra haut, & qu'il vous fera fur la tefte, iettez luy le leurré où il y ait vn poulet ou vn pigeon, & le paiffez bien à fa vo-lonté, en luy faifant le plus de plaifir que vous pourrez. Et dónez vous bien de garde que ne luy iettez le leurre en l'eau, afin qu'il ne l'appre-hende: & quand il fera en haut, & que d'auanture il allaft apres quelque autre oifeau, & qu'il le print, leuez-luy la proye lourdement, & luy en donnez par la tefte, & luy remettez le chapperon fans le paiftre: & par ce moyen il n'ira plus qu'à fa proye. Quãd le Faucon aura prins ou tué aucun oifeau, leuez-luy, & le boutez haut: & quand il vous fera fur la tefte, iettez-luy le leurre, & le paiffez à fa volonté, & ce afin qu'il aime mieux le leurre. Mais pour la premiere prinfe qu'il fera, laiffez-le pai-ftre à fa volonté, & cela le gardera d'aller au change. Quand il fera bien encharné, faictes-le voller en compagnie, iufques à tant que vous en ferez bien vn feurl Et fi vous voulez faire vn oifeau pour Gruë, faictes que le Faucon foit Gentil & niais, & quand vous le nourrirez, faictes luy tuer les plus grands oifeaux que pourrez finer: fon leurre doit eftre vne Gruë feincte: Et quand vous le voudrez faire voller, faictes-le vol-

ler du poing , & le fecouëz toft , & faut qu'il ait des leuriers pour luy aider, lefquels le fecourront pluftoft que les hommes : & que le leurier
mange toufiours auec l'oifeau, pour caufe de la cognoiffance. Si voulez faire vn Faucon pour Lieure, fon leurre doit eftre vne peau de Lieure pleine de paille. Et quãd il fera bien leurré, & que le voulez encharner, liez ladite peau d'vne petite corde, laquelle foit attachée à l'arçon
de la felle , & quand vous courrez il femblera que le Lieure court: lors
foit defcouuert le Faucon , en criant, Arriere Leurier, arriere Leurier.
Et quand il ioindra ladite feincte, laiffez la corde, & il la prendra. Lors
le paiffez tres-bien deffus, & le feftoyez le plus que pourrez. Et quãd la
fecõde fois vous l'encharnerez, ne vous arreftez pas du premier coup,
mais contraignez-le vn peu , & puis vous arreftez. Et ainfi peu à peu le
laifferez battre le plus que vous pourrez : car ainfi le conuient faire au
fauuage, le paiffant toufiours entre les Chiens. Et quand il fera bien
encharné en cefte maniere, ayez vn Lieure vif,& luy rompez vne iãbe
de derriere,& le laiffez aller en vne belle plaine entre les Chiens,& voftre Faucon le battra , lors les Chiens le prendront. Et incontinent foit
leué aux Chiens, & ietté au Faucon, en criant, Arriere,arriere. Si vous
voulez que voftre Faucon volle le Faifan, ou la Perdrix, quand voftre
Faucon fera faict & reclamé , toutes les fois que vous le leurrerez , iettez-luy le leurre en quelque arbret ou petit buiffon, afin qu'il appréne
de s'arrefter,& de prendre la branche.Et s'il s'arrefte fans voir le leurre,
laiffez-le vn peu mufer, puis tirez le leurre deuant luy, en criant,Gare,
valet,gare,&le paiffez à fon plaifir.Et en cefte maniere il accouftumera
de s'arrefter, en le paiffant toufiours en terre, & en fort lieu, pource
qu'en tel lieu luy conuiendra faire fa chaffe. Et luy faictes voller au cõ-
mencement Faifan ou Perdrix ieunes, pource qu'il aura grand addãan-
tage fur elles, puis apres les vieilles. Si le Faucon ne vouloit arrefter,
& qu'il fe vouluft tenir fur aifle, adonc luy conuiendra voller en lieu
plain, afin que vous le puiffiez toufiours voir fur vous. Les Sacres &
Laniers arreftent en terre, & en arbres : & les Gentils arreftent mieux
en terre. Et quand vous tirez vn oifeau de la muë, ne le portez pas par
temps chaud, pour caufe du battre, car par chaleur luy vient l'afma.
Mais fi c'eftoit par neceffité, foit couuert du chappelet, en le contregar-
dant le plus qu'on pourra. Si vn Faucon eftoit fuperbe & orgueilleux,
donnez luy fal auec fon paft, Inde ou fal-geme, drag. j. ou fal albi pul-
uerizati, & luy prefentez l'eau, pource qu'il aura befoin de boire, &
le faictes dormir la nuict à la tourmente, & que foit en lieu humide, où

froid,&ainſi veillera toute la nuiƈt,& luy fera diſtiller la graiſſe.Les Sacres ſe doiuent encharner incontinent qu'ils ſont faiƈts,autrement ils
ſont difficiles à encharner. Tirez voſtre oiſeau de la muë vingt iours a-
uant que l'eſſimer.Si vn Faucon lie,ſi vous l'en voulez garder,eſpincez
luy les maiſtreſſes ſerres.Iamais ne faites chere au Faucon de l'oiſeau de
riuiere : mais faites-luy grand'chere du leurre,afin qu'il l'ait en plus
grand'amour. Le Soldan fait voller les Gruës, les Oyes, & les Biſtars,
auec deux ou trois, ou quatre Faucons, ou plus du poing, & de toutes
generations de Faucons, Sacres, Gerfaux, Villains, & Pelerins, & puis
on les peut faire voller de montée. La Gruë ſe doit voller deuant Soleil leuant,pource qu'elle eſt pareſſeuſe : & pouuez mettre deſſus deux
ou trois Faucons, ou auec les Autours du poing, & ſans Chien. Les
Oyes ſe doiuent prendre par celle meſme maniere,& ſi tant eſt qu'ayez
des Chiens, faiƈtes qu'ils ſoient propres à ce faire, & doiuent eſtre Leuriers courtois & doux. Il ne ſe doit voller qu'vne Gruë le iour, & faire à voſtre oiſeau le plus de plaiſir que vous pourrez auec ladite Gruë.
Le Villain ſe doit mettre le vent à la queüe. Les Allemans font voller la Pie auec trois ou quatre Faucons, & les font monter & battre
comme pour riuiere, en lieu plein & ſans arbres : mais il y doit auoir
des petits buiſſons. Paiſtre ton oiſeau par temps & matin, faut auoir
faim aux oiſeaux à heure de chaſſer, ſpecialement aux Faucons qu'on
veut faire monter, & qu'ils ne ſoient trop hautains, leſquels ſe doiuent
paiſtre par neuf iours, quatre heures apres Soleil leuant, & le ſoir à la
fraiſcheur,& auec celle faim on les doit mettre en haut:& par ce ils irôt
plus haut qu'ils ne ſouloient, mais le meilleur eſt de les faire voller en
campagne. Les Faucons Gentils arreſtent mieux muez que Sors. Le
Faucon ne prend le Heron par nature,s'il eſt Pelerin : & pour ce leur
faut apprendre les trains.Vn Faucon peut voller dix oiſeaux de riuieré
le iour,& non plus ſelon raiſon. Les Faucons qui vollent pour riuiere,
ſe doiuent touſiours porter ſur le poing. Auant qu'vn oiſeau ſoit bien
faiƈt, doit auoir quarante cures.Les Faucons qui n'ont la cure tous les
ſoirs, la ſuperfluité des humeurs qui leur abondent en l'eſtomach, leur
charge la teſte, par maniere qu'ils ne vont ſi hault comme ils ſouloient.
Et par ce tout oiſeau doit auoir la cure tous les ſoirs,ſelon nature,pour
eſtre ſain & affamé. Et eſt bon de les faire tirer au ſoir, principalement
ceux qui vollent Perdrix : & ceux qui vollent pour riuiere non,afin
qu'ô ne leur affoibliſſe les reins.Et leur doit-on preſenter l'eau de deux
ou de trois iours en trois iours pour le plus loin. Et ſur toute choſe ne

touchez iamais les pennes de voſtre oiſeau auec les mains, car il en
vaudroit pis. Le Vilain & le Laſneret ſe peuuent tenir ſur la pierre incontinent qu'ils ſont faits. Quand voſtre oiſeau aura vollé ou trauaillé,
ne le paiſſez iuſques à tant qu'il ſera hors de la groſſe alaine. Et ſi vous
faites autrement, voſtre oiſeau ſera en peril de deuenir aſmatique.
Si vn Faucon ou autre oiſeau eſtoit fort rebouté, ce qui aduient bien
ſouuent, faites tant que le faciez ioüir de quelque proye & le laiſſez
paiſtre à ſa volôté. Et que celle nuict il demeure dehors au ſerain à ſon
plaiſir. Et le lendemain le reprenez, & l'eſtimez en oyſelets, ne plus ne
moins que ſi vous le tiriez hors de la muë. Si vn oiſeau ne veut lier,
mettez vn canon de plume d'Oye à la maiſtreſſe ſerre, & il yra le pied
ouuert, & il liera. Et quand il commencera à lier, oſte luy ledit canon,
& il liera touſiours. Si vous ne pouuez donner couuerte à voſtre Faucon ou Autour, faites que vous luy mettez le Soleil à la queuë. Tous
oiſeaux ſe peuuent faire voller de ſaut, & en toutes manieres que les
ferez voller, faites que l'Autour aille le vent à la queuë.

Pour oyſeler toutes matieres d'oiſeaux.

Rain des Perdrix, Choüettes, Corbeaux, & Corneilles,
ſe doiuent faire filles. Pour oiſeler ton oiſeau, fais vne
petite foſſe en terre, & y mets ta proye, & la couure d'v-
ne planchette, laquelle ſoit attachée d'vne filiere, que
tu tiendras en la main pour la deſcouurir & le laiſſer aller quand tu voudras : puis feras ſemblât de faire chercher tes chiens, & tiendras ton oiſeau tout deſcouuert : & quand il regardera celle-part, faits partir ta proye, comme ſi les chiens l'euſſent
fait partir, & ſi ton oiſeau la prend, laiſſe-le paiſtre à ſa volonté en terre, & ce faut faire pluſieurs fois. Si tu veux faire vn bon oiſeau, en-
charne-le à ieune proye, car il s'efforce touſiours de peu à peu : & par
temps il ſurmonte bien le Faiſant & la Perdrix. Et quand il a prins,
faits-le ioüir par pluſieurs fois de la proye à ſon plaiſir, & a terre, & quâd
il ſera bien encharné, ne le paiſt iamais que du maſle, afin qu'il ſe
prenne en amour, & luy faits ſeulement plumer la femelle, en luy
donnant le cœur ou le ceruean. Encharner les oiſeaux à ieune proye
eſt beaucoup meilleur qu'a vieille, car la pluſpart qu'on met à la
vieille ſe remettent, ſi tu ne fais comme deſſus eſt dit. Si tu veux
enoiſeler vn oiſeau Agart, ne l'encharnes point de ieune proye,

pource qu'apres il ne voudroit voller les vieilles. Et pareillement l'oifeau que vous tirez de la muë,ne le faites point voller aux ieunes pour
la mefme caufe.Le train de l'Autour & de tous oifeaux en general, cōme à Grues, Biftars, Hairons , Oyes, oifeaux de riuiere, Cormorans,
Corneilles, Choüettes , Milans, Cercelles , & tous autres oifeaux de
eaux fe fait comme s'enfuit.Mettez vn defdits oifeaux en l'eau, & qu'ê-
tre vous & l'eau y ait quelque motte ou buiffon,en maniere que l'Autour puiffe prendre la couuerte,puis hauffez la main tant que l'Autour
voye la proye, apres baiffez la main, & le laiffez aller. Et s'il la prend
laiffez le paiftre à fa volonté,à terre.Pour faire voller Autour en riuiere,faites le voller felon le train deffufdict: mais quand l'Autour fera
pres, touchez le tabourin de bonne heure, & auant que l'oifeau voye
l'Autour,pource qu'il ne fe leueroit.Les Autours qui volent le Lieure,
doiuent voller auec les entraues, afin qu'ils ne s'ouurent trop. Les Efperuiers vollēt de faut aux oifeaux qu'ils peuuent prendre comme fait
l'Autour. Si vn oifeau s'efforce, prenez luy deux pennes du milieur de
la queuë,& y mettez la quantité de deux grains de mil d'argent vif, en
chacune, & les eftouppez en maniere qu'ils n'en puiffent yffir, ou luy
coufez la queuë.Iacob de Meftrette plumoit l'Eperuier fur le cropion
& auec vn cautaire cuiffoit & deftruifoit le petit grain qui eft en celle
part,& difoit que iamais ne s'efcartelleroit.

Pour tenir les oifeaux fains,& en bon eftat.

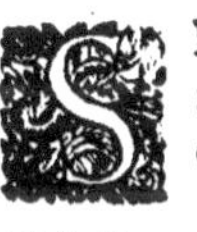S I auez vn ieune Faucon, incontinent que vous commence-
rez à le faire, donnez luy l'aloës cicotrin, pource que beau-
coup meurent de vers, pour le changement du paft: & de
quinze en quinze iours,trois pieces de celidoine,ou vn peu
d'aloës.

Ne leur donnez iamais medecine s'ils n'en ont befoing, pource qu'il
leur conuiendroit faire par couftume. Qu'en Feurier ou en Mars foiēt
données les medecines,pour rompre les œufs, mefmement aux Agars,
& ceux qui font muez au bois. Ne paiffez iamais les Efperuiers fur le
gand du Faucon Vilain ou Gentil, car il en prendroit maladie. Ne le
mettez à perche où ayēt efté Faucons. Ne retenez iamais oifeaux fains
auec les malades,car leurs infirmitez font contagieufes.

Pour

Pour cognoiſtre la ſanté vniuerſelle de tous oiſeaux.

Ous ſages diſent qu'il eſt impoſſible de cognoiſtre l'infirmité, ſi premierement on n'a la cognoiſſance de la ſanté,
qui eſt telle. Quand vous verrez voſtre oiſeau le matin à
l'aube du iour qui remuë la queuë, & la vantelle, & ſecouë
la plume pour l'amour de l'aube, & apres leue les aiſles, & auec le bec
prent en quelque lieu de ſa crouppe aucune graiſſe, dequoy il ſe oingt
à dextre & à ſeneſtre. Et ceſte curée eſt appellee onction feable. Et s'il
le fait aux deux parts des aiſles, c'eſt ſigne de ſanté: que s'il ne le fait d'v-
ne part ne d'autre, ſçachez qu'il eſt contraint de forte & grande infirmité: & les ſignes de la ſanté du iour, ſont que vous verrez voſtre oiſeau
allegre, & qu'il ſe plaiſt eſgallement de quelque paſt que ce ſoit, & ſon
eſmeut eſt continuellement digeſt, & non en partie, & fort blanc, & le
noir eſt fort ſubtil, & l'oiſeau eſt reluiſant de plumage, comme s'il fuſt
oingt, & les deux os qui ſont aupres des cuiſſes ſont egaux ſans differē-
ce, & les deux veines qui ſont en la raye des aiſles battent touſiours at-
trempeement entre fort & foible, & qu'il dorme bien la nuit, & qu'il
enduiſſe bien ſa viande raiſonnablemēt: & nonobſtant, s'il enduit bien
& il ne dort, il a aucun grief excez, ſi ce n'eſtoit pour les pouls qui l'en-
gardent de dormir.

Les ſignes des infirmitez vniuerſellement.

L y a de trois ſortes d'infirmitez és oiſeaux: c'eſt aſſauoir en la diſpoſition de l'egeſtion, au mouuement
de la vertu, en la ſuperfluité du corps. Premierement
de la diſpoſition de l'egeſtion. Quand vous verrez
l'oiſeau clourre les yeux, & qu'il en yſſe aucune l'ar-
me ou humidité, adonc pouuez conſiderer que quel-
que choſe eſtrange doit eſtre dedans. Et ſi l'oiſeau ferme la deuxieſ-
me ou trroiſieſme partie de l'œil, ou leue vn pied & reboute l'autre,
& qu'il hauſſe ſon plumage, ſçachez qu'il eſt refroidi. Quand vous verrez que l'oiſeau ouurira le bec, & qu'il alaine la langue, & la forame
part des yeux engroſſe à entour, & qu'il couche les pennes & les aiſles,
ſçachez qu'il ſouffre extreme chaleur. Quand vous verrez l'œil de l'oiſeau clos, & qu'il le tienne au coſté de ſon aiſle, & les veines qui ſont entre les yeux battēt & pouſſēt, ſçachez qu'il a frenaiſie au chef, & eſtour-
diſſement. Quād vous verrez le palais blāchir, ſçachez qu'il a corroſiō

ou arſure.Si vous voyez que voſtre oiſeau ouure le bec,&remuë la teſte,& ſe batte en la poictrine,& en ce faiſant demene la queuë, & qu'il ſemble eſtre troublé, ſçachez qu'il eſt aſmatique. Quand vous verrez voſtre oiſeau palpabier doublement,ſçachez qu'il a ventoſité en la teſte.Quãd vous verrez l'oiſeau esbahy ſur la perche,ſçachez qu'il peut eſtre greué.La debilitation des aiſles, ſignifie vētoſitez en celle partie. L'influence de la gorge ſans paſt, ſignifie ventoſitez en ladite partie Quand l'oiſeau ſe tient moüillé ſur la perche, ce ſignifie ventoſitez és rains. La rupture des pieds, ou la creuaſſe,& qu'il en ſorte eau continuë,ſignifie emorroides. L'inflation des pennes ſignifie roupture, ou diſtilation,ou vētoſité.Quand l'oiſeau eſt ſur la perche, & qu'il ſe veut virer vers vous contre ſa nature,& s'il trauaille & ne ſe peut ſouſtenir, c'eſt ſigne qu'il eſt podagreux.La conſtrinction du bec,& l'appuyer ſur la poictrine,& l'abomination de la viande,augmente la podagre. L'inflation ſur la cheuille du pied,& la deſpoliation du poil,ſignifient vers, L'heriſſement des plumes ſur le col, & extreme debilitation de couteaux ſignifient grande & outrageuſe chaleur.

Des nocumens de la Vertu.

Pres que vous verrez l'oiſeau muſſé tout en ſon plumage,& qu'il ne tourne la teſte ne le col,ſçachez qu'il eſt malade du chef. Quand l'oiſeau ſiffle ou crie, cela ſignifie grande chaleur, ou arſure. Quand il ſe paiſt,& il ſe gratte de l'ongle le palais iuſques au ſang,& qu'il ne ſe peut paiſtre, cela ſignifie chaleur audit lieu, & peril de chancre. Et s'il machote du bec l'vn contre l'autre, cela ſignifie comme le precedant. Inequalité du paiſtre & debilitation d'oiſeau, ſignifie chaleur. Le bec clos & ſans alteration,ſignifie grand trauail, & grande infirmité. Si l'oiſeau ne veut prendre la chair ou le paſt ſi toſt qu'on luy preſente , ſignifie indigeſtion. Et ſi vous le voulez ſçauoir, faut odorer ſon aleine, que ſi elle put, ſignifie indigeſtion.Si l'oiſeau iette la chair de ſon bec en la paiſſant, & la gorge qu'il prendra luy demeure ſans enduire,ſignifie indigeſtion.Si l'oiſeau gratte la dextre partie du bec,ſignifie douleur au faye. Quand l'oiſeau vantelle à la perche,& qu'il fait grand ventoſité quand il digere, ſignifie qu'il a ventoſité dedans le ventre. S'il grippe la chair, & qu'il la face prendre,ſignifie qu'il a ventoſitez dedans les plumes, ou és iambes,ou és cuiſſes.Si vn piſeau trauaille quãd vous le portez ſur le poing, ſigni-

fie qu'il y a quelque cure dedans le corps. Retardement de la digeſtiõ,
ſignifie reſtrinction de fondement, & la tardation de la cure ſignifie
indigeſtion. Quand vous trouuerez le paſt aux inteſtins mol comme
eau, & la en gorge dur, cela ſignifie engendrement de la pierre. Quand
vn oiſeau ſe bat à la perche, & qu'il tombe, & ne peut remonter deſſus,
cela ſignifie ſa mort : ſi ce ne prouient par la faute de ceux qui l'ont attaché.

Des maladies de la ſuperfluité.

Ais parce qu'õ dit qu'il y a cinq manieres de ſuperfluitez,
il eſt bien neceſſaire de les ſçauoir : la premiere, ſont larmes & eaux de nerfs : la ſeconde, ventoſitez : la tierce, vomiſſement : la quarte, la cheute des pennes hors de ſaiſon :
la quinte, l'eſcails ou eſmail. S'il iette eau des yeux, ſignifie
que quelque choſe eſt cheute dedans : & s'il jette humidité par les nazilles, cela ſignifie qu'il eſt malade de rheume. S'il ſe plume le ventre
& les cuiſſes, cela ſignifie vers eſtre dedans le ventre.

Pour cognoiſtre la ſ̃ ·é & la maladie, pour la cure & par l'eſmut.

Ien eſt vray que la cure baignée iettée de bon matin, eſt ſigne de ſanté, & s'elle eſt eſſuyée, ſignifie ſuperfluité & chaleur, & ſi elle eſt puante, ſignifie indigeſtion, & ſi la cure eſt
molle & viſqueuſe, ſignifie abondance de flegme. Si l'eſmut
blanc ou tanné eſt viſqueux, cela ſignifie bonne digeſtion. Quand vous
verrez l'eſmut mol, iaune & rouge entremeſlé, & que la moleſſe mul-
tiplie, ſignifie indigeſtion. Et quand vous verrez l'eſmut liquide, &
quand vous le tirez qu'il ſe ſeche à coup, ſignifie engendrement de la
pierre, ſecourez le haſtiuement, car ceſte infirmité eſt mortelle. Si l'eſmut eſt gras, & qu'il file, c'eſt ſigne de reſtrinction du fondement. Si
verdeur d'eſmut continuë, & qu'il demene peu ſouuent la queuë, &
qu'il boiue eau, ſignifie que le fondement eſt reſtraint. La blancheur
de l'eſmut qui tire à citrinité, & la multiplication d'humidité, ſignifie
indigeſtion. Et quand l'eſmut eſt noiraſtre & entremeſlé de blanc, &
qu'il ayt de petites bubettes parmy, ſignifie ventoſité. Et notez que
quand vous medecinez l'oiſeau, faut continuer les medecines ſelon
la qualité du mal.

Puis que ie vous ay parlé de la nature & gouuernement des oiseaux, ensemble des infirmitez & maladies qui leur peuuent suruenir, ainsi comme est dit cy deuant : c'est raison que ie vous die des remedes necessaires à l'encontre d'icelles pour les guerir.

Et premierement pour les catarres des oiseaux.

Our bien cognoistre aux oiseaux les signes du catarre, vous les congnoistrez quand la teste & les yeux luy enflent, les nazilles luy estoupent, & aucunesfois luy descēd par lesdites nazilles eau ou morue grosse, specialement quand il esternuë : & ouure la bouche souuent pour prendre son haleine, & tire la langue dehors, & ronfle, & les deux veines de dessus les yeux, par lesquelles les larmes luy descendent, luy battent plus souuent & plus fort qu'elles n'ont accoustumé.

La Medecine.

Donnez luy aloës cicotrin, chacun soir auec du cotton, & luy dōnez des pillules de yera ex octo rebus, ou des pillules cochées, lesquelles se doiuent donner au matin : & les trouuerez au liure de Nicolas, & le faites tirer au matin quelque chose nerueuse. Et si par cela ne guerit, mettez tremper la poudre de staphisagre en eau, enueloppée dans vn drapelet, & auec iceluy baignez-le, & luy mettez dans les nazeaux. Et si pour cela ne guerit, prenez ladite poudre, & luy en mettez és deux parties du palais, & és deux parties des nazilles, & par la force de ceste poudre il iettera bien. Et si l'oiseau ou Faucon auoit pour ce trop de peine, vous luy lauerez la bouche & les nazilles auec vin, iusques à ce qu'il ait mis hors ladite poudre, & apres oignez le souuent auec miel, ou auec sirop de violettes, & ce luy fera passer iceluy trauail & peine. Et si pour cela n'est guery, luy soit donné le feu au derriere de l'œil au milieu de la teste sagement : en maniere que ne luy ardez l'os de la teste, & luy soit donné feu aux deux parts ; c'est assauoir, en chacune nazille, & qu'il aille vers la teste par dedans les nazilles contremōt, tant qu'il perce iusques au cartillage de la teste, lequel feu soit mediciné & oingt par neuf iours d'huile rosat & vitelli ouorū. Et ce ne se fait sinō quand il aura les nazilles tant estouppées qu'on ne les peut desclorre par medecine. Et combien que vous luy ayez dōné le feu, faites tousiours les medecines dessusdites iusques à la fin. Si l'oiseau a la veuë aucunement

troublée ou obſcurcie par ledit mal, ſoit fait R. Aquæ plantaginis, fe-
niculi, ruthæ, verbenæ, celidoniæ an. De quoy vous luy lauerez les
yeux. Et s'il y auoit aucune concuſſion, en lieu de celidoine, ruthæ,
boutez y vn peu de canffre. Le chappelet doublé d'eſcarlatte eſt moult
profitable pour le catarre.

Yant l'oiſeau ceſte maladie d'Epilepſie, il tiēt la teſte haute tant qu'elle touche les aiſles, & bien ſouuent les eſpaules, & ſubitement ſe laiſſe cheoir en arriere à terre, & à reuers: & là ſe tourne & vire, par la grād' angoiſſe qu'il ſent,
& aucunesfois demeure comme mort. Laquelle infirmi-
té les prent ſouuent le matin, & le ſoir apres qu'ils ſont puz, & ont les
palpebres des yeux enflées, comme s'ils euſſent la pierre, ou qu'ils euſſent le catarre: & quaſi continuellement tiennent les yeux ſerrez, &
leur halaine put fort. Et quand ils eſmeutiſſent, ils s'eſpraignent fort,
comme s'ils euſſent la pierre, & ces ſignes ſont plus ou moins, ſelō que
les oiſeaux ſont paſſiōnez, ne perdās point le manger parceſte maladie.

La Medecine.

Le premier iour, faiĉtes vomir voſtre oiſeau, & l'autre apres faiĉtes
le eſternuer. Et quand vous ne le fairez point eſternuer ne vomir, donnez luy de aurea Alexandrina, enuiron la groſſeur de deux pois chiches, à ieun, & quelque petit morceau de chair: & au ſoir donnez luy
vne pillule de yera ex oĉto rebus, cum agarico, en la plume. Et ce
deuez faire continuellement iuſques à ce qu'il ſoit guery. Et quand
il ſera bien purgé par les purgations deſſuſdites, donnez luy vn cautere au milieu de la teſte, ou derriere des yeux, qui profonde iuſques à l'os. Et ſi par ce premier cautere ne gueriſt, donnez luy en vn
autre, vn peu plus arriere vers la nuque Caſſian guerit vne epilepſie,
cum yera pigra, cum ſucco abſintij, & de ce fais pillules, & les donne
en la plume, vne fois de l'vn, & autresfois de l'autre, iuſques en fin de
gueriſon. Et Moymon fauconnier Arabique luy donnoit vne pillule
faiĉte de gomma balſami, & caſtoreo, cum ſucco mentaſtri, & leur
mettoit en la gorge vne pierre de caſtoreo, gros comme vne petite
feue. Que s'il la reiette, luy ſoit retournée: & garde que la goutte de

la teſte ne deſcende.

Du mal de la bouche.

Ien ſouuent on cognoiſt ceſte maladie de la bouche par le voir, laquelle ſe veut ſecourir haſtiuement : car qui tarde-roit à medeciner l'oiſeau, elle tourneroit en chancre, & l'oiſeau mourroit. Pource que vous deuez nettoyer le lieu de ces petits grains, & petites piſtules qui viennent en la bouche, auec vn caniuet bien trenchant, & apres l'oindre de miel ro-ſat, ou ſirop de mourez, ou auec ſirop d'eſcorſe de noix : & chacun ſoir luy donne, auec la cure de l'aloës cicotrin, ou vne pillule de yera ex octo rebus. Et ſi la maladie eſtoit ſi grande que pour ce ne peuſt guarir : apres que la teſte ſera purgée, luy ſoit donné le feu aux deux bouts du mal, d'vn bout iuſques à l'autre. Et ſi aucunement luy venoit au palais vne poſtume dure & groſſe comme vne demie noizille, la-quelle le garde de manger, ſoit oſtée toute celle apoſtume auec vn boutonnet de feu, qui aille iuſques à la chair viue, & qu'il n'y demeu-re rien. Choſe eſprouuée à tout mal de bouche.

Oignez ſouuent le lieu malade, auec aceto ſquilitico. C'eſt vne façon de vin-aigre, qui eſt faict comme vin-aigre roſat : mais en lieu de roſes on y met vn oignon ſauuage, qui croiſt pres de la Marine : ou le medecinez de l'aloës cicotrin, & miel roſat. Et le dernier remede eſt, que le lieu ſoit cautheriſé, comme dit eſt, & au milieu des deux yeux ſur le commencement du bec, luy ſoit donné vn bouton de feu, auec inſtrument d'argent, & ſoit gouuerné ledit feu cum oleo roſato, & vi-tellium ſimul miſtis.

De l'aſma, ou pantuil.

Arce que ceſte infirmité vient ſouuenteſfois aux oiſeaux, on la cognoit quand ils ouurent le bec, & ne peuuët bon-nement auoir leur haleine, & demenent la teſte, & ont les yeux larmoyans, en halenant le ventre leur bat, & remuent la queuë, & tirent & mettent hors leur haleine ſouuent. Et quand le mal leur engrege, vous les ouyriez ſi fort ronfler, qu'à grand peine peuuent auoir leur haleine.

La Medecine.

Donnez leurs des pillules de yera ex octo rebus, cum agarico & ſalis gemmæ. Et leur donnez auec leur viande puluis pulmonis vulpis, ou leur baignez leurs viandes auec les eauës qui s'enſuiuent, ou auec vne toute ſeule : C'eſt aſſauoir, Aquæ ſcabioſæ, capilli Veneris, praſſ. celidoniæ, donnez leur auec leur viande, ſang de bouc frais, ou ſec, preparé en vne deſdictes eaux, & des penites, & de liquiritie en poudre: ou leur baignez leur viande en eau de vie, enquoy ayent trempé les herbes deſſuſdites par xxiiij. heures, auec regalice. Ou R. yſopi yeros, praſſi, liquiritiæ, oleum roſ. hieræ pigtæ, puluis vulpis, gentianæ & ſcabioſæ enulæ campanæ, omnia puluerizentur & cum modico butyro incorporétur, & luy ſoit adminiſtré. Bonnes pillules pour le meſme, R. yſopi, aloës 3. vj. agar. 3. iiij. maſticis, colloquintidæ cercollæ an. 3. ij. ſticados, aſſa fœtid. ſcamoniæ, an, 3. j. ſ. fiant pillulæ admod. ciceris. Et auec leſdictes pillules, luy ſoient données deux cauteres, vn au plus haut de la teſte, & l'autre au fourchu de la poictrine. Selon Anthonel Spinello, mais que l'oiſeau ſe puiſſe paiſtre, luy ſoit donné auec la poictrine d'vn pigeon chault, vn peu de miel deſpumato, cum limatura fieri, ad quantitatem vnius ciceris. Et diſoit qu'en trois iours eſtoit guary l'oiſeau & ſpecialement l'Eſpreuier. Et le dernier remede quand il eſt purgé, luy ſoit donné le feu, cóme dit eſt. Et non obſtant ce on luy doit apres donner aucunes des medecines deſſuſdites, iuſques en fin de guariſon. Notez que quand l'oiſeau eſt meigre, & le mal du pantal luy dure longuement, il eſt incurable, & ne le peut on guarir.

Pour le mal de la Pierre.

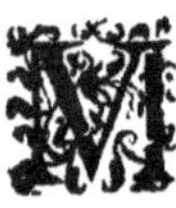
Ais on dit que ſi l'oiſeau a la pierre, que vous le pourrez cognoiſtre à ce qu'il aura les pieds enflez, & les nazilles eſtoupees, & leuera volontiers la queüe deux ou trois fois auant qu'il puiſſe eſmutir. Et ce qu'il eſmutira, ſera mol comme eau trouble, & aucunesfois quand la pierre ſera endurcie, il ſe mordra le fondement, & eſmutira long, vne fois çà, l'autre là. Et aucunesfois quand il eſmutira, vous trouuerez de grans blancs comme chaulx endurcie.

La Medecine.

Donnez luy auec la cure, ou ſans la cure, des pillules de yera pigra Gaueli, chacun iour, & luy faictes deux fois le iour vn ſuppoſitoire

d'vn lardon puluerifé auec poudre d'yera pigra de Galeni:luy donnez
auec fa viande, l'ard de porc falé fondu, & le fondant laiffez le tum-
ber en l'eau froide,& puis apres recueillez-le auec vne cuillier, & de
ce foit oingte fa viande, ou bien la luy baignez auec les eaux qui
s'enfuyuent: C'eft affauoir de veruene, lymons, capilli veneris, alca-
cangé. Ou bien luy donnez auec fa viande, de la poudre qui s'enfuit.
R. lapis fponcij, & fang de bouc preparé, ou frais, qui eft plus fort,
femen millefolis, & faxifragæ. Et fi pour cela ne guerift, vous luy
pourrez encores donner enfermé en vn boyau ce qui s'enfuit. R. fucci
limonis, verbenæ, fiftulæ,lapis fpongiæ, lapis lincij, fang de bouc preparé,mille-folis, faxifragæ, oleum oliuæ antiquæ: & le tout foit bien
incorporé enfemble, & foit mis apres dedans vn boyau, & luy faictes
prendre. Et auffi pareillement luy pourrez donner deux fois la femai-
ne,le paft laué en huille. Plufieurs font d'opinion que cefte medecine
fuyuante luy eft fort bonne.R. fanguis hirci, femen accedulæ, lactucæ,
portulacæ,fpicæ,nardi, galangæ, femen faxifragæ, mille-folis, puluis
pilorum lepolis, & de fanguine eius, incorporentur cum fucco limo-
rum, & foit adminiftrée & baillée par bonne quantité. Et fi pour tout
cela l'oifeau ne gueriffoit apres qu'il fera purgé auec les medecines
deffufdites, luy faudra donner le feu fur la tefte, &. au milieu, comme
pour le catarre, & luy en foit donné apres vn autre qui prenne depuis
le bec, & aifles iufques à l'autre,tout ainfi comme vous verrez par l'enfeignement des cauteres cy-apres mis.

Des Vers, & des Filandres.

S I vous voulez cognoiftre quand vn oifeau a les vers, filan-
dres, ou aiguilles,vous le cognoiftrez à ce qu'il baaille fou-
uent, & eftrainct les efpaules, comme fi on le piquoit, &
demene la queuë ça & là, & tremble quand vous le mettez
fur le poing, ou quand il fe debat. Et quand vous l'aurez pu, il fe plumera auec lebec,là où il fe fentira auoir les vers,& digere la moitié de fa
viande,& iette l'autre.Apres qu'il eft pu, il fe frotte volontiers l'œil à
fon aifle,& eft tout melancolieux, & à la parfin fe gratte les nazilles bien
fort auec les ongles.

La Medecine.

Donnez luy vne pillule faite en cefte maniere.R. partes ii. Reubarbari,&

bari,& cum ſucco centaureæ & abſinthij:fiant pillulæ. Ou luy donnez
thiriaca,a uec ſemen contra, & luy faites ſuppoſitoire de fiel de bœuf,
al oës centaurea, & miel. Le diptamum tire les vers, & pareillement
fait la poudre du zeduari. Le meilleur remede pour vers qui ſont dans
les inteſtins, c'eſt le Reubarbarum. Vne autre poudre bien profitable
pour filandres & aiguilles. R. zeduarij. ʒ. j. rad. enulæ campanæ, ariſto-
logiæ rotuneæ, ſemen caulij an. ʒ. j. cornu cerui combuſti, aloës cicotrin, reubarbari, ſileris montani, an. ʒ. v. ſucci rad. yereos rad. cucu-
meris agreſt. pulpæ colloquintidæ, ſemen cartami. an. ʒ. vj. de laquelle
vous pouuez donner la groſſeur d'vne petite febue à chacune fois, en-
ueloppee d'vn petit boyau. On peut baigner ſa viande en eau de porce-
laine, d'ozeille, d'abſinthe, & de centaurea, & ce eſt pour Eſperuiers.

Plus vn emplaſtre qui s'applique ſur les reins pour filandre, & aiguilles, on luy en doit baigner les reins, & apres luy lier vne eſponge deſſus
& la tenir baignee inceſſamment de la compoſition qui s'enſuit. R. centaurea minor, ruthæ, abſinthij caſti, mentæ, perſicarię dymptami, fa-
rinæ lupinorum, aloë, galbani. Et toutes ces choſes ſoient deſtrempées
auec fiel de bœuf & fort vinaire, par l'eſpace de vingt-quatre heures,&
ſoient appliquées.

De la podagre.

N tient pour aſſeuré que la podagre n'eſt autre choſe que
chancre, & ſe cognoiſt par l'enflure des pieds, deſſus &
deſſous les doigts. Et aucunesfois l'enflure eſt molle, &
aucunesfois dure comme pierre, & aucunesfois la veine
de la iambe luy enfle, & la partie de dedans la iambe deuient rouge, & aucunesfois dure comme pierre, & aucunesfois luy
vient en vne partie du pied.

La Medecine.

Faites luy ceſte medecine. R. aquæ vitæ part. ii. aceti roſati par. iii.
fulſuris, cendali rubei, aluminis, galangæ, ſalis armoniaci, an. par. i. Et
ce mettez en motte en vn vaiſſeau de verre par vingt-quatre heures,
& puis l'appliquez en ceſte maniere. Enueloppez les pieds de l'oiſeau
deſtoupes, & les liez auec vn filet, afin qu'elles ne puiſſent tomber, & a-
pres baignez les eſtoupes auec la deſſuſdite conionction, & luy laiſſez par vn iour naturel, & ſoient touſiours baignées. Aucuns luy baignent les pieds au commencement de l'infirmité, cum ſucco ebulor. &

aceti rofati, in quo temper.fanguis dra.boliar.terræ figillatæ, cum modico olei rof.Et aucuns font tremper armoniacum in aceto, & de ce ils
font emplaftre,& l'appliquent fur l'enfleure,& fe mollift, & appetiffe la
chofe dure & enflée.Aucunefois quand l'oifeau à ladite infirmité, il a
grand' chaleur és pieds, lors il ne le faut medeciner iufques à ce que la
chaleur luy foit toute paffee. Puis luy appliquez l'vnguent deffufdict,
comme dit eft:laquelle chaleur vous deuez corriger en cefte maniere.
R.boliar.ʒ.ſ.thuris, maftycis an.ʒ.i.aloës. ʒ. iiij.ſucci femper viuę.ʒ. ii.
albuminis ouorum quod fufficit,& fiat ad modum vnguenti. Et de ce
oignez la podagre, iufques à.ce que la chaleur luy foit paſſée : alors le
pouuez penfer,comme dict eft cy deuant. Auffi faictes repofer l'oifeau
continuellemét fur vne perche de laurier,& fi la perche eftoit verde,il
gueriroit en quinze iours des cloux qui viennent fur les pieds. En ces
quinze iours deuez muer de fix perches,felon Anthoine Spinello,afin
qu'elles ayent plus grande vertu: vous deuez oingdre le clou de graiffe de poulaille vieille. Et fi pour ce ne guarift, i'ay experimenté cefte
medecine:On luy doit lacer la veine, puis apres donner le feu au lieu
qui eft enflé,& fe doit faire quand l'enfleure eft molle: mais quand l'enfleure eft dure,on doit fendre le cuir, & ofter cefte dureté : on doit a-
pres donner le feu fur la fuperfluité de la chaleur qui eft dedans:fe donnant bien de garde que le feu ne touche les nerfs,& faut apres gouuerner le feu diligemment,cum oleo rof.vitell. ouorum,cum modico butyro,fine fale.

De la goutte des reins.

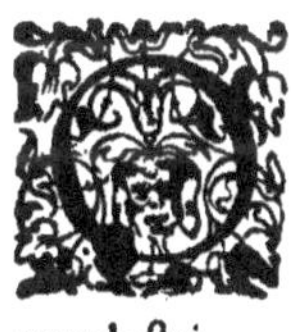

N cognoift la goutte des reins quand l'oifeau ne peut
voller:lors luy foit purgée la tefte,comme dit eft au chapitre du catarre. Cherchez au milieu des lombes & des
reins,vous luy tronuerez vne foffette, en laquelle vous
luy donnerez vn bouton de feu,fur lequel foit appliqué
pixis, femen fynapis , cum butyro fimul miftis ad mod.
emplaftri.

Des concuſſions des dedans le corps.

Nfirmité des concuſſions fe cognoift ace que l'oifeau iette du
fang par la gorge,ou par le fondement,ou par toutes les déux
parties,& qu'il efmutift noir & pres du poing.Quád il voudra
efmutir il demenera la queuë çà & là,& tout le corps,les aifles
luy poufferont,il halenera,& fera tout matté.

La Medecine.

Donnez luy chacun ſoir vne des pillules ſequentes. R. ſanguis dracon. boliarm. terræ ſigillatæ, maſticis, momiæ, reubarbari an. conficientur pillulæ, cum ſucco conſolidæ, & detur vna pillula vt decet. Plus
luy ſoit donné auec ſa viande les eaux qui s'enſuiuent. R. aquæ conſolidæ maioris, & minoris, ſtella maris, & de la momie, rubea tinctoris,
boliar. ſanguis dracon. terræ ſigill. maſticis, & ſemen naſturtij, & ſpecialement quand il y aura ſang. Selon Razis, R. thuris ſanguinis drac.
an. ʒ. iij. maſticis, ʒ. ii. terræ ſigillatæ ʒ. xv. aluminis ʒ. ii. balauſtiæ ʒ. iii.
opij. cinam. an. ʒ. ii. omnia ſimul terentur, & fiant tron ceti numero x.
de laquelle choſe pouuez adminiſtrer la groſſeur d'vne bonne febue à
chacune fois.

Quand l'oiſeau iette ſa viande.

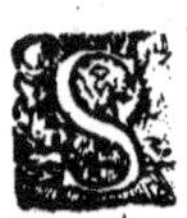
I l'oiſeau iette ſa viande, c'eſt pour deux occaſions : C'eſt à
ſçauoir par corruption de l'eſtomach, ou par maladie : & s'il
la iette par accident, l'haleine ne la viande ne puent point : &
s'il la iette par corruption, l'haleine & la viande qu'il iette
puent.

La Medecine.

Si l'oiſeau iette le paſt par accident, donnez luy aloës cicotrin, & le
laiſſez eſtre par ſix heures ſans le paiſtre, & puis paiſſez le vn peu, & de
bonnes viandes. Et s'il iette par corruption, donnez luy des pillules qui
s'enſuiuent, & puis le laiſſez par huict heures ſans le paiſtre. R. aloës cicotrin, cum ſpeciebus part. iii. maſticis, part. ii. rubarbari part. ſ. conficientur cum ſucco abſintij fiant pillulæ. Et huict heures apres ſoit pu
voſtre oiſeau de petit, & ſuuuent de la poictrine des petits oiſeaux trē-
pée en eau tiede, en laquelle ayent eſté boüillies les choſes qui s'enſuiuent, c'eſt aſçauoir, maſticis, garofili, ſpice nardi, nucis muſcatæ, cina-
momi, galāgæ, & ambræ. Et qui mettroit leſdites choſes deſſuſdites en
eau de vie, & les laiſſer tremper par l'eſpace de vingt-quatre heures, &
apres que l'on donnaſt d'icelle eau auec la viande, tāt qu'il en pourroit
en demie coquille de noiſille, ce ſeroit ſouueraine choſe, ceſte poudre
qui s'enſuit eſt bien profitable pour faire retenir le paſt à vn oiſeau, &
pour le faire reuenir à ſoy. R. coralli rubei. ʒ. iii. aloes ʒ. ii. cynamomi,
roſarum rubrarum an. ʒ. ii. garofili, maſticis, galangæ, an. ʒ. v. fiat
puluis, & detur cum paſto, ou vne des choſes deſſuſdites par ſoy.

B b   ij

fpecialement le girofle ou maftic. Vn peu de chair de bœuf trempée
en eau ardant, fait tenir le paft aux Faucons. Mais pour Efperuiers, Autours & Tiercelets , feroit trop fort. La reubarbe, & aloës accouftrent
l'eftomach, plus qu'autre medecine, en euacuát les mauuaifes humeurs,
& pour ce ie confeille qu'incontinent que l'oifeau aura ietté le paft,
qu'on luy donne poudre d'aloës & reubarbe auec vn peu de viande, &
quand il aura enduit, luy foit donné eau cordialle, comme trouuerez
au chapitre des chofes cordialles cy apres. Et notez que la reubarbe
conforte plus que l'aloës, & l'aloës lubrique plus l'eftomach.

Des ventofitez.

LEs ventofitez fe peuuent congnoiftre comme au chapitre
vniuerfel de la cognoiffance des infirmitez eft declaré.
La Medecine.
Donnez à l'oifeau auec fon paft, poudre de femence de
maftic, & ce vaut contre indigeftion , ou vn peu d'aloës,
car il leur fait vomir & ietter hors celles humeurs fuperflues: parquoy
l'eftomach fera mis en bon eftat, car l'infirmité leur vient d'indigeftió,
& par paft engendrant vent, qui leur engendre colique. Et par ce incontinent qu e vous apperceurez qu'ils feront entachez d'icelle maladie, fecourez les auec la medecine deffufdite, & auec paft reftauratif. Et
quand l'oifeau fera retourné à naturelle matiere, luy foit donné auec
le paft, puluis boliarmenic, & cacabie.

Pour les infirmitez du foye, & la medecine.

LEs infirmitez du foye fe cognoiffent ainfi qu'a efté
dit au chapitre cy-deuant.
Pour guarir cefte maladie, le paft & gras nerueux
eft defendu à l'oifeau, & fon paft doit eftre trempé
cum aqua folatri. Et puis foit faigné de la veine qui
eft fous l'aifle , en maniere qu'il en faille quelque
goutte de fang, & le paiffez de petits poulets, & de
chair frefche, qui foit trempée en laiſt d'oüaille ou en fuc d'appio. Si
par cefte maladie auoit foif, ce que ne peut eftre autrement, donnez
luy fyrupus rofarum vel violarum, cum aqua clara, ou reubar. liqui-
ritia, bethonica infufa in aqua per noſtem.

De la tignolle, & de sa Medecine.

Oute ceste infirmité se cognoist par la cheutte des pennes hors de saison. Soit oingt le lieu auec baume, qui en pourra trouuer, car c'est chose qui est grandement profitable : ou bien on luy donne fellis bouini, limatura ferri, celidonia, saluiæ, absintij, mille foliorum, stercus anseris, corticis oliuæ, salis nitri, aloës, centaurea. Et faut que toutes ces choses soient bien incorporées auec fort vinaigre, & en oindre le lieu, & s'il ne treuue allegemēt, qu'on saigne la veine, ou sur les cuisses, Et si par ce ne guarit, saignez le auec vne aiguille d'or ou d'argent, au lieu où les pennes tombent, & là où il sera enflé & rouge : & frottez ledit lieu des medecines qui s'ensuiuent. R. aloës, piperis, mirrha, borat. album, pini corticis, granatorum adustorum an. part. puluerisentur, & cum forti aceto incorporentur, & vngatur locus, vt dictum est.

Des playes qui sont en l'oiseau.

Vand vn oiseau a la gorge rocte, cousez-la le plus doucement que vous pourrez, & la closture soit oingte cū oleo rosa. & therebentine, & le paissez petit & souuent. Oleum factū ex vitell. ouorum, est biē profitable pour appliquer és playes. Ouorum cum succo ruthæ & omnium consolidarum, stella maris, & laureola, sont fort bonnes & profitables. Et vnguentum commune vaut à ce mesme, & generalement à toutes playes: & si mestier est d'estre cousuës, qu'on les couse. Si l'oiseau a la fistule en la teste, elle se cognoistra quand il iettera sang par les narilles: alors plumez la teste au derriere, & luy cousez la veine qui passe au lōg de la teste, & oignez le lieu par l'espace de huict iours, auec oleum ros. & oleū ex vitell. ouorum. Il y a aucuns Fauconniers qui à telle infirmité percent les narilles d'vn costé iusques à l'autre auec vn subtil cautere. Mais le meilleur cautere est celuy du milieu de la teste, comme dit est. La fistule des narilles soit cauterisée auec vn fer subtil, iusques au fonds de la narille. Pour leuer la douleur d'vne aisle ou d'vne iambe, R. corticis oliuæ, absintij, ruthæ, fenugreci, decoquantur vsque ad tertiam. Et de ceste decoction estuue le membre par longue espace & par plusieurs fois. Si vn chien auoit donné poison à vn oiseau, donnez luy estoup-

pes hachées bien menu, & trempées en huyle de noix, ou luy donnez
huyle de noix, par foy, & il guarira. La morfure du Serpent fe cure en
luy donnant poudre de diptamo, ou de dyagomera, ou ferpentine, ou
de Tormentille, & Tyriaque, & iarfer la morfure, & lier quelque ani-
mal vif deffus, fendu par l'efchine. Quand le bec de l'oifeau fe creuace
& fend, côme fi le bec fe voulfift feparer de la tefte, lors le deuez cerner
tout à l'entour, & bien ouurir, & puis le cauterifer iufques au vif, & oindre le lieu auec oleum rofarum. Toute oingture doit eftre continuée
par neuf iours, cum oleo rof. & vitell. ouorû, exceptez celles de la tefte,
laquelle doit anoir emplaftre de pice nauali, feminis finapis, & butiro.
Il y a pour affaiter & adoucir le pennage deux manieres de faire les
pennes, l'vne à l'aiguille, & l'autre au tuyau, & eft le meilleur. Quand tu
enteras à l'aiguille, fais que la penne en quoy tu mettras l'aiguille foit
liée, à fin qu'elle ne fe fende, & puis taille le filet, fi tu veux, & fais que
l'aiguille foit trempée en eau fallée, ou en vrine. Et pour enter en canon, foit taillé le tuyau de la penne, mais premierement mettez dedans
vn petit baftonnet, à fin qu'il ne fende, & entez voftre penne dedans. Et
s'il y a des pennes ployées qui ne foient du tout rompuës, prenez le
trou d'vn chou, & le mettez en la braife tant qu'il foit bien chaud, &
puis le fendez par vn bout, & auec cela dreffez voftre penne. Ou autrement auec eau en quoy ait efté cuit le trou de chou. Si vne penne ou
deux tombent par coup, ou par heurter, foit incontinent prins oleum
laurinum, & oleum morum an. & foit appliqué au lieu où la penne fera
tombée, car c'eft la chofe du monde qui pluftoft le fera renaiftre. L'ef-
meut fanglant fignifie rompure & froiffement de corps. Les oifeaux
malades ou bleffez fe doiuent garder de vent, poudre & rofée. Notez
que l'on peche plus de donner trop de medecines que peu, car eftant
données elles ne fe peuuent retirer.

De la complexion des Faucons, & comme
ils fe doiuent medeciner.

PT parce que les Faucons noirs font melancholiques, ils doiuent eftre medecinez auecques medecines chaudes & humi-
des, pour caufe de la complexiô qui eft froide & feche: côme
aloés, poyure, chairs de coqs & de coulombs, paffereaux,
cheure ou cheureau. Les Faucons blancs font flegmatiques, & fe me-

decinent auec les medecines chaudes & seiches pour cause du flegme,
qui est froid & humide: c'est à sçauoir, auec cynamome, garofili, sirelis
mōrani, cardamomi, chair de bouc & de corneilles. Les Faucons roux
sont sanguins, coleriques, & se doiuent medeciner par medecines froides & attrempees en humidité & seicheresse, comme sont mirtile, ama-
rici, cassia fistula, acetum, chairs de poules & d'aigneaux.

Des cauteres.

POur le regard des cauteres, ils sont vtiles & derniers remedes,
quãd autremēt par medecines ne se peut faire, selõ tous ceux
qui ont traicté de la chirurgie. Premieremēt, ce que vous cau-
terisez doit estre purgé, specialemēt pour les cauteres de la teste, par e-
sternuer, & par vomir, & par conuenables purgations. Combien que
quand vous luy donnez le cautere, vous deuez tousiours administrer
les autres medecines appropriees au mal iusques à la fin de la cure. S'il
ne guerist par le premier cautere, laissez choir l'escarre de la teste, & luy
en donnez vn autre vn peu plus arriere que le premier. Les cauteres de
la teste veulent profondeur iusques à l'os, pour faire son escarre: & sur
le lieu cauterisé soit appliqué ceste emplastre. R. picis naualis. ʒ. ii. pul-
ueris sinapis. ʒ. j. butyri. ʒ. s. & fiat emplast. & luy faictes tenir vn chape-
let à bourle en la teste, afin qu'il ne puisse gratter le lieu. Les autres cauteres qui sont de la teste se doiuent oingdre par neuf iours, cũ oleo ros.
& vitell. ouorum. Tous cauteres se doiuent donner en Mars, si ce n'est
par necessité pour tenir les oiseaux sains. A chancre & aux apostumes
qui viennēt en la bouche & à la langue, & à fistule ou catarre, le dernier
remede est le cautere. Le cautere du milieu de la teste derriere les yeux,
est, pour le catarre, pour l'epilepsie, pour l'asma, pour la pierre, & pour la
goutte. Er sont des autres qui donnent vn autre cautere, depuis le bec
iusques à l'autre cautere derriere les yeux, tout du long de la teste. Les
cauteres pour l'asma, sont ceux du milieu de la teste, & de la fourche de
la poictrine, & celuy du milieu de l'estomach. Ceux de podagre & des
cloux, se doiuent faire au lieu que le mal se demonstre. Le Roy Daucus
appliquoit le cautere au milieu des reins en la fossette qui est celle part.
Le meilleur & plus excellent remede pour vne playe profonde, pourueu qu'elle soit fraische, est de dõner vn anneau de feu entour la playe,
& puis en apres l'oindre auec l'huile rosat & therebentine chaude. Mais
si la playe est enfistulee, dõnez luy vne poincte de feu iusques au fonds,
& le pensez, comme cydeuant est dict. Pillules pour conforter la teste

& l'eſtomach,& peur les mūdifier des mauuaiſes humeurs. R. turbith,
part.x maſticis iiij.aloe.xxviij.conficient, cum ſucco abſintij in hieme
in ætate cum ſucco liquiritię.Les cauteres preſque de toutes infirmitez
ſe doiuent donner les veines lacees, & cauteriſer le lieu où les infirmitez ſont ſoupçonnees.Le Roy d'Aucus, auec tous les autres cauteres
leur perçoit les narilles de part en pat, auec vn cautere bien ſubtil. Et
comme le cautere eſt le dernier remede, & le ſouuerain, auſſi eſt-il le
plus dangereux, & le plus difficile à qui ny regarde de bien pres.

Chairs vſables & bonnes.

Les chairs bonnes pour les oiſeaux, ſont Vache,Porc,Mouton,Lie-
ure & toute chair ſauuage: excepté Cerf & Sanglier fort vieux , mais
elles ſe doiuent lauer & nettoyer du ſang des veines & des nerfs auec
eau chaude.Garde-toy de donner peaux ne graiſſe à ton oiſeau,car par
ce leur pourroit ſuruenir mainte & diuerſe infirmité, & ſi fait mal dige-
ſer,& perdre l'appetit.

Chairs reſtauratiues.

Pigeons de ſuye,Paſſereaux, & tous petits oiſeaux champeſtres Oyes
& canes priuées & ſauuages,Poulaille, Tourterelles, Cailles, Francol-
lins,Cheureaux,cochons de laict, Chieure,Mouton,Souris,Faiſans,&
Perdrix.

Chairs laxatiues.

Tortues ieunes,Poulles, Ratelle, & foye de Cochons, & leur poulmon laué & trempé,ſpecialement qui mettroit ſuccre par deſſus , ſuccre candy eſt plus fort,chair de Veau ieune,chair de Bouc, en ſuperla-
tif degré,ſpecialement au mois d'Aouſt.

Chairs defenduës.

Oyſons, Cercelles, Cormorans, Corbeaux,Choüettes,Corneilles,
pource qu'ils ont le ſang amer & ſallé : car i'ay veu oiſeau de la ſudite
chair ſubitement ietter ſa gorge.

Des choſes qui font auoir faim.

Les pillules communes font auoir faim,quand elles ſont dónees en
la cure,& purgent les humeurs ſuperfluës. Le paſt oingt auec la fleur
de lard,fait fort affamer l'oiſeau,& eſt vne choſe moult ſaine.

Medecines laxatiues, & les dozes.

Turbit purge le flegmé,& s'en peut donner la groſſeur de deux pois
chiches aux Laſniers, Sacres, & Gerfaux. Mais aux Faucons Gentils
moins, & encores moins aux Autours, Tiercelets, Eſperuiers.La reubarbe ſe peut donner gros comme la quantité d'vne febue: & ſe don-

donne communément pour abondance d'humeur, & côtre vers. Trois
pieces de celidoine, ſtafiſagre, aloes, le lardon, poiure, toutes ces choſes ſe peuuent donner quand l'oiſeau iette rhume ou quand vous le
voulez faire ietter le flegme à la muë ou le paſt, & ſuffit d'en donner
d'vne ſorte à la fois.

Les choſes cordiales, & confortatiues

Le meilleur paſt & nutriment, & le plus profitable aux oiſeaux malades, & bien reſtauratif, ſelon Armodeus, ſpecialement à ceux qui ne
peuuent enduire la chair. R. lactis recentis part. iij. vitell. ouorum. Et
ce battez enſemble, & apres le faites cuire iuſques à ce qu'il deuienne
eſpais, dequoy vous paiſtrez voſtre oiſeau, & s'il ne vouloit manger,
mettez de quelque ſang par deſſus, & tel paſt luy donnez peu à peu, &
ſouuent. Le iaune d'œuf cuit auec eau eſt bon paſt, par defaute de
chair. Pillules confortatiues pour l'eſtomach ſecundum Io. Serpaion.
R. aloë part. iiij. maſticis par. j. conficientur cum ſucco ſolatri. Le paſt
trempé en vinaigre auec ſuccre, fait auoir faim merueilleuſement.
Mais il ſe doit donner vn ſoir auant qu'on aille voller. Le matin qu'on
veut faire voler, trois petits lopins de chair trempee en vin-aigre ſont
fort bons. Pour faire ladicte fleur de lart, mettez tremper voſtre lart
par pluſieurs iours en eau courante, tant qu'il ſoit bien deſſalé, & puis
le raclez. Ou autremenr, fondez voſtre lart, & puis le iettez en eau
fraiſche, & ce faictes pluſieurs fois, & c'eſt la fleur deſſuſdite.

Des choſes qui font muer.

Prenez vne Couleuure, & luy taillez vn peu de la teſte, & autant de
la queuë, & du milieu paiſſez voſtre oiſeau: car cela fait biê muer & tout
entierement. Le grain du ſerpent noir, & en nourrir des poulles, deſquelles paiſſes voſtre oiſeau, fait pareillement muer, lequel grain ſe
fait en ceſte maniere. Prenez vne couleuure noire, & la mettez bouillir en eau auec du forment, & en nourriſſez vos poullailles & leur donnez à boire l'eau. Mais le bon paſt & les Souris font muer naturellement, & mieux que toutes les medecines du monde. Et aucunesfois
leur dônez paſt laxatif pour les faire tenir lubriques. Vous deuez mettre l'oiſeau gras en la muë, & qu'il ait touſiours l'eau deuant luy, & le
preau verd, & luy muer ſouuent le paſt, en luy donnant vne fois la ſe-
maine le paſt laxatif, & ceſte regle deuez tenir aux Nyez. Et le Hagart
ne ſe doit mettre en la muë, mais ſe doit muer ſur le poing, car il s'e-
ſtrangeroit trop des gens, & s'il battoit par le chaut, boutez luy le cha-
pelet, ou l'esbouſſez d'eau froide, & il ſe tiendra en paix, & ceſte peine

C c

de se tenir sur le poing durera iusques à tant qu'il commencera à jetter,
& alors le pouuez mettre sur vne pierre comme les autres. Et quant il
vollera, tenez le sur vn billot de bois, que s'il estoit couuert de drap, il
seroit meilleur. Autours, & Tiercelets, & Esperuiers, se muent comme
les Faucons, sinon qu'ils ne veulent point estre portez, mais doiuent
estre en la muë, & nettement seruis. Les Esmerillons se muent auec les
pieds dedans le mil iusques aux genoux, pource que s'ils voyoiët leurs
pieds, ils les mangeroient pour la grande chaleur qu'ils y ont: & la froideur du mil corrige icelle grand' chaleur, & celle humeur superfluë.
Auant que tirer vostre oiseau de la muë quinze iours ou vingt iours
faut le commencer à dessimer & restraindre son past, pour cause de la
repletion : car il pourroit en prendre tant qu'il luy seroit mal.

Pour faire le lardon.

Le lardon se fait en ceste maniere. R. piperis par. ij. salis communis
par. iij. cineris par. j. & ce soit incorporé ensemble, & en faictes trois
petits morceaux de lart, desquels soient bien saupoudrez des poudres
dessusdites, & luy dônez par force, & le laissez ieusner par treze heures, & le l'endemain luy presentez l'eau, car il aura mestier.

Pour leuer & oster les poulz.

R. piperis part. j. cineris part. ij. Et auec eau chaude soit laué par tout
le corps, & luy gardez bien les yeux. Les Alemans les orpimantent
tout à sec, & ce est bon pour temps chaut. La decoction de la mente
Romaine faict mourir les poulz, & pareillement l'estafisagre.

Quand vous aurez osté les poulz de vostre oiseau, faictes le dormir
par deux ou par trois nuicts sur vne peau de Lieure, car tous les poulz
se boutteront dedans.

Dequoy on donne les cures.

Vous deuez entendre qu'on donnes les cures de cotton, de queuë
de Lieure, estouppes taillees, ou pieds rompuz, ou de plume. Et est à
sçauoir, que les cures baignees ne sont pas si fortes côme sont les essy-
tes, excepté qu'elles fussent baignees en choses laxatiues.

L'on doit donner tous les soirs cure, & tous les huict iours vne de
cotton, & aux muez tous les quinze iours, & aux sors tous les vingts
iours.

FIN.

Recueil de tous les oiseaux de proye qui seruent à la vollerie & Fauconnerie, par G. B.

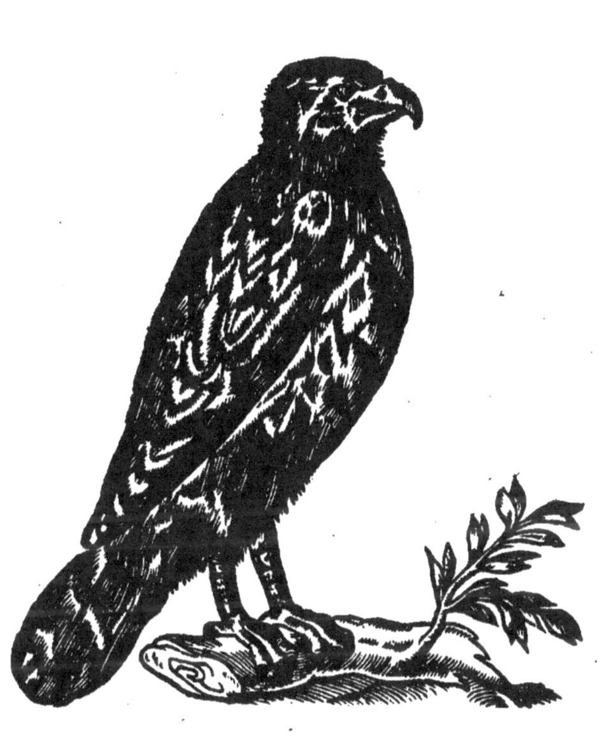

C'est vne chose asseuree de tous, que les Seigneurs Grecs & Romains, tant de l'O-
rient, de l'Asie, que de nostre Europe, n'auoient cognoissance de l'art de Fauconnerie,
à plus forte raison, ne les personnes priuees, n'ayans ne la puissance ny le vouloir de
faire despence à vne chose qui est sans profit. Puis donc que c'est vne inuention moder-
ne, il se trouue bien peu d'Auteurs qui en parlent: encores s'ils en parlent, c'est seulement en passant & conferant noz oiseaux de proye auec ceux des Anciens, accordans
les noms Grecs ou Latins auec les noms François, & en passant disent quelque mot de
leur nature & proprieté. Ce que i'ay voulu n'estre ignoré des plus curieux & sçauans
Fauconniers de nostre France, afin d'estre excusé d'vn si petit Recueil: attendant que
quelque autre plus docte & mieux entendu en l'art de Fauconnerie y mette la main.

C c iij

ET PREMIEREMENT.

Fin de la Table.

Des noms des oiseaux de proye.

TOvs oiseaux de proye sont comprins soubs ces deux noms, Ætos, ou Hierax, c'est à dire, Aquila, ou Accipiter: & de ces deux genres y en a qui seruent à la vollerie, desquels seulement entendons parler. Car tous oiseaux de proye ou de rapine ne seruent à la Fauconnerie: mais seulement ceux qui sont hardis, & de franc courage, & qui peuuent voller l'oiseau tant par les riuieres que par les champs. Or comme les Grecs ont voulu que Hierax, & les Latins, que Accipiter, qui est le Sacre, nom special à vn oiseau de proye, donnast le nom vniuersel à tous autres oiseaux de rapine, comme par maniere d'excellence: aussi les François de nostre temps, ont fait que le Faucon, qui n'est que nom special d'vn oiseau de proye, donneroit le nom vniuersel à tout le genre des oiseaux de proye: parce qu'il surpasse les autres en bonté, hardiesse, & priuauté: comme si l'on vouloit dire, Faucon Gentil, comme Pelerin, Faucon Sacre, & ainsi des autres, D'auantage, comme le Faucon, qui n'est que le nom special d'vn oiseau, a donné le nom à tous les autres oiseaux de proye, aussi a il donné le nom de Fauconnier à celuy duquel l'estat & office est d'appriuoiser tels oiseaux, & le nom de Fauconerie à l'art & science de leurrer & appriuoiser les oiseaux de proye ou de rapine, pour les faire voller aux autres oiseaux, tant aërez, terrestres, qu'aquatiques.

De combien despeces il y a d'Aigles.

MAis puis que nous auons diuisé tous oiseaux de proye ou rapine, qui seruent à la Fauconnerie, en Aigles & Faucós: nous parlerons premierement de l'Aigle, & du Vautour, qu'aucuns ont pensé estre comprins soubs les especes de l'Aigle puis les Faucons, qui sont oiseaux de proye seruans à la vollerie, qui ont prins leur nom de Faucon.

Selon Aristote, il se trouue six especes d'Aigles, qu'il a nommees de nom que les habitans de la Grece leur auoient baillé. Pline en fait mesme diuision, les nommant toutesfois autrement qu'Ariſtote à cauſe qu'ils eſtoyent de diuers pays, & ont eſcrit en diuerſes langues. Mais par ce que n'entendons icy parler que des eſpeces d'Aigles qui ſeruent à la Fauconnerie, nous parlerons ſeulement de deux eſpeces d'Aigles: car auiourd'huy pour la Fauconnerie nous ne cognoiſſons que le fauue, qui eſt l'Aigle Royal, & le noir: eſtans les autres eſpeces de ſi petit courage qu'on neles ſçauroit leurrer pour la Fauconnerie.

De l'Aigle fauue, qu'on nomme l'Aigle Royal.

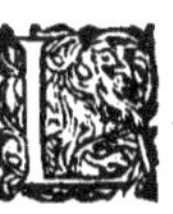

L'Aigle ſauue par Ariſtote eſt appellée en Grec Gneſion qui ſignifie en François legitime & non baſtard: par ce que c'eſt la vraye & legitime entre toutes les autres eſpeces d'Aigles & auſſi la nomme de diction Grecque Chryſaëtos, à cauſe de ſa couleur fauue, & en Latin Stellaris & Herodius: c'eſt celle que nous nommons l'Aigle Royal, & Roy des oiſeaux, & autresfois Aigle de Iupiter: & c'eſt celle qui ſe doit cognoiſtre pour la principale, eſtant de plus grande corpulence que les autres, auſſi eſt plus rare à voir: car elle ſe nourriſt par les ſommitez des hautes montaignes & ſi prent & mange toutes ſortes d'oiſeaux, & Lieures, & cheureux, & toutes autres beſtes terreſtres: combien qu'il ſoit ſolitaire, ſinon quãd il mene ſes petits auec luy, & les conduit pour leur enſeigner à prẽdre les oiſeaux, & leur gibbier: mais auſſi toſt qu'il les a inſtruits & apprins, il les chaſſe hors de là en vne autre côtree & pays, & ne leur permet ſe tenir en celle contree: afin que les pays où les Aigles ont fait leur aire ne ſoit deſpeuplé & deſgarny de gibbier, dont ils puſſent auoir faute, ſçachans que ſi les petits y demeuroient, ne laiſſeroient en brief temps aſſez proye qui les puſt fournir. Il la faut deſcerner d'auec les Vautours: parce que l'Aigle Royal de couleur fauue n'a le pied aucunemẽt velu, & couuert de plumes, comme l'on voit au Vautour. Il eſt bien vray que la iambe de l'Aigle eſt courte & iaune & a des tablettes pardeuant, mais les griffes ſont larges & le bec roir, long & crochu par le bout. Les queuës du grãd Aigle Royal, & auſſi du petit noir ſont courtes & robuſtes par le bout quaſi comme celles des Vautours. L'Aigle eſt touſiours de meſme corpulence, & n'y en a aucune qu'on puiſſe nommer moyenne, ou plus grãde, qui ne luy donne vn ſurnom de noire fauue, ou autre tel nom propre. Et ſi ce n'eſtoit qu'elle eſt ſi lourde à

porter

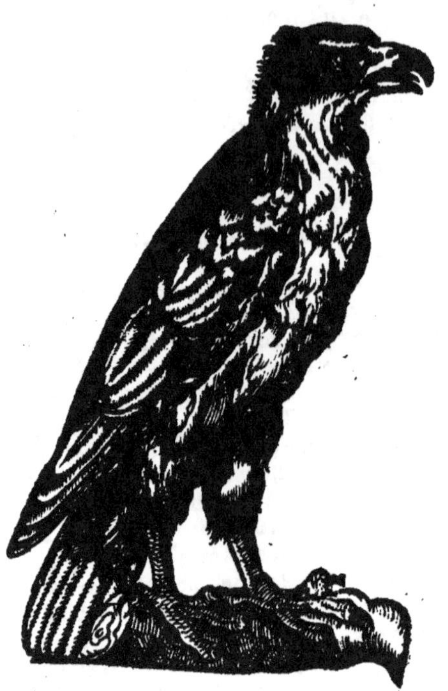

porter fur le poing (& de vray elle eft moult grande)& auffi qu'elle eft
difficile à appriuoifer du fauuage, l'on en verroit nourrir aux Fauconniers des Princes plus qu'on n'en fait. Mais parce qu'elle eft audacieufe
& puiffante, pourroit faire violence, fi elle fe courrouçoit contre le
Fauconnier, au vifage ou ailleurs. Parquoy qui la veut auoir bonne,
il l'a faut prendre au nid, & l'appriuoifer auec les Chiens courans, à
fin qu'allant à la chaffe, & la laiffant voller fuiuant les Chiens, lefquels ayant leué le Lieure, Renard, Cheureul, ou telle befte, l'Aigle
defcende deffus pour l'arrefter. On la peut nourrir de toutes manieres de chairs, & principallement des beftes qu'elle aura prinfe à la
chaffe. Rouge couleur en l'Aigle, & les yeux profonds, & principallement s'elle eft née és Ifles Occidentales, eft figne de bonté : car l'Aigle

rouſſe eſt trouuée bonne: auſſi blancheur ſur la teſte, ou ſur le dos, eſt
ſigne de meilleur Aigle. L'Aigle partant du poing, qui volle au tour
de celuy qui la porte, ou s'aſſied à terre, eſt ſigne qu'elle eſt fugitiue.
Quand l'Aigle eſpanoüiſt la queuë en volant, & tournoye en montant,
c'eſt ſigne qu'elle eſt deliberée de fuyr: le remede eſt de luy ietter alors
ſon paſt, & la rappeller bien fort. Et ſi elle ne deſcend à ſon paſt, ou
pour auoir trop mangé, ou pour eſtre trop graſſe, il faut luy coudre
les plumes de ſa queuë, afin qu'elle ne les puiſſe eſpanouyr, ne voller
d'icelles: ou bien luy plumer le tour du fondement, en ſorte qu'il ap-
paroiſſe, & lors craignant la froidure de l'air, ne taſchera à voller ſi
haut. Mais ayant la queuë couſuë, faut doubter les autres Aigles, car
alors elle ne les pourroit euiter. Quand l'Aigle tournoye ſur ſon maiſtre en volant, ſans s'eſloigner, c'eſt ſigne qu'elle ne ſuyra point. On
dit qu'vne Aigle peut arreſter vn Loup, & le prendre auec l'aide des
chiens, & qu'on l'a veu. Ceſté Aigle fait communément ſon nid au
coſté de quelque roche precipiteuſe, à la ſommité d'vne haute montagne, combien qu'elle le face auſſi ſur les hauts arbres des foreſts. L'on
dit que les payſans qui ſçauent le nid d'vne Aigle, voulans deſnicher
les petits, ſe font bien armer la teſte, de peur que l'Aigle ne leur face
mal: & s'ils luy en oſtent vn de ſes petits, & le tiennent lié à quelque
arbre aupres du nid, iceluy appellera ſa mere, laquelle l'ayant trouué,
luy apportera tant à manger, que celuy qui l'aura attachée trouuera
aſſez de gibbier tous les iours pour luy & ſix autres: car la mere luy
apporte Lieures, Connils, Oyes, & autres telles viandes. L'Aigle ne
ſe paiſt communément pres de ſon nid, ains s'en va pouruoir au loing.
Et s'il luy eſt reſté de la chair du iour precedent, elle la reſerue, afin que
ſi le mauuais temps l'empeſchoit de voller, elle ait aſſez de viande pour
le iour enſuiuant. Vne Aigle ne change point ſon aire durát ſa vie, ains
retourne à vn meſme nid par chacun an. Et a l'on obſerué pour cela,
que l'Aigle eſt de longue vie, & deuenant vieille, ſon bec s'allonge tant
qu'il deuient ſi crochu, qu'il l'empeſche de manger: tellement qu'elle
en meurt, non pas de maladie ou d'extremité de vieilleſſe, mais pour
ne pouuoir plus vſer de ſon bec, qui luy eſt ſi fort acreu. L'Aigle mene
guerre auec le petit Roitelet, mais ce qui en eſt, ſelon Ariſtote, eſt ſon
ſeul nom: car à cauſe qu'on l'appelle Roy des oiſeaux, lequel tiltre l'Aigle luy veut oſter. Encore y a vne autre ſorte de petit oiſeau, qu'Ariſtote à nommé Sitta, & les François vn Grimpreau, qui luy fait de grands
outrages, car lors qu'il ſent l'Aigle abſente, il luy caſſe ſes œufs. Quand

nous auons dit cy deſſus, que l'Aigle Royal eſt de couleur ſauue, pour
ſauue couleur entendons comme eſt celle du poil de Cerf. Et combien qu'Ariſtote la nomme Chryſaëtos, qui eſt à dire Aigle dorée, il
ne faut pourtant entendre que ſa couleur ſoit tant dorée, mais eſt
plus rouſſe que d'autres eſpeces. Les Peintres & ſtatuaires Romains
la deſguiſent en leurs pourtraiſts, mais chacun ſçait qu'elle eſt autrement. Les Aigles, tant ſauues que noires, ſont eſcorchees comme les
Vautours, & enuoyees aux Peletiers de France, auec leurs aiſles, teſtes, & pieds, de telles couleurs qu'auons diſt.

De l'Aigle noire.

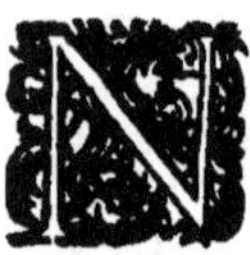

Ous auons dit qu'il y a ſeulement de deux ſortes d'Aigles,
qui ſeruent à la Fauconnerie, qui ſont la ſauue (de laquelle auons parlé) & la noire, qu'il nous faut deſcrire. Ariſtote nomme l'Aigle noire, Melauratus, & Lagophonos, parce qu'elle prend les Lieures, que les Latins ont nommee
Pulla, Fulua, Leporaria, & auſſi Valeria : qui ne ſe peut toutesfois bonnement diſtinguer, car ceſte noire eſt plus petite que l'Aigle Royal,
qui eſt la ſauue, que le Milan noir au Royal. Pline a mis ceſte Aigle
noire au premier ordre des Aigles, comme s'il l'euſt voulu preferer à
toutes autres eſpeces. Ariſtote ne l'a miſe qu'au tiers ordre : toutesfois en a diſt de grandes loüanges. Ceſte noire, dit-il, eſtant de moindre corpulence que les autres, eſt de plus grande vertu. D'auantage
il diſt que les Aigles volent haut pour voir de plus loing : & pour-ce
qu'elles voyent ſi clair, les hommes ont dit qu'elles ſont ſeules entre
les oiſeaux qui ſont participans de diuinité. Et auſſi pour la crainte
que l'Aigle a des eſchauguettes, elle deualle non tout à vn coup contre terre, mais petit à petit : & ayant aduiſé le Lieure courant, ne le
prent incontinent à la montaigne, mais ſçait bien temporiſer & atten-
dre qu'il ſoit en belle pleine : & l'ayant pris, ne l'emporte incontinent,
mais fait premierement experience de ſa peſanteur, & de là l'ayant
enleué, elle l'emporte.

Dd ij

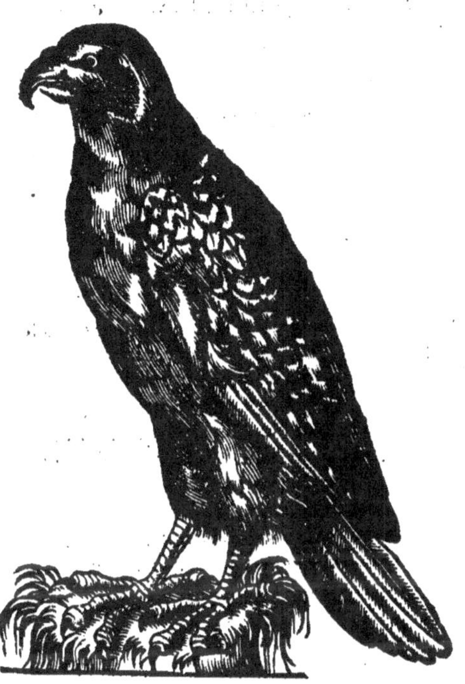

Du grand Vautour cendré.

I L y a deux efpeces de Vautours : à fçauoir, de cendrez ou
noirs, & de bruns ou blancheaftres. Premierement parlerons du cendré, qui eft plus grand que le brun, car le cendré eft le plus grand oifea de rapine qu'on trouue: eftans
les femelles plus grandes que les mafles, comme quafi de
tous les oifeaux de proye. Les Grecs appellent le Vautour Gyps, & les
Latins Vultur. C'eft vn oifeau paffager en Egypte, cogneu pluftoft par
fa peau qu'autrement, parce que les pelletiers ont couftume d'en faire
des pelliffes pour mettre fur l'eftomach. Les autres oifeaux de rapine
font differens aux Vautours, pource qu'ils ont le deffous des aifles tout

nud fans plumettes,mais les Vautours font couuert de fin dumet.Leur
peau eft quafi auffi efpoiffe que celle d’vn Cheureau : & mefmement
l’on trouue vn endroit au deffus de leur gorge, de la largeur d’vne pau-
me,ou la plume eft rougeaftre, femblable au poil d’vn Veau : car telle
plume n’a point fes tuiaux formez,non plus qu’aux deux coftez du col-
let,& au deffus du ply des aifles:auquel endroit le dumet eft fi blāc,qu’il
en eft luyfant , & delié comme foye. Les Vautours ont cela de particulier,que leurs iambes font couuertes de poils, chofes qui n’auient à aucune efpece des Aigles, ne oifeaux de rapine.

Du moyen Vautour, brun & blancheaftre.

L E Vautour brun ou blancheaftre eft different du noir ou
cendré, à ce qu’il eft quelque peu moindre que le noir : aiant
le plumage de fon col, du dos, le deffous du ventre , & tout
le corps de couleur fauue ou brune : mais les groffes plumes des aifles & de la queuë font de la mefme couleur du noir ou cendré : qui faiɛ̃t penfer à aucuns qu’il n’y a difference entre eux que du
mafle à la femelle : mais on les voit fouuent chez les grans Seigneurs,
auffi communs les vns que les autres. Toutes deux ont la queuë courte , au regard de la grandeur des aifles : qui n’eft de la nature des autres oifeaux de rapine : mais de celle des Pic-verds, car on la leur trouue toufiours heriffee par les bouts , qui eft figne qu’ils la frottent contre les rochers , où ils demeurent. Toutesfois les bruns ou blancs font
plus rares à voir que les noirs ou cendrez , auffi ont cela de particulier,
que les plumes de deffus la tefte font affez courtes , au regard de celles
des Aigles : qui a efté caufe que quelques-vns les ont trouuez chauues
combiē qu’ils ne le font pas. Le Vautour, cendré ou noir, & le brun ou
blanc, ont les iambes courtes , toutes couuertes de plumes iufques au
deffus des doigts : qui eft vne enfeigne entre tous oyfeaux de rapine,
qui conuient à eux feuls, & qu’on ne trouue en nul autre oifeau ayant
l’ongle crochu, hors mis aux oifeaux de nuiɛ̃t. Pour difcerner le brun
d’auec le cendré, il faut noter que le brun à les plumes du col fort e-
ftroittes & longues (comme celles qui pendent au col des Coqs, & E-
ftourneaux) au regard de celles de deffus le dos, des coftez, & des
coings du ply des aifles, qui font petites & largettes en maniere d’ef-
cailles : mais celles qui font deffous l’eftomach , comme auffi celles de
deffus le dos, & les autres qui couurent la racine de la queuë, font

D d iij

roufses, aux roux: & au noir, noires: mais en tous deux font larges. A caufe de leur grofseur, ils ne peuuent voler de terre fans aduantage. On les
voit rarement par les plaines d'Italie, Allemaigne & France, finon en
yuer, qu'on les voit voler en tous lieux: car alors ils laifsent les fommitez des hautes montagnes, euitans la grande froidure, & pafsent outre
la mer és regions chaudes. Les Vautours ne font communement que
deux ou trois petits, mais il y a grande difficulté à les defnicher : car le
plus fouuent ils font leur nid au cofté de quelque falaife, en lieu preci-
piteux, & de difficile accez. On les peut nourrir de tripailles, charon-
gnes, & vuidanges de beftes: auffi l'on dict à cefte caufe, qu'ils fuiuent
les champs pour en manger les vuidanges des beftes qu'on y tuë, & les
corps mots, dont aucuns ont dit qu'ils prefageoient vn grand meur-
tre, & vne grande occifion en vne armee.

Des Faucons.

 Ous auez entendu que tout ainfi comme les anciens ont vou-
lu que le Sacre que les Grecs nommoient Hierax, & les La-
tins Accipiter, fuft le terme principal, defsoubs lequel font
comprins toutes autres efpeces d'oifeaux de proye: femblablement les François de noftre temps, ont fait que le Faucon feroit
le principal en fon genre: voulans que le Sacre, Gerfaut, Autour, &
tels autres tinfsent auffi le furnom de Faucon: car nommans les vns
Faucons de leurre, ils mettent le Faucon Gentil au premier lieu, &
apres le Faucon Pelerin, le Faucon de Tartarie, le Faucon de Barbarie, le Faucon Gerfaut, le Faucon Sacre, le Faucon Lanier, le Faucon
Thunician, ou Punicien: qui font huit efpeces d'oifeaux de proye con-
gneus d'vn chacun, & familiers en France. Dont en y a quatre qui
volent de poing, & prennent de randon, qui font l'Autour, l'Efperuier
le Gerfaut, & l'Emerillon: & quatre qui volent haut, qui font le Faucon, le Lanier, le Sacre, & Hobreau. Les vns font retirez & rappel-
lez de leur vol en leur prefentant le poing: les autres en leur prefentant
le leurre, c'eft à dire vn inftrument qui eft en façon de deux aifles d'oifeau accouplees enfemble pendu à vne lefse, & vn efteuf ou crochet de
corne au bout: & les oifeaux font attirez par ce leurre, qu'ils penfent
eftre vne poulle viue. Les vns ne commacent la chafse, mais comman-
cée par les chafseurs, l'acheuent. Defquels nous traicterons l'vn apres
l'autre, & par ordre. Et ces oifeaux ne femblent eftre differends enfem-

ble, sinon qu'ils ne vollent indifferemment tous oiseaux: mais vn chacun d'eux s'attache à l'oiseau, à la chasse duquel il est adonné.

Du Gerfaut.

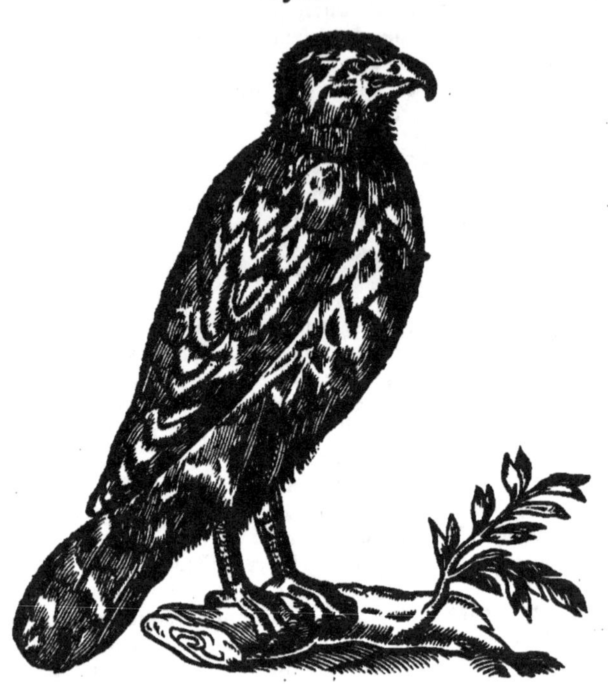

L ne se trouue point de Gerfaut sinon és mains des Fauconniers des grands Seigneurs, & est vn oiseau bien rare à
voir: il est de grande corpulence, de façon qu'aucuns ont
pensé que ce fust vne espece d'Aigle. Il est bon à tous oiseaux, car il est hardy, & ne refuse iamais rien : toutesfois
il est plus difficile à appriuoiser & leurrer que nul autre oiseau de
proye, d'autant qu'il est tant hazart & bizarre, que s'il n'a la main dou-

ce, & le maiſtre debonnaire, qui le traicte amiablement, il ne s'appri-
uoiſera iamais. Il eſt fort bel oiſeau, & ſpecialement quand il a mué: &
apres l'Aigle c'eſt l'oiſeau de plus grande vigueur que nul autre que
nous ayons. Le Gerfaut ſe tient aſſis ſur le poing, auſſi eſt de longue
corpulence, ayant le bec, les iambes & pieds de couleur bleuë, & les
griffes moult ouuertes, & longs doigts. Il eſt ſi hardy qu'il ſe hazarde
contre l'Aigle. Nous ne le verrions point s'il ne nous eſtoit apporté
d'eſtrange pays: & dit-on qu'il vient de la partie de Ruſſie, où il fait ſon
aire, & qu'il ne hante point ny Italie ny France, & qu'il eſt oiſeau paſſager en Allemagne, tant en la haute qu'en la baſſe: où les habitans le
prennent en la maniere des Faucons Pelerins, & de là le nous apportẽt
en France, autrement nous n'en aurions aucun. Et ſi on en apporte
quelqu'vn de par deça, il eſt communément vendu vingt ou trente
eſcus. Ceſt oiſeau eſt bon à tous vols, car il ne refuſe iamais rien, & ſi
eſt ouurier de prendre les oiſeaux de riuiere: car il les laſſe tant, qu'à la
fin ſont contraints de ſe rendre, ne pouuans plus faire le plongeon.
Aucuns tiennent que c'eſt Plangos & Morphnos des Grecs, & Ana-
taria des Autheurs Latins.

Du Sacre, & ſon Sacret.

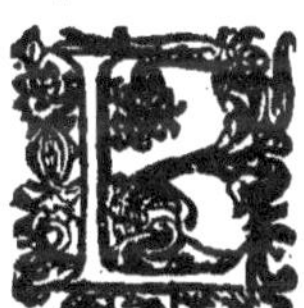

E Sacre eſt de plus laid pennage qu'autre oiſeau de
Fauconnerie: car il eſt de la couleur cóme entre roux
& enfumé, ſemblable au Milan. Il eſt court empieté,
ayant les iambes & les doigts bleuz, reſſemblant en ce
quelque choſe au Lanier. Il ſeroit quaſi pareil au Faucon en grandeur, n'eſtoit qu'il eſt compaſſé plus rond.
Il eſt oiſeau de moult hardy courage, comparé en force au Faucon
Pelerin: auſſi eſt oiſeau de paſſage, & eſt rare de trouuer homme qui
ſe puiſſe vanter & dire d'auoir onc veu l'endroit où il fait ſes petits.
Il y a quelques Fauconniers qui ſont d'opinion qu'il vient de Tartarie, & Ruſſie, & de deuers la Mer majeur, & que faiſant ſon chemin
pour aller viure certaine partie de l'an vers la partie du Midy, eſt prins
au paſſage par les Fauconniers, qui les aguettent en diuerſes Iſles de
la Mer Egee, Rhodes, Carpento, Cypre, Candie. Le Sacre eſt oiſeau
propre pour le Milan: toutesfois on le peut auſſi dreſſer pour le gibbier, & pour campaigne, à prendre Oyes ſauuages, Phaiſans, Perdrix
& à toutes autres manieres de gibbier. Les grands Seigneurs qui veulent

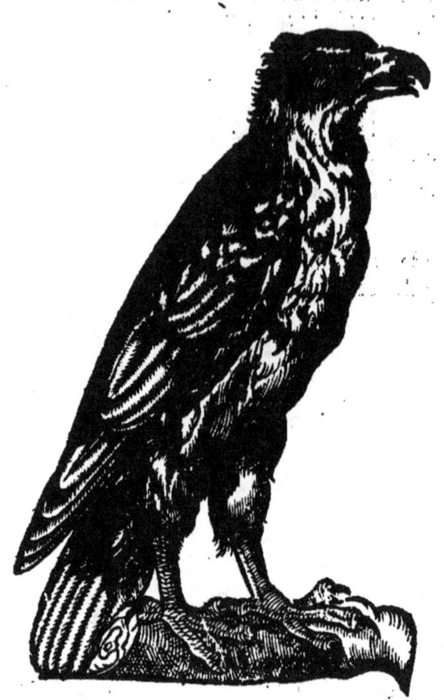

lent auoir le plaifir du vol du Milan,le font combattre au Sacre:& pour
le faire defçendre(parce qu'il eft couftumier de fe tenir l'Efté, & fur le
Midy , au plus haut du iour , fort haut en l'air, pour prendre la fraifcheur qui eft à la moyenne region de l'air) font toufiours porter vn
Duc fur le poing d'vn Fauconnier,à qui ils pendent vne queuë de Renard au pied : & le laiffant voler en quelque plaine, donne foudainement vouloir au Milan de defcendre:car quand le Milan auife le Duc,
incontinent il defcend à terre, & fe tient ioignant luy,ne luy deman-
dant autre chofe finon de le regarder, efmerueillé de fa forme. Alors
on lafche le Sacre fur luy,mais fe fentant leger, efpere le gaigner a vo-

ler: parquoy il monte foudainement contremont en tournoyant, le plus haut qu'il peut: & là le combat eſt plaiſant à voir, principalement ſi c'eſt ſur plaine ſans arbres, & que le temps ſoit clair, & ſans vent: car on les verra & Sacre & Milan monter ſi haut qu'on les pert tous deux de veuë. Mais rien ne ſert au Milan, car le Sacre le rend vaincu, l'amenant contre terre à force de coüps qu'il luy donne par deſſus. Sans le vol du Milan on ne verroit aucun Duc, d'autāt qu'ils hantent tant ſeulement en pays de montagne, où ils font leur aire, quelquesfois dans les rochers, & és pertuis des hautes tours. On fait voler au Sacre deux ſortes de Milans, c'eſt à ſçauoir le Milan Royal, & le Milan noir, qui donne plus d'affaire aux oiſeaux que le Royal: car il eſt plus agile, & de moindre corpulence. Aucuns tiennent qu'entre les oiſeaux de proye que le Sacre eſt le plus vaillant, plus fort que l'Aigle, ayant les ongles plus fermes & forts, la teſte groſſe, & le bec fort long: toutesfois il n'eſt pas ſi peſant que l'Aigle, & n'a pas les aiſles ſi grandes, & ſi le Sacre va touſiours en haut, ayant ſeul entre les oiſeaux de rapine la qüeuë fort longue. Nous appellons le Tiercelet du Sacre, vn Sacret, qui eſt le maſle, & le Sacre ſa femelle: entre leſquels il n'y a autre difference ſinon du grand au petit: car communément aux oiſeaux de rapine les maſles ſont plus petits que les femelles. Aucuns diſent que le Sacre a eſté nómé en Grec Triorchis, pource qu'il a trois teſticules, ſelon Ariſtote, & ſon Sacret, Hypotriorchis: en Latin Buteo, & ſon Sacret, Subuteo.

De l'Autour femelle, & de ſon Tiercelet maſle.

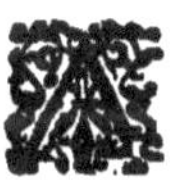

Vcuns ont penſé que l'Autour fuſt du genre des Vautours, à cauſe de l'affinité de ces deux noms. Les autres tienent que l'Autour & l'Eſperuier ne ſont differens qu'en grandeur: mais nous de dirons l'Autour à part, laiſſant diſputer les ſçauans Fauconniers.

L'Autour eſt plus priſé que ſon Tiercelet: car les maſles des oiſeaux de rapine mōſtrent à l'œil en pluſieurs eſpeces euidēte diſtinction de leur femelle: auſſi cognoiſt on l'Autour pour femelle, qui eſt beaucoup pl⁹ grande que ſon Tiercelet. Les Fauconniers en mettent encores vne autre eſpece, qu'ils nomment demy-Autour, comme moyen entre l'Autour & ſon Tiercelet, tous deux ſont plus hauts eniambez que les Gerfauts & Faucons. Ils ſont oiſeaux de poing au contraire des deſſuſdits, qui ſont de leurre. La femelle rapporte moult à la couleur de

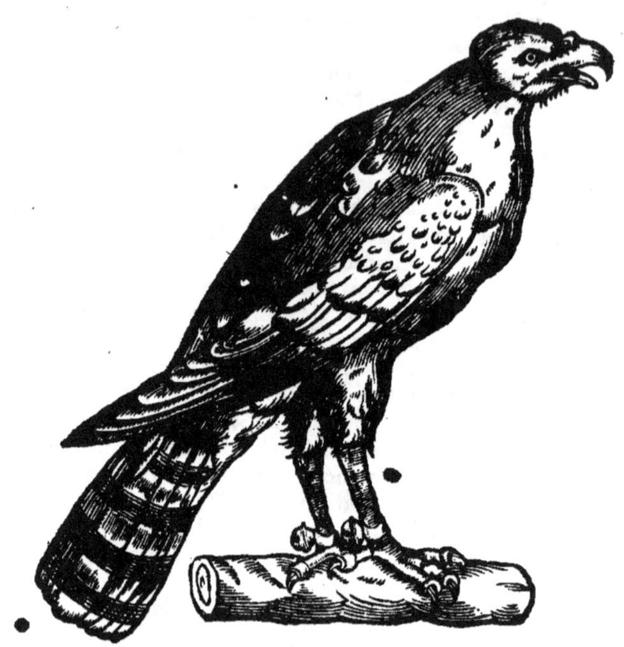

l'Aigle. Et faifant comparaifon du grand au petit, ils ont le col plus
long que l'Aigle, & font encores plus madrez, de rouffes taches, ayans
principalement le champs de la madrure roux. Ceux qu'on nous apporte d'Armenie, au recit des Fauconniers, & de Perfe, font les meilleurs apres ceux de Grece, & en dernier lieu font ceux d'Affrique.
Celuy d'Armenie a les yeux verds, fort different des autres Autours, &
a les pieds blancs comme aucuns Faucons Pelerins, bon pour les
grands oifeaux. Celuy de Perfe eft gros, bien emplumé les yeux clairs,
concauez & enfoncez, fourcils pédans. Les autres qui font de Sclauonie, font bons à toute vollerie, grands, hardis, & beaux de pennes: ils
ont la langue noire, & les narines grádes. Celuy de Grece a gráde tefte

gros col, & beaucoup de plumes. Il y a des Autours que les Italiens appellent Alpifani, defquels ils vfent fort en Lombardie, & en la Trufca-
ne, & en la poüille, qui font plus gros que longs, fiers & hardis. Celuy
d'Affrique a les yeux, & le dos noir, quand il eft icune: & quand il muë
les yeux luy deuiennent rouges. Ceux de Sardaigne ne femblent
point auffi les autres: ils ont les pennes brunes, fort petits, les pieds ve-
lus, coüars, & peu hardis. Mais les noftres que nos Fauconniers ont
pour le iourd'huy, font principalement venus d'Alemaigne, ayant le
tour des yeux, & celle partie du bec qui touche la tefte, comme auffi
les pieds, & les iambes, de couleur iaune, au contraire du Gerfaut qui
les a bleuës. Leur queuë eft bien fort madree de taches larges & obli-
ques: parties noires, parties grifes: comme auffi les plumes de deffus le
col & de la tefte, font plus rouffettes, & bien marquetées de noir: mais
celles des cuiffes, & de deffoubs le ventre, font autrement tachées: car
n'eftans fi fauues, ont les taches rondes, telles qu'on voit à l'extremité
de la queuë d'vn Paõ. Les Autours d'Alemaigne ne font gueres beaux
combien qu'ils foient grãds, de pennes roufles, peu hardis. Il s'en trouue aucuns qui font bons auant la muë, qui apres auoir mué ne vallent
plus rien. L'on en prent moult grande quantité en la foreft d'Arden-
ne, & en plufieurs lieux d'Alemaigne. La bonne forme d'Autour, eft
d'auoir la tefte petite, face longue, eftroicte comme le Vautour, & le
gofier large, & qu'il reffemble à l'Aigle, fes yeux grands, profans, & en
iceux vne rondeur noire: narilles, oreilles, crouppe, & pieds larges, col
long, groffe poictrine, chair dure, cuiffes longues, charnues, & diftantes. Les os des iambes & des genoux doiuent eftre fors, les ongles gros
& longs. Et dés le fondement iufques à la poictrine doit eftre côme en
vne rondeur de croiffant. Les plumes des cuiffes, vers la queuë, doiuẽt
eftre larges, & peu rouffes, & molles. La couleur de deffoubs la queuë
doit eftre comme celle qui eft à la poictrine. La couleur de l'extremité
des plumes de la queuë, doit eftre noire en la parties des lignes. Des
couleurs la mëilleure eft rouge, tendant au noir, ou au gris clair. La
mauuaife forme d'Autour, tant en petits qu'en grands, & eft quand ils
ont la tefte grande, le col court, les plumes du col meflees, fort emplu-
mez, charnus & mols: cuiffes courtes & greffes, iambes lõgues, doigts
courts, couleur tannee, tendant à noir, afpre foubs les pieds. Combien
qu'ayans obferué les Vautours, & autres oifeaux de proye, leur auons
trouué les iambes, pieds, & bec blefmes: és autres, bleuz, & és autres,
d'autre couleur, felõ leur aage & muë. Les Grecs ont appellé l'Autour,
Afterias Hierax, les Latins, a Accipiter Stellaris, les Italiens Aftures.

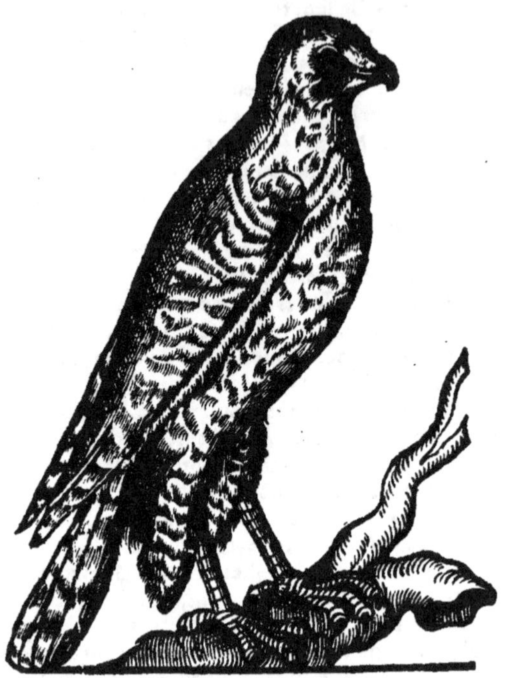

De l'Esperuier, ou Esparuier, femelle, & de son Mouchet masle.

Arce que selon aucuns, l'Esperuier & l'Autour ne different
qu'en grandeur,ie mets icy l'Esperuier apres l'Autour.Il y a
de deux sortes d'Esperuiers,de niais & de ramages: qu'ó ap-
priuoise, les tenant bien longuement & souuét sur la main
& principalement à l'aube du iour.On leur donne à manger deux fois
le iour, ou vne fois, principalement quand le lendemain on les veut
faire voller: car alors l'Esperuier doit estre bien affamé, afin qu'il volle
plustost apres sa proye. Sa nourriture doit estre de bonne chairs, specialement d'oiseaux,& de mouton,afin qu'il soit bien gras. L'Esperuier
est facile à laisser son maistre: & pour obuier à ce, faut que le maistre

E e iii

garde de le bleſſer, & ne luy contredire, car il eſt deſdaigneux. Quand
il ira voller, il ne le doit point laiſſer aller trop loing: d'autant que quãd
il ne peut attraper l'oiſeau qu'il volle, il s'en va par indignatiõ,& monte ſur vn arbre, ſans vouloir retourner à ſon maiſtre: qui ne le doit trauailler outre meſure, mais ſe doit contenter de ce qu'il pourra prẽdre,
& luy donner de ſa proye à manger, afin qu'il ſente ce que ſa proye luy
a valu, & qu'il ſoit excité de volontiers voler. Les oiſeaux que l'Eſperuier prend, ſont Perdrix, Cailles, Eſtourneaux, Merles, & autres ſemblables. Quelque part qu'il y ait des Pinſſons, & que l'Eſperuier paſſe,
on les oira crier à haute voix,& ſe le ſignifier de l'vn à l'autre : car entre
les petits oiſeaux, les Eſperuiers ayment à manger les Pinſſons. Mais
c'eſt que les Pinſſons deſcendans l'hyuer és plaĩnes, & volans à grandes troupes, ſe donnent pour paſture aux Eſperuiers : leſquels il nous
ſemble qu'ils ne partent aucunement de nos contrées.

Les Fauconnniers nõment diuerſement les Eſperuiers, ſelon diuers
accidens: car ceux qui ſont muez de bois, & ne tiennent point du ſort,
ſont nommez ramages : les autres qui ne ſont muez, & qui ſont nouuellement ſortis du nid, & ont eſté quelque peu à eux, ſont nommez
Niais. De telle ſorte fait bon choiſir pour apprendre : car ce ſont ceux
qu'il fait le mieux appreſter pour s'en ſeruir, comme auſſi eſt de ceux
qu'on ſurnomme Branchers: ſçauoir eſt qui ne ſont encores muez, &
qui n'ont point fait d'aire, & n'ont iamais nourry de petits.

Les Eſperuiers, comme auſſi tous oiſeaux de rapine, ſont couuers de
diuerſes pennes ſelon leur aages , & auſſi ſont differents ſelon leurs
tailles. Il y en a qui ſont couuers de menuës plumes blanches trauerſaines : les autres ſont couuers de groſſes plumes les Faucõniers les appellent mauuaiſes. L'Eſperuier meilleur pour la Fauconnerie eſt celuy
qui a la teſte rondette par le deſſus,& le bec aſſez gros, les yeux vn peu
cauez,& les cercles d'entour la prunelle de l'œil, de couleur entre vert
& blanc le col long & groſſet, groſſes eſpaules, & vn peu boſſuës. Doit
auſſi eſtre vn peu ouuert à l'endroit des reims, & affilé par deuers la
queuë. Ses aiſles ſoient aſſiſes en auallant le long du corps, ſi que le bout
s'appuye ſur la queuë, laquelle il doit auoir non trop longue, garnie de
bonnes pennes & larges. Auſſi faut que ſes iambes ſoient plattes &
courtes, & les pieds longs & deliez, la couleur entre verte & blanche,
les ongles poignans bien noirs & deliez. Quand les plumes trauerſaines d'vn Eſperuier ſont groſſes, vermeilles & bien colorées, & les

noüées groffes, & que celles de la poitrine enfuiuent bon ordre,& que
le breuil foit meflé de mefme trauerfaine,ainfi que le corps,& les fourcils foient blancs, vn peu meflez de vermeil, qui prennent le tour iufques derriere la tefte,& ayant les pennes larges,& foit toufiours familleux, fera entre tous autres de bonne eflite.

Il y a des Efperuiers appellez en Italien di Ventimiglia, fort grands:
ayans treze pennes en la queuë. Il en y a de Sclauonie, qui ont les pennes de la poitrine noires. D'autres font appellez Galabriens, qui font
moyens & fort hardis. Autres font qui viennent de Corfe, ayans les
pennes brunes. Ceux qui demeurent en Alemagne, font petits,& non
trop bons. A Veronne & à Vincence s'en trouuent de moyés en grandeur. Ceux que les Italiens appellent di Sabbia,ont les pennes rouffes,
& les taches dores comme vne Tourtre.

Les Efperuiers ne tiennent leurs perches fi conftamment comme
font les Faucons:parquoy on ne les prend fi fouuent aux lacets. On les
trouue volontiers perchez en temps d'hyuer aux bois de haute fuftaye
fur vn arbre grefle,en lieu où il y a abry le long de quelque haye, plus
toft qu'en vn bien gros arbre en vne haute foreft. Et vient à la perche
enuiron foleil couchant, volant principalement contre le vent. L'Efperuier eft de moyenne corpulence entre les oifeaux de proye, mais
fon mafle eft de moindre ftature. Il y a fi peu de difference entre l'Efperuier & fon mafle, qu'on n'y cognoift que la grandeur qui les puiffe
diftinguer. Son mafle de nom propre Fràçois eft appellé vn Mouchet.
Et pource qu'il n'eft hardy,& de franc courage, l'on n'a pas fouuent accouftumé de le nourrir pour s'en feruir à la Fauconnerie. La defcri-
ption des couleurs du Mouchet conuient à celle de l'Efperuier, à cefte
caufe les auons mis enfemble. L'Efperuier comme auffi le Mouchet,
ont le deffus de la tefte couuert de plumes brunes, mais la racine eft
blanche. Quelques plumes de celle partie des aifles qui touchent le
dos, font marquees de taches rondes & blanches. Les plumes qui
couurent le dos, & les aifles ne luy apparoiffent madrées finon
qu'on les regarde par le dedans, qui font principalement mer-
quees par le trauers. Les petites plumes qui ont entour les plis
des aifles, & au cofté de l'eftomach font rouffettes, comme
auffi font celles qui font deffoubs le ventre, qui luy apparoiffent
fort mouchetees par le trauers,ayant cela de particulier, que les coftez en font noirs. Aucuns difent que noftre Efperuier eft le mefme

oiſeau de proye que les Grecs appelloient Percus Spizias, parce qu'il
mange les Pinçons, & en Latin, Fringillarius, & en Italien, Sparuiero.

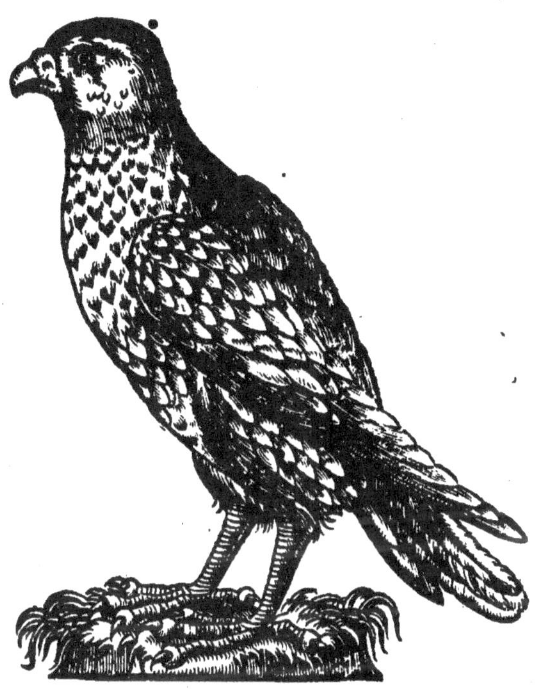

Des Faucons.

VOus pouuez entendre que la Fauconnerie eſt dediée pour
le plaiſir des grands Seigneurs, & principalement de noſtre
France : les eſtrangers eſtans aduertis de leur profit, s'eſtu-
dient de prendre diuerſes ſortes de Faucons, & nous les apporter: qui a eſté cauſe que nous en auons rencontré que les Grecs, ny
les Latins n'auoient point veu, & ainſi ne leur ont donné aucun nom,
parce qu'ils n'auoient l'vſage de les aduire au leurre, & par conſequent
n'eſtoient point maniez des hommes de ville. Et à cauſe que le Faucon

ſur

ſur tous les oiſeaux de proye, eſt le meilleur pour la vollerie, tõ' les autres oiſeaux de proye ont eſté appellez Faucons, comme deſſus a eſté
dit : car le Sacre, Gerfaut, Autour, & tels autres, tiennent le nom de
Faucon. Or maintenant nous entendons parler du Faucon en particulier, c'eſt à dire de celuy qui a baillé le nom à tous les oiſeaux de proye.
Les Faucons ſont bié d'autre genre que les Aigles, ear les Aigles à grãd
peine, encores qu'on mettõ long temps à les leurrer ſe peuuent accouſtumer à la vollerie. Mais les Faucons encores qu'ils ſoient ſauuages,
n'ayans iamais eſté leurrez, de nature ils giboïẽt : car voyans des hommes & des chiens de chaſſe, ils ſe mettent auec eux pour leur ayder,
frappans aucunesfois les oiſeaux qu'on vouloit prendre, l'autrefois les
eſpouuantans : s'aſſocians auec les hommes & les chiens pour auoir
part au butin. Les Faucons qui ſont de meſme genre & eſpece, prennẽt
grande difference entr'eux, & ſont appellez par diuers noms, ſelon le
temps qu'on les commence à nourrir, ſelon les lieux où ils hantent, &
ſelon les pays dont ils viennẽt. Nous les diſtinguons en muez de bois,
en ſors, en niards, ou niais, en grands moyens, & petits, qui ſont tous de
diuerſes tailles, & ont diuerſes pennes, ſelon diuers pays, auſſi ſont de
diuers pris, ſelon diuerſes loüanges de bõté. Le Faucon niard, ou niais,
eſt celuy qu'on prend au nid : & ceux-cy, le plus ſouuent, ſont grands
criards, & faſcheux à nourrir & entretenir. Le Faucon ſor, eſt celuy
qui eſt prins depuis Septembre, iuſques en Nouembre, ceux-cy ſont les
meilleurs de ce genre, car eſtans petits, ils ſont aiſez à s'appriuoiſer, &
eſtans deſia forts, & la ſaiſon en laquelle ils ſont prins temperée, appren-
nent plus facilement : ceux qui ſont prins és quatre mois ſubſequens,
combien qu'ils ſoient fort beaux, ſi ſont-ils maladifs, & faſcheux à entretenir. Et ceux qui ſont prins apres ce temps, combien qu'ils ſoient
forts, ſont toutesfois trõpeurs & cauts : par ce qu'ils ſont deuenus grãds
en liberté, qui eſt la cauſe qu'en ayant encore memoire, facilement ils
ſe deſtournent de ce qu'on leur a appris & enſeigné. Les Faucons ſauuages, qu'on a cogneu hanter és lieux mareſcageux, & ſe paiſtre d'oiſeaux de riuiere, ſont ſurnõmez Riuereux : les autres qui ſe nourriſſent
de Merles, Eſtourneaux, Corneilles, & Mauuis, ſont nommez Champeſtres. Il en y a auſſi qu'on nomme Faucons apprins de repaire. Il en y
a d'autres qui ſont appellez paſſants. Les autres ſont nommez eſtrangers, parce qu'ils viennent de loingtain pays. Puis encores on appelle
les Faucons par ces appellations, ſelon la bonté & le pays dont ils
viennent, où ils ſont prins : car il y a le Faucon Gentil, le Pelerin, le

E f

Tartaret de Barbarie, & le Tunicien ou Punicien.

Du Faucon Gentil.

L faut entendre qu'entre les Faucons, les Fauconniers loüent celuy qu'on nomme le Gentil pour eftre
bon Heronnier, & à toutes manieres d'oifeaux de
riuiere, tant deffus que deffous, comme à Roupeaux
qui reffemblent à vn Heron, aux Efpluchebans, aux
Poches, & aux Garfottes : & auffi que c'eft le plus
hardy & vaillant de tous les Faucons. Si ce Gentil
eft prins niais, on le peut mettre à la Gruë : car s'il n'y eftoit faict de
niais, il n'en feroit fi hardy : pour ce que n'ayant iamais rien cogneu,
le laiffant premierement fur la Gruë, il en fera trouué plus vaillant.

Du Faucon Pelerin.

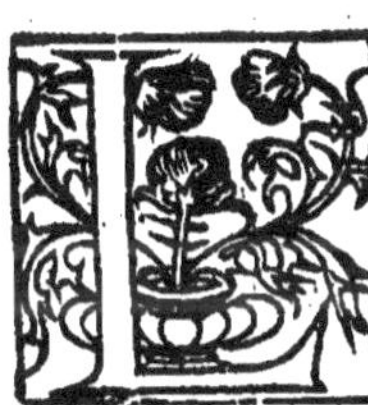

E Faucon Pelerin eft ainfi appellé par ce qu'il fait
de longs chemins & voyages, & paffe de pays en
autre, qui eft la faifon d'Automne, en laquelle
faifon il eft prins. Les autres difent qu'ils font prins
depuis Iuin iufques en Aouft : & qu'à caufe de la
chaleur ils font difficiles à auier & à leurrer. Les
fignes pour cognoiftre le vray Pelerin, font qu'il a
le bec gros & azuré, & depuis le bec iufques à l'oreille roux & noir, &
la tefte pigeaffée de blanc ou roux, les pennes grandes, & femblables à
la Tourtre, ayant la poictrine large, les pieds grands & azurez ou blâcs,
les iambes courtes & groffes. Cet oifeau Pelerin eft de fa propre nature
franc à tout faire, & n'y en a point entre tous les oifeaux de proye de
plus commun. On le leurre pour la Gruë, pour l'oifeau de Paradis, qui
eft plus petit que la Gruë, pour les Rouppeaux, pour les Poches, Garfottes, Ouftardes, Oliues, Faifans, Perdrix, Oyes fauuages, & toute autre maniere de gibier. Le Faucon Pelerin eft plus petit que tous les
autres Faucons, ayant les aifles & les cuiffes longues, les iambes & la
queüe petite, la tefte fort groffe : les meilleurs font ceux qui ont le bec
de couleur bleuë. Les Faucons Pelerins qu'on apporte de Cypre, qu'õ
cognoift à ce qu'ils font de petite corpulence, ayans leurs plumes rouffes font plus hardis que les autres. L'on penfe que ceux de Sardaigne

ſont moult ſemblables aux Cypriens, & que tels Faucons ſont fort bõs
Gruyers, & Heronniers, & aſſaillent hardiment les Cygnes.

Du Faucon Tartarot, ou de Tartarie, ou Barbarie.

Ous nommons le Faucon Tartarot Faucon de Tartarie, &
auſſi Faucon de Barbarie: car on le prend lors qu'il paſſe de
Tartarie en Barbarie : eſtant paſſager comme le Pelerin,
toutesfois de plus grãde corpulence, roux deſſus les aiſles,
& moult empieté de longs doigts. Quelques vns ont opinion que tels Faucons ſont eſpeces de Pelerins, & où il y a peu de difference. Quoy qu'il en ſoit, c'eſt vn oiſeau bien vollant, & qui aſſau-
hardiment toutes manieres d'oiſeaux de riuiere. Auſſi le peut-on mettre à voller tous ceux que nous auons nommez du Pelerin. De tous
deux peut-on voller pour tout le mois de May & de Iuin, car ils ſont
tardifs à leur muër : mais quand ils ont commencé à deſpoüiller leurs
plumes, ils n'arreſtent à eſtre muëz. Les Nobles qui habitent és iſles de
Cypre, Rhodes, & Candie vſent deſdits Faucons Tartares ou Barbares, plus volontiers que de ceux qui ſe trouuent niais en leur pays.

Du Faucon Tunicien, ou Punicien.

E Faucon Tunicien pourroit auſſi eſtre appellé Punicien:
car ce que nous liſons de la guerre Punique contre les
Carthaginois, eſtoit contre les habitans, où eſt maintenant
ſituée Tunis. Ce Faucon Tunicien eſt moult grand, approchant de la nature du Lanier, auſſi eſt-il de tel pennage, &
de tels pieds, mais il eſt plus petit, & de plus long vol, mieux croiſé: & a
groſſe teſte & ronde. Il eſt appellé Tunicien, pource que l'on l'apporte
du pays de Barbarie, car il fait ſon haire ne plus ne moins que le Lanier
en France. Auſſi eſt apporté par ceux de Tunis, qui eſt la maiſtreſſe ville
du pays. Il eſt fort bon pour riuiere, & bien montant ſur aiſle, & auſſi
pour les chãps, à la maniere du Lanier : mais il eſt rarement apporté de
pardeçà. Il y a vn Faucõ qu'on appelle Montain, ou Montagner, qui a
cela de propre qu'il regarde ſouuent ſes pieds: & ſi eſt fort deſpit, comme ſont communément tous les oiſeaux de proye : car à peine le Fauconnier le peut r'auoir, & ne peut reuenir à luy s'il a perdu ſa proye.

Du Tiercelet de Faucon.

Ous difons que le Tiercelet eft prononcé fuiuant l'etymologie d'vn tiers : & poffible que le Tiercelet gaigne cefte appellation Françoife de fa petiteffe. Aucuns difent que les Latins, à cefte caufe, l'ont nommé Pomilio. Les Tiercelets des autres oifeaux de proye font autrement nommez : car celuy de l'Efperuier eft nommé Mouchet, celuy du Lanier, Laneret, & du Sacre, Sacret. Lé Tiercelet de Faucon eft donc le mafle du Faucon, eftant de moindre corfage que le Faucon (comme font quafi tous les mafles des oifeaux de proye)& luy eft fi femblable qu'il ne differe qu'en grandeur, ayant les plumes beaucoup madrées, duquel la tefte eft fort noire : auffi il a les yeux noirs, & eft cendré par le dos, & deffus la queuë, qui toutesfois eft madrée, comme auffi font les plumes des aifles, defquelles le bout eft noir. Il en y a fix entieres, qui luy fortent dehors, comme au Faucon : car la feptiefme, qui eft la derniere, eft petite, & fe cache deffoubs les autres. Il eft oifeau de leurre, comme eft le Faucon, & non de poing. Ses iambes & pieds font iaunes, & a communément la poictrine pafle. Il porte deux taches bien noires fur les plumes, és coftez des yeux.

De la nourriture des Faucons, & comme il les faut choifir.

N autheur Grec nommé Suidas, dit que Falco eft nom general à tout oifeau de proye & de rapine, comme a efté Accipiter en Latin, & en Grec, Hierax. Feftus penfe qu'on le nommoit Falco, à caufe de fes ongles tournez en faux. Il femble qu'Ariftote n'a point vfé de telle diction, mais femble que pour noftre Faucon il ait entendu nommer Accipiter Palumbarius. Et de faict les oifeleurs n'ont aucun meilleur moyen pour prendre les Faucons que des ramiers. Quoy qu'il en foit, le Faucon eft le Prince des oifeaux de rapine (i'entens quant au vol) pour fa hardieffe & grand courage. Les Faucons ne doiuent eftre defnichez ne mis hors de leur nid qu'ils ne foient ja grandets, & en leur perfection. Que fi pluftoft on les ofte, il ne faut point les manier, mais faut les mettre en vn nid le plus femblable au leur qu'on pourra, & là les nourrir de chair d'Ours, & de poulets, ou autrement les aifles ne leur croiffent point, & les iambes & tous leurs autres membres facilement fe caffent & defnoüent. L'efle-

ction des Faucons pour les meilleurs, & ceux qui font de plus grand
prix font ceux qui ont la tefte ronde, & le fommet de la tefte plein , le
bec court & gros,les efpaules amples , les pennes des aifles fubtiles ,les
cuiffes longues,& les iambes courtes & groffes: les pieds noirs,grands
& eftendus. On cognoift les meilleurs & plus vaillás Faucós, à ce qu'ils
ont le col court,la tefte groffe & ronde , los de la poictrine fort aigu &
poinctu,les aifles longues,la queuë petite, les iambes courtes & bien a-
maffees & nerueufes,rondes par le haut,par le bas fermes & feiches: &
ont la face de couleur tachee de noir , & la peau de deffus & deffoubs
les yeux qui les couure,toute noire,mais aupres des yeux y a des taches blanches & cédrees & les yeux fort iaunes,auec la pupille noire.
Faut auffi pour choifir les meilleurs Faucons, eflire les moyens, qui ne
font ne grands ne petits,comme font ceux qu'on nomme Pelerins,qui
ont efté prins fur la falaife de la mer,qui n'ont gueres fejourné au pays
pour fe nourrir, & qui n'ont entédu finon à venir. Le Faucon auffi qui
a longues efpaules,lógues aifles, gifans au bout de la queuë, & que celles de la queuë monftrent groffes plumes, bien mouluës, & la queuë
moult longue, & qui fe termine en filant,comme celle d'vn Efperuier,
& que les pennes foient bien ródes, & que le bout de la queuë ne foit
blanc de plein pouffe,ayant les nerfs vermeils, fera eftimé & loüé entre tous les autres. Auffi doit auoir les pieds de la couleur de ceux
d'vn Butord,& bien fendus, & verds , les ongles noirs , bien poinctus
& trenchants & ne doit eftre ne trop haut affis, re trop bas , mais que
la couleur des pieds & chiere du bec foit toute vne. Cuiffes groffes , &
iambes courtes,plante large, molle & verde , & plumes legeres. Auffi
doit auoir le bec broffie,& groffet,grandes narines & ouuertes,& doit
auoir les fourcils vn peu hauts & gros, & les yeux grands & cappes , &
la tefte vn peu voultiffee & rondette par le deffus. Et quand il eft feur,
qu'il face vn peu de barbette deffus le bec auec fa plume. Auffi doit a-
uoir le col long, & haute poictrine , & vn peu rondette fur les efpaules
à l'affembler du col, & fe doit feoir large fur le poiug, peu reuers,mor-
dant & familleux. Ses plumes blanches & colorees de vermeil , & les
noüees groffes & bien vermeilles. Les fourcils & ioües blanches , colorees de plumes vermeilles,la tefte grize,le dos de bize couleur,com-
me celuy d'vne Oye, les plumes larges & rondes , & fur tout il ne doit
point eftre grand,mais fe doit entrefuir de plumes,de pied & de bec,&
doit auoir auffi l'ouure grande, & dedans l'ouure ne doit point auoir
vn bout de l'efcofraye.

Ff iij

Les Faucons ſe perchent en diuerſes manieres , dont y en a qui tiennent leurs perches longuemēt,&n’ont gueres accouſtumé de les prendre dedans la foreſt,mais à l’orée du bois, deſſus les branches des hauts
arbres,à l’endroit où il y a meilleur abry,& où il ne vente point:ou bien
s’aſſeoient ſur les guignons des rocheſés hautes falaiſes.

Pour les appriuoiſer les faut ſouuēt tenir ſur la main,les nourrir d’aiſles & cuiſſes de poulles moüillées en l’eau , & mettre en lieu obſcur , &
ſouuent leur preſenter vn baſſin plein d’eau, où ils ſe puiſſent baigner,
puis apres le bain les ſecher au feu. On les accouſtume à chaſſer premierement petits oiſeaux, puis moyens,par apres des grands:& ne faut
faillir à leur dōner curée des oiſeaux qu’ils aurōt prins.Ils vollent merueilleuſement toſt,& montent en haut en roüant & regardant en bas:&
où ils voyent la Câne, l’Oyſon,la Gruë, le Heron,ils deſcendent cōme
vne ſagette, les aiſles cloſes, droiĉt à l’oiſeau, pour le deſtōpre à l’ongle
de derriere:& s’ils faillēt à le toucher,& qu’il ſuye,vollēt ſoudaineˉmēt
apres, & s’ils ne le peuuent attraper,perdent leur maiſtre. Le Faucō ſur
tout eſt propre pour voller le Heron , & tous autres oiſeaux de riuiere.

Du Lanier femelle , & de ſon Laneret maſle.

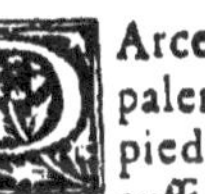Arce que le Lanier approche de la nature du Faucon, princi-
palement du Tunicien , & auſſi eſt de tel pennage, & de tels
pieds,& que le Lanier entre les oiſeaux de Fauconnerie, prēd
auſſi le ſurnom de Faucon , car ils dient communément Faucon Lanier, nous l’auons mis apres les eſpeces des Faucons.

Monſieur du Foüilloux , Gentilhomme autant accord & accomply
qu’il s’en trouue en noſtre France (auquel toute la poſterité ſeroit re-
ĉ .uable s’il nous vouloit mettre en lumiere ſa Fauconnerie , comme il
a faiĉt heureuſement ſa Venerie)dit par vn petit fragmen que i’en ay
veu,qui ſeruira d’eſchantillon pour le reſte, que les Faucons Laniers &
autres oiſeaux qui hantent les coſtes de France, & principalement noſtre Guyenne,viennent de deux pays : les vns des pays froids , comme
de la Ruſſie, de la Pruſſe, de Norouargue, & autres pays circonuoiſins,
qui ſe cognoiſſent aux pennaches, aux pieds & à la teſte. Et telle ſorte
d’oiſeaux ſuiuent en ce pays de deçà les Pluuiers & Vaneaux. Ils viennent de ces pays-là,à cauſe des grādes froidures,& des bords des Mers,
qui ſont gelez , & parce veulent approcher du Soleil, & meſme paſſent
outre noſtre region , pour aller en la coſte d’Eſpagne & d’Afrique. Et
quand ils retournent de leur paſſage,qui eſt en Mars, les Gruës retournent auſſi pour aller aux aires. Nous cognoiſſons ces oiſeaux aux pen-
nages, qu’ils ont fort gaſtez , à cauſe de la ſalſitude de l’air marin, qu’ils

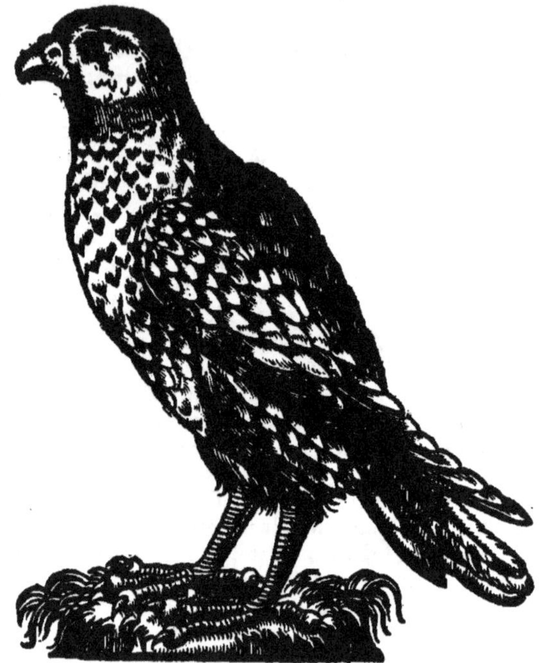

ont paſſé qui leur a mangé le pennage, & on les appelle à ce retour Lan-
tenaires. Les autres Faucons qui viennent d'vn autre pays, comme du
pays chaud deuers les monts Pyrenées, du coſté d'Affrique, & des mô-
tagnes de Suiſſe, ſont aiſez à cognoiſtre par les ſignes, que Dieu ay-
dant quelque iour il nous monſtrera. Le Faucon Lanier eſt ordinairement trouué faiſant ſon haire en noſtre Fráce : & pour ce qu'il s'y trouue, & qu'il eſt de mœurs faciles, l'on s'en ſert communémét à tous propos. Il fait tous les ans ſon aire, tant és hauts arbres de fuſtaye, comme és hauts rochers, ſelon les pays où il ſe trouue. Il eſt de plus petite corpulence que le Faucon Gentil, auſſi eſt de plus beau pennage que le Sacre, & principalement apres la muë, & plus court empieté que nul des autres Faucons. Les Faſconniers choiſiſſent le La-

nier ayant groffe tefte, les pieds bleuës & orez. Le Lanier volle tãt pour
riuiere que pour les champs. Et pource qu'il n'eft dangereux pour fon
viure, il fupporte mieux groffe viande, que les autres Faucons de gen-
tes pennes. Les marques font infaillibles pour recognoiftre le Lanier:
c'eft qu'il a le bec & les pieds bleuës, & les plumes de deuant meflées
de noir auec le blanc, non pas trauerfées comme au Faucon, mais de
taches droites le long des plumes. Le Plumage du Lanier de deffus le
dos, ne luy femble eftre madré, non plus que par deffus les aifles & la
queuë. Et fi d'auenture il y a des madrures, elles font petites, rondes &
blancheaftres: mais quand il eftend fes aifles, & qu'on le regarde par
le deffoubs, fes taches apparoiffent contraires à celles des autres oyfeaux de proy͜e: car elles font rondes & femées par deffus, comme petits deniers; nonobftant comme nous auons dit, les pennes de deuant
& de deffoubs la poictrine, ont les bigarrures eftendues en long fur
les coftez de la penne. Son col eft court & groffet, & auffi fon bec.
Les Fauconniers voulans faire le Lanier gruyer, le mettent en vne
chambre baffe fi obfcure qu'il ne puiffe voir aucune lumiere, finon lors
qu'ils luy baillent à manger, & auffi ne le tiennent fur le poing que de
nuict. Et alors qu'ils font prefts de le faire voller, font feu en la chambre pour l'efchauffer, afin de le baigner en pur vin: puis l'ayant effuyé,
le font repaiftre de ceruelle de geline: & le portant deuant le iour, celle
part où eft le gibier, le iettent de loing à la Gruë, deflors qu'il commence à eftre iour: s'il ne prend ce iour, il ne laiffera eftre bon par apres,
principalement depuis la my-Iuillet, iufqu'à la fin d'Octobre. Le Lanier
eft femelle, fon mafle eft nommé Laneret. Il n'eft aucun oifeau qui tié-
ne mieux fa perche: & par ce qu'il ne s'en part l'Hyuer, aucuns ont dit
que c'eft l'Aefalon de Pline, & auffi des Grecs.

Du Hobreau.

N ne cognoift de tous oifeaux de Fauconnerie, aucun
de moindre corpulence que le Hobreau apres l'Efmerillon. Le Hobreau eft oifeau de leurre, & non de poing:
Auffi eft-il du nombre de ceux qui vollent haut, comme
le Faucon, le Lanier & le Sacre. Quand auons voulu def-
crire du Hobreau, le voyant conferé à vn Sacre, n'auons trouué gueres de difference, finon en la grandeur. Il n'y a contrée où les Hobreaux ne fuiuent les chaffeurs: car le vray meftier du Hobreau, eft de
prendre fa proye de petits oifeaux en vollant. Parquoy il n'y a aucun
aPyfan

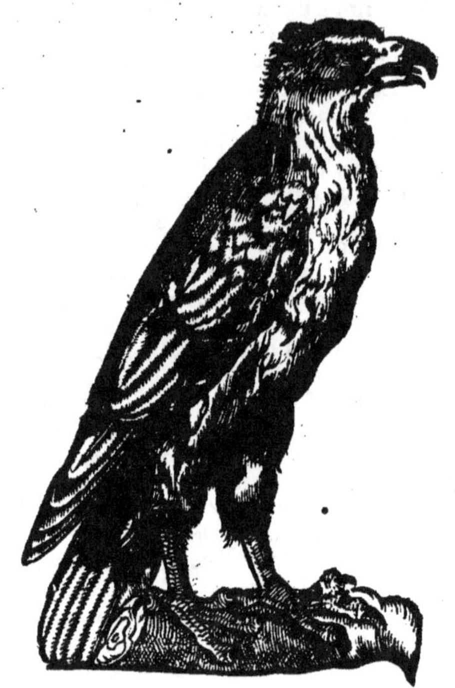

païsant,ou homme de baſſe condition,qui ne le cognoiſſe. La compa-
raiſon des petits poiſſons en l'eau,pourchaſſez des plus grands,eſt con-
forme à celle des petits oiſeaux en l'air pourchaſſez du Hobreau:car
tout ainſi comme les poiſſons chaſſez par les Dauphins, ne ſe ſentans
eſtre en ſeureté dedãs leur element,ont recours à ſe ſauuer en l'air, &
ayment mieux eſtre à la mercy des Canards, & autres oiſeaux de marine,qui volent au deſſus de l'eau,que de ſe donner en proye à leur en-
nemy:tout ainſi les Hobreaux; aduiſans les chaſſeurs aux champs, al-
lans chaſſer le Lieure, ou la Perdrix, accompaignent les chaſſeurs en
volant par deſſus leurs teſtes,eſperans trouuer rencontre de quelque
petit oiſeau,que les Chiens feront leuer. Mais comme aduient que

Gg

les Farloufes, Proyers, Concheuis, & Aloüettes ne fe branchent en
arbre, fe trouuans fur terre à la gueule des Chiens, font contraints de
s'efleuer en l'air, par ainfi fe trouuans côbattus des chaffeurs, & des Hobreaux, ayment mieux fe donner en proye aux Chiens, ou chercher
moyen de trouuer mercy entre les iambes des Cheuaux, & fe laiffer
prendre en vie, pluftoft que de tôberà leur mercy. Vn Hobreau eft fi
leger qu'il fe hazarde contre vn Corbeau, & luy ofe donner des coups
en l'air. Il à cela de particulier, qu'ayant trouué les chaffeurs, il ne les
fuit que certaine efpace de temps, quafi comme s'il auoit fes bornes li-
mitées: car fe departant, va trouuer l'oree de fon bois de haute fuftaye
où il fe tient & perche ordinairement. Le Hobreau à le bec bleu: mais
fes pieds & iambes font iaunes. Les plumes qui font au deffous de fes
yeux, font fort noires, tellement que cômunément depuis le bec elles
continuent de chafque cofté des temples, & vont iufques derriere la
tefte, dont fort vne autre courte ligne noire en chafque cofté du bec,
qui luy defcent vers les orees de la gorge. Quand au fommet de la tefte
il eft entre noir & fauue: mais à deux taches blanches par deffus le col.
Le deffous de la gorge, & les deux coftez des temples font roux fans
madrures. Les plumes de deffous le ventre ont la madrure de telle façon, qu'eftâs brunes par le milieu, ont quelque petite partie des bords
blanchaftre. Le aifles font bien mouchetées par deffous, mais cela eft
que les plumes ont les taches fur les coftez par interualles, ne touchant
point au milieu. Tout le dos, la queuë, & les aifles apparoiffent noires
par deffus. Il ne porte aucunes larges tablettes fur les iâbes, finon que
commençant depuis les trois doigts, lefquels il a longs, au regard des
iambes qui font courtes. Sa queuë eft fort bigarree par deffous, de taches rouffes treffées, en trauers entre les noires. Les plumes (qu'on nô-
me les iambieres) qui couurent les cuiffes, font plus colorees d'enfumé qu'en nul autre endroict. Le voyant voller en l'air, l'on apperçoit
le deffous de la queuë, & l'entre-deux des iambieres rougeaftre.

Il y a vn oifeau qu'on appelle Ian le blanc, ou l'oifeau fainct Martin,
& vn autre de mefme efpece, qui s'appelle blanche-queuë, que volans
par la campagne chaffent aux Aloüettes: & s'ils en aduifent aucune,
ils font couftumiers de fe ietter deffus: mais elles ont recours à fe garentir en l'air, & gaigner le deffus. Mais fi le Hobreau s'y trouue, c'eft
chofe plaifante à voir: car le Hobreau, qui eft beaucoup plus agile, n'arrefte gueres à l'auoir deuancee. Et s'il la prend, lors ce Ian le blanc, ou
l'oifeau S. Martin, l'entreprend contre le Hobreau, combien qu'il foit

plus viſte, & les auons veu tomber tous deux attachez enſemble. Aucuns ont voulu dire que noſtre Hobrean, eſt ce que les Grecs appelloient Hypotriorchis, & les Latins, Subuteo.

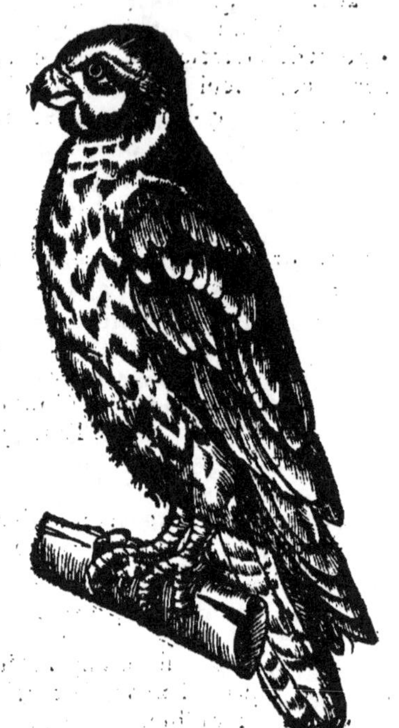

De l'Eſmerillon, ou Emerillon.

'Eſmerillon eſt le plus petit oiſeau de proye dont les Fauconniers ſe ſeruent. Il eſt de poing, & non de leurre, combien
qu'à vn beſoin on le puiſſe auſſi aduire au leurre. Il eſt fort
hardy de courage : car combien qu'il ne ſoit pas gueres plus
gros qu'vn Merle, ou Pigeon, toutesfois il ſe hazarde contre la
Perdrix, la Caille, & tels autres plus grands oiſeaux que luy, de
tel courage, qu'il les ſuit ſouuentes-fois iuſques aux villes &

villages. Il reprefente fi naïfuement le Faucon, qu'il ne femble differer, finon en grandeur, car il a mefmes goftes, mefme plumage, & de
mefmes mœurs, & en fon endroit a mefme courage: parquoy il le faut
maintenir eftre auffi noble que le Faucon. Il eft feul entre tous les autres oifeaux de proye, qui n'a diftinction de fon mafle à la femelle: car
l'on ne trouue point de Tiercelet à l'Efmerillon. Aucuns penfent que
Lyers Hyerax en Grec, & Leuis Accipiter en latin, foit noftre Emerillon : & les oifeaux de proye, qu'Ariftote nomme Leues, nous femblét
eftre les Efmerillons.

Du Fau-perdrieux.

Ous mettons le Fau-perdrieux au nombre des oifeaux de
rapine : lefquels n'auons gueres accouftumé de nourrir
pour nous feruir à prendre les oifeaux fauuages, car ils
font moins gentils que les autres : ioinct qu'ils ne volent
trop haftiuement. Si eft-ce qu'en auons veu de leurrez
pour la Perdrix, pour la Caille, & pour le Connin. Ils volent encores
mieux que le Milan, mais moins que le Faucon, Sacre, & fon Tiercelet: qui nous eft affez notoire, apres les auoir veuz au vol des Sacres & Faucons, au lieu de Milan. Ils defcendent au Duc comme le
Milan : mais foudain qu'ils voyent qu'on lafche les Sacres pour les
prendre, ils s'effayent à fuyr au loing, & non pas en haut, comme fait
le Milan : parquoy leur vol eft penible. Auffi le Fau-perdrieux, qui eft
auffi de grande force, fe defend vaillamment, car il eft beaucoup plus
fort qu'vn Milan. Cela eft caufe qu'il faut pour le moins lafcher quatre oifeaux pour le prendre. Il n'eft pas amy du Hobreau ne de la Cer-
ferelle, comme il appert quand l'on va à la chaffe de la Caille auec les
chiens que le Hobreau a accouftumé fuiure, car fi le Fau-perdrieux y
arriue, le Hobreau eft contrainct de s'en fuyr, pour euiter fa paffée :
car le Fau-perdrieux eft oifeau qui volle affez roide pres de terre fans
gueres battre pres des aifles. Mais à fin que facions mieux entendre de
quelle efpece d'oifeau de proye & rapine pretendons parler, nous dirons la figure & couleur. Le Fau-perdrieux eft quelque peu de moindre corpulence qu'vn Milan, toutesfois plus haut eniambé, ayant le
bec & les ongles moins crochus que tous autres oifeaux de rapine.
Auffi il boit quand il fe trouue à quelque mare: fa iambe eft bien deliée
& iaune, couuerte de tablettes : fa queuë eft noire, comme auffi le

bout des aifles, mais les plumes font tannées obfcures : le deffus de fa
tefte, & deffoubs la gorge eft blancheaftre, tirant fur le rouge, comme auffi eft le deffoubs du ply des aifles aux deux coftez de l'eftomach:
les plumes qui luy couurent les ouyes font noires : fon bec ioignant la
tefte eft de couleur plombée, mais le bout eft comme noir. Ce n'eft
pas vn oifeau paffager au pays de France, car on le trouue faifant fon
nid fur les fommitez des hauts arbres feparez par les plaines d'Auuer-
gne le long des clapiers, où il fait moult grands dommages fur les
Connils. Il a le col bien court, au contraire de l'Autour, qui l'a long,
Aucuns tiennent que le Fau-perdrieux eftoit nommé par les Grecs &
Latins Circos & Circus.

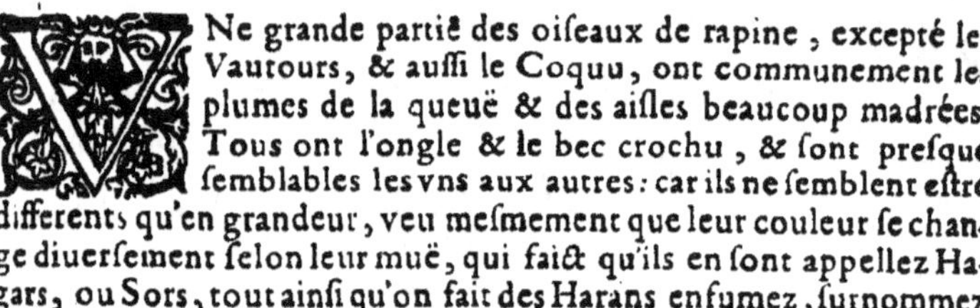

Ne grande partié des oifeaux de rapine, excepté les
Vautours, & auffi le Coquu, ont communement les
plumes de la queuë & des aifles beaucoup madrées.
Tous ont l'ongle & le bec crochu, & font prefque
femblables les vns aux autres : car ils ne femblent eftre
differents qu'en grandeur, veu mefmement que leur couleur fe change diuerfement felon leur muë, qui faict qu'ils en font appellez Hagars, ou Sors, tout ainfi qu'on fait des Harans enfumez, furnommez
Sorets.

Il y a grande partie des oifeaux de proye qui font paffagers, que
nous ne fçauons bonnement dont ils viennent, ne où ils s'en reuont :
mais d'autant que les eftrangers fçauent y auoir profit, font diligence
de les prendre, & les nous apporter, qui eft caufe de nous les faire cognoiftre : car fans cela nous n'en pourrions auoir aucune efpece eftrã-
gere. Et pource qu'on les prend le plus fouuent auec de la gluz, qui
eft caufe de leur froiffer les pennes, à qui ne la fçait ofter, nous en dirons la maniere. Il faut auoir du fablon menu & fec, & cendre nette,
meflez enfemble : & de cela faupoudrer le lieu & plumes engluées, &
le laiffer ainfi vne nuict. Le lendemain ayant battu des moyeux
d'œufs, faudra oindre le lieu englué auec vne plume, & le laiffer là
deux iours : de rechef prendre du gras de lard, & beurre frais fondus
enfemble, & oindre les places engluées, & les laiffer ainfi vne nuict.
Le lendemain ayant faict tiedir de l'eau, faut lauer l'oifeau, puis l'effuyer auec du linge net, & deffecher l'oifeau. On ne les doit ofter du

nid qu'il ne foient forts , & fe fachent tenir fur leurs pieds, puis les tenir fur vn bloc ou perche, pour mieux demener leur pennage, fans le
gratter en terre. Les oifeaux de Fauconnerie font cõmunement prins
niais, blanchers, ou fors. Il faut les paiftre de chair viue le plus fouuent
qu'on pourra , car elle leur fera bon pennage. Si on les prend trop petits, & qu'õ les garde en lieu froid, ils en pourront auoir mal aux reins,
en forte qu'ils ne fe pourrõt fouftenir. Ceux qu'on prend fors, eft quãd
ils ont muë. Le paft & chair bõne outre l'ordinaire des oifeaux de fauconnerie eft, leur donner des cuifles , ou du col de Poulles. Les chairs
froides leur font bien mauuaifes. Les chairs de bœuf, de porc, & autres leur font de forte digeftion : mais particulierement celles des beftes de nuiĉt les pourroient faire mourir, fans qu'on s'apperceuft de la
caufe. Et à fin de s'en donner de garde , ie te mettray icy des beftes de
nuiĉt: c'eft à dire, qui volent la nuiĉt, & ne bougent gueres de iour, par
ce que fi les oifeaux de Fauconnerie en mangeoient, ils en mourroiẽt.
I'en trouue dix. Le grand Duc, le moyen Duc, ou Hibou cornu, Hibou
fans cornes ou Chahuant, Cheuecbe, Huette, l'Effraye, ou Frefaye,
Corbeau de nuiĉt, Faucon de nuiĉt, ou Chalcis, & Souris-chauue. La
chair de Poulle eftant douce & deleĉtable, trouble le vêtre de l'oifeau,
s'il la mange froide : parquoy l'oifeau affriandé de telle chair pourroit
laiffer fa proye en volant, & fe tuer fur les Poulles s'il en voyoit aucunes. A tel inconuenient, faut paiftre l'oifeau de petits Pigeons, ou petites Irõdelles. Chair de Pie, & vieils Colombs eft amere & mauuaife aux
oifeaux. La chair de Vache leur eft mauuaife pour eftre laxatiue, qui
aduient par fa pefanteur, qui leur caufe indigeftion. Et s'il eft neceffité
de paiftre l'oifeau de groffe chair , par faute de meilleure, foit trempée
& lauée en eau tiede, fi c'eft en hyuer, & il la faudra efpraindre : en efté
il ne la faut lauer qu'é de l'eau froide. Il faut entretenir l'oifeau de quelque bon paft vif & chaud, car autrement on le pourroit mettre trop au
bas. La chair qu'on doit donner aux oifeaux, foit fans greffe, nerfs, ne
veines : & ne les faut laiffer manger leur faoul tout à la fois, mais par po-
fes , en les laiffant repofer en mangeant, & par fois leur muffer la chair
deuant qu'ils foient faouls , puis la leur rendre : mais qu'ils ne voient la
chair de peur de les faire debattre. Auffi eft bon leur faire plumer petits oifeaux comme ils faifoient au bois.

Si voftre oifeau de proye eft trop gras , il le faut ameigrir par medicament laxatif, comme d'aloës meflé auec la chair qu'on leur donne
à manger : mais cependant il les faudra nourrir de quelque bon paft

vif & chaud, autrement on les mettroit trop bas. Apres qu'ils auront
esté purgez,les faudra preparer à la proye:& mesme quand on les voudra faire chasser, il ne sera mauuais de leur mettre en la gueulle des
estouppes couuerte de chair, en forme de pillule, & leur faire aualler
au soir,afin qu'au matin ils reiettent icelle pillule, auec plusieurs ex-
cremens pituiteux, par ce moyen seront rendus plus sains , plus appe-
tissez,plus auides,plus legers, & plus prompts à la proye. La chair de
porc, donnée chaudement auec vn peu de poudre d'aloës, fait esmeu-
tir l'oiseau: mais il faut obseruer,qu'apres qu'il aura esté purgé, qu'on
le mette en lieu chaud, & le tenant sur le poing, le paistre de quelque
oiseau en vie: car alors il a les entrailles destrempées. Les oiseaux peuuent faire des œufs sans la compagnie du masle : aussi font les oiseaux
femelles de proye, qui en engendrent souuent en leurs vétres, tant en
la muë, comme ailleurs: & alors elles en deuiennent malades iusques
à estre en peril de mourrir. Les Fauconniers nous ont laissé par quels
signes on le cognoistra: car alors le fondement leur enfle, & deuient
roux,les narilles aussi,& les yeux.

On dresse vn vol pour le Heron auec les oiseaux de proye.Et le Heró
se sentant affailly,essaye à le gaigner en volant contremont, & non pas
au loing en fuyãt,comme quelques autres oiseaux de riuiere : & luy se
sentant pressé, met son bec contremont,& par dessous l'aisle, sçachans
que les oiseaux l'assomment de coups,dont aduient bien souuent qu'il
en meurt plusieurs qui se le sont fiché en la poictrine.

Si vostre oiseau à la fieure apres long trauail, ou autres accidens, le
faut mettre en lieu frais sur perches enuelopées de drappeaux moüillez,& le nourrir peu & souuent de chair de petits poullets trépée premieremét en eau où aura trépé semence de courges, ou de concõbres.
S'il est refoidy,le faut tenir chaudement,& le nourrir de chair de poulet masle , ou de pigeons trempez en vin, ou en decoction de sauge,
mariolaine,ou autre semblable.S'il a des pouls , faut oindre sa perche
auec ius de morelle, ou d'aluine. S'il a des vers dedans le corps, faut
mettre sur sa viande fueilles de peschers. S'il a les gouttes à l'aisle ou à
la cuisse,faut luy tirer quelque goutte de sang de la veine qui est sous
l'aisle,ou dessoubs la cuisse.S'il est podagre, faut oindre ses pieds auec
ius de l'herbe nõmee laicterolle, mesme la perche où il sera. L'oiseau
de proye proprement,est celuy qui prend l'oiseau & luy coupe la gor-
ge.L'Aigle frappe l'oiseau de ses ongles,puis le prent & le mange. Il y
a ve espece d'Aigles qui tueront en vn iour plus de cent oiseaux,com-

bien qu'vn ou deux leur fuffife pour leur viure.

Les meilleurs oifeaux de proye, font ceux qui poifent dix ou onze onces: à grande peine en trouue-l'on qui en poifent douze. Il en y a beaucoup qui ne poifent que fept ou huict onces: & ceux-cy font fort legers. Tous oifeaux de proye ont le bec & les ongles crochus.

L'eftomach des oifeaux de proye eft fort poinctu & aigu, afin que plus facillement ils foient portez par l'air:ayans les aifles & queuë fort ample & grande. Ils fe paiffent principalemét du cerueau des oifeaux & auffi de la chair. La proye la plus commune des oifeaux, font les Coulombs, ou Pigeons, & oifeaux de riuiere:pource qu'il en y a grande quantité,tant pour fecundité, que pour l'affluence de la nourriture. Aucuns oifeaux de proye prennét le gibbier au plus haut:les autres volans en bas,aucuns ne fe fiants en leurs aifles,prennent les oifeaux à terre. Ce que cognoiffans les pigeons, & voyans vn oifeau de proye de ceux qui prennent en haut,ils fe tiennent en terre,ou pres de terre: & fi c'eft de ceux qui prennent en bas, les pigeons,contre leur naturel, montent tant qu'ils peuuent. Entre les oifeaux de proye, on met le Sacre pour le plus fort & vaillant,& eft le meilleur : apres luy, on met celuy qui a de couftume de voler en rond, & tout autour de quelque chofe,comme font les Aigles, ne prenant ne chaffant aux petits oifeaux. Le tiers lieu tient l'oifeau de proye qu'on appelle Montain, qui à cela de propre, qu'il regarde fouuent fes pieds: & fi eft fort defpit, comme font communement les oifeaux de proye,car à peine veut reuenir quand il à perdu fa proye. Apres y a le Pelerin, ainfi nommé par ce que il fait de grands chemins : le meilleur eft celuy qui à le bec de couleur bleüe,& eft le plus commun de tous. On ne fait de tous les autres oifeaux de proye cas pour la Fauconnerie. Les meilleurs oifeaux pour la Fauconnerie,font ceux qui ont les pieds blanchiffants fur le iaune,& ceux qui ont,quand ils commancent à crier,leur voix deliée, grefle,& haute,fe finiffant en vne voix plus groffe & baffe:car les grâds criards ne font pas bons pour la vollerie,parce qu'ils font peur aux oifeaux,& les chaffent. Le propre de oifeaux de proye eft, auec grande vehemence fe ruer fur la proye. Albert efcrit,qu'vne Aigle ayant ofté vne Perdrix à vn Faucon,que le Faucon fut fi courageux, qu'en montant il frapa l'Aigle par la tefte de telle force que luy & l'Aigle en moururent.

Les oifeaux de proye ont le bec, les ongles,& leur haleine veneneufe,infecte & dangereufe:combien que celle de l'oifeau que les Latins
appellent

appellent Accipiter, soit legere & de facile digestion & côcoction, &
bonne au goust: & si est fort bonne pour la douleur des boyaux & du
ventricule & de l'estomach, & si profite au cœur. Ceux que les Latins
appellent Astures, aiment fort la chair d'Escreuisse: à ceste cause on
leur en baille quãd ils ont bien vollé, pour les recompenser & inciter
mieux à leur deuoir: combien que d'eux-mesmes ils n'y chassent. Ie
m'esbahy de ce que dit Aristote, que les oiseaux de proye qu'ó appelle Accipitres en Latin, ne mangent point le cœur des oiseaux qu'ils
prênent, ou qu'on leur donne, veu qu'ils en sont sur tout friãds. Mais
possible qu'il y auoit de son temps autres genres d'oiseaux de proye
que les nostres, ou que la diuersité des regions cause cela. Tout oiseau
qui mange chair peut estre apprins & enseigné pour la vollerie, & pour
la chasse des oiseaux: parquoy on peut leurrer & affaçonner pour la
vollerie, & la Pie qui mange les Passereaux, & le Corbin qui mange
les Alouëttes: car si ces deux bestes sont apprinses, elles prennent les
Perdrix. Entre les grands oiseaux de proye y a differençe en bonté, selon les pays dont ils viennent, & se prennent: car ceux qui viennent
d'Armenie sont fort bons, ayãs les pieds blancs & beaux: apres ceux-
cy les meilleurs sont ceux d'Illyrie, qui sont grãds de pieds & de corps:
apres sont ceux de Sarmatie, fort grands aussi de corps: & ces trois
genres excedent tous les autres en bonté. Et ce du genre des grands,
car du gére des petits les meilleurs sont ceux qui ont le pieds iaunes,
ou noirs, & qui sont d'Italie. Aux oiseaux de proye deux choses sont
grandement requises pour estre bons: c'est assauoir qu'ils soient bien
appriuoisez & non farouches, & qu'ils soient vaillants, hardis, & courageux: mais parce que l'audace & hardiesse le plus souuent est joincte
auec orgueil, fierté & rebellion, peu souuent on les trouue vaillants &
dociles ensemble, car ceux qui croyent facilement sont bien prinez.
On ne void donc gueres de Faucons hardis & vaillãs, estre aisez à leurrer: & gueres d'Aigles bien appriuoisees estre hardies & vaillantes, car
la hardiesse les rend rebelles & faroufches. En nourrissant l'oiseau de
proye, faut bien se donner de garde de leur bailler à vn mesme past de
deux sortes de chair, ne de la chair qui soit de vieille beste ou maladi-
ue. La chair de Lieure, de Connils, de Chiens, de Rats, de Renards, de
Perdrix, de Poullets, & generalement de toute chair qui vit de grain,
leur est bonne, comme aussi celle des petits oiselets. La chair de Chats
de Loups, & des oiseaux de rapine ne leur vaut rien à manger. La ceruelle, le poil, & les os des bestes à quatre pieds leur sont dangereux:

à leur paſt à manger. La chair des oiſeaux de riuiere eſt indifferente, ne
trop bonne ne trop mauuaiſe. Toutesfois la plus nuiſante eſt celle des
grands oiſeaux de riuiere, comme des Oyes, & des Cignes, & ceux-là
qui ſont de nature ſeche, comme les Cigognes, & les Gruës. La chair
des Ours leur eſt ſaine, & auſſi celle de Porc non trop gras. Les oiſeaux
de proye endurent des maladies & de l'eſprit & du corps. Les maladies
du corps ſont cogneuës par leur eſmutiſſement, & quand ils ont leur
plume toute rebouſchee, ou qu'ils tiennent les yeux fermez, auec difficulté de leur voix, & s'ils ſont long-temps ſans manger ne boire. C'eſt
ſigne de ſanté quand leur eſmutiſſement eſt blanc, & d'vne ſeule couleur, qui n'eſt ne trop liquide & clair, ne trop eſpais & dur. On gueriſt
les oiſeaux de proye comme les hommes. On les gueriſt par diete: &
alors on leur baille, apres auoir eſté long temps ſ. ns manger de la chair
trempée en vinaigre. On les gueriſt auſſi par vomiſſement, qu'on pro-
uoque par cotton ou chanure meſlez auec la chair qu'on leur donne,
& ſi on laiſſe les petis os en leur chair: car entre les beſtes qui mangent
chair, elles reiettent ſeules la viande par la bouche. Ce qui leur fait a-
ualler la chanure, ou cotton, & les oſſelets, c'eſt leur gourmãdiſe & vo-
racité. On gueriſt auſſi les oiſeaux de proye par purgation, qui ſe fait
ou auec aloës, ou rheubarbe, ou erithodanon, poiure, maſtic, feuilles
de laurier, & auec myrrhe. Qui plus eſt, ils endurent bien les plus forts
medicaments, auſſi bien qu'ils font la ſeignée & le cautere. Les oiſeaux
de proye aiment ſur toutes les herbes, la mente & la ſauge: & ſur tous
les arbres, le ſaule & le ſapin. S'ils boiuent ſouuent du ſang d'oiſeau e-
ſtant tout chaud, ils en deuiennent plus forts & puiſſants. Ils aiment
& ſe trouuent bien d'eſtre mis au Soleil, & d'auoir l'eau à commande-
ment, & de faire exercice, comme font tous autres oiſeaux. Le pou-
mon auec le fiel d'vn porc leur eſt bon, donné ſouuent en paſt, car cela
les purge. Si tu veux qu'ils changent de plume & de poil, baille leur à
mãger des rats ou ſouris ſoupoudrez de poudre de petits poiſſons : ou
leur donne de la chair de gelines nourries de ſerpens. Les oiſeaux de
proye different fort en grandeur, ayans tous leur plumage madré &
diuerſifié cõme de taches: ils font leurs nids ès lieux hauts & pierreux,
& couuent vingt iours. Pline en met de ſeize ſortes d'eſpeces. On dit
auſſi que les Pigeons cognoiſſent bien le naturel de tous ces oiſeaux:
car quand ils aduiſent ceux qui prennent leur proye en volant, qu'ils
s'arreſtent tout coy: mais ſi c'eſt de ceux qui prennent leur proye à terre, ils s'en volent incontinent en haut contre leur naturel.

En vne partie de Thrace, les habitans & les oyſeaux de proye gib-
boyent & chaſſent és oyſeaux enſemble,& comme en communité:car
les habitans de ce pays là font leuer les oyſeaux des buiſſons & des
bois,& ces oyſeaux de proye ſont ſi faits à cela, que les voyans voller
ils vollent & prennent le deſſus, les faiſant deprimer en terre, leſquels
ſont prins par ces oyſeleurs qui les departent à ces oyſeaux de proye
qui les rabattent.

IE vous declareray ſeulemēt cóme il faut gouuerner les Faucons: car le ſçachant, facilemēt on ſçaura gouuerner tous les
autres. Il y a de pluſieurs ſortes de Faucós,quelques vns ſont
muez de bois, les autres ſont ſors, & les autres ſont muez, &
tiennēt du ſors, les autres ſont appellez niais,qui ont eſté prins au nid.
Et ſi y a de grands Faucons, de moyens, & de petits , qui ſont differens
en plumes,pays& nature. Les vns ſe paiſſent d'oyſeaux marins& de marais,leſquels ſont appellez Faucós riuereux:Il y en a qui ſe paiſſēt d'oyſeaux châpeſtres, cóme de Corneilles, Eſtourneaux, Merles, Mauuis.
Il y a vne maniere de Faucons qu'on appelle apprins de repaire:autres
qui ſont appellez paſſans: autres qui paſſent par deſſus la mer, & viennent de loingtain pays en autre region, qui ſont appellez Faucons pelerins d'outremer. Les plus haidis Faucós de tous ſont ceux du Royaume de Cypre,qui ſont fort petits & de rouſſe plume,comme ſont ceux
de Sardaigne: & prennent le Cygne, la Gruë, & le Heron. Toutesfois
les plus à priſer ſont ceux qui ne ſont ne trop grāds ne trop petits,qu'ō
appelle Faucons morans,leſquels on prend ſur la falaiſe de la mer,que
nous auons nómé pelerins,parce qu'ils n'ont gueres eſté ne ſeiourné
en leur pays. Le Faucon pelerin a groſſes eſpaules, & les aiſles lōgues,
& enfilāt cóme la queuë d'vn Eſpeuier,les pennes rōdes, que la queuë
ſoit de plein pouce, que le bout ne ſoit blāc,& que les nerfs de la queuë
ſoiēt bien vermeils. Pour eſtre bon il doit auoir les pieds ſemblables à
ceux d'vn Butor,bien fendus & verds,les ongles noirs,biē poinctus &
tranchans. Que la couleur du bec qu'il doit auoir groſſet, & pieds, ſoit
tout vne: ayant les narines grandes & ouuertes. Il doit auoir les ſourcils vn peu hauts & gros, & les yeux grands & canez, & la teſte vn
peu voultée, & rondette par deſſus. Et quand il eſt ſeur, qu'il face vn
peu de barbette ſoubs le bec, de ſa plume. Il doit auoir le col long,

H h ij

& haute poitrine, & vn peu rondette ſur les eſpaules, à l'aſſembler du col. Il doit ſeoir l'arge ſur le poing, peu reuers mordant & familleux. Ses plumes doiuent eſtre blanches & coulourées de vermeil, bien noüées & groſſes: les ſourcils blancs, la teſte griſe, & les ioüés blanches, coulourées de vermeilles plumes, & le dos de couleur biſe, comme le dos d'vne Oye, & les plumes larges & rondes, enuironné de blanc bien coulouré: & ne doit point eſtre gouet, & ſe doit entreſuir de plumes, de pied & de bec. Faucon de telle ſorte, ſera bon ſur tous, s'il eſt bien gouuerné.

Comme on doit mettre en arroy & porter le Faucon.

V N Faucon nouueau prins, doit eſtre chillé en telle maniere que quand la chillure laſchera, que le Faucon voye deuant, pour veoir la chair deuant luy: car il ſouffre moins quand il la void à plain deuant ſoy, que s'il la void par derriere: & ne doit point eſtre chillé trop eſtroit ny ne doit eſtre le fil dequoy il eſt chille trop delié, ne noüé ſur la teſte, mais doit eſtre retors. Vn Faucon nouueau doit auoir nouueau arroy, comme vn grand blanc, & nouueaux geéts, le tout de cuir de Cerf, auec la leſſe de cuir attachée au gant: puis faut auoir vne petite brochette penduë à vne petite corde, de laquelle ſoit manié ſouuent le Faucon, car plus eſt manié & touché, & plus s'en aſſeure, & auſſi que la main le ſaliſt d'auantage, & qu'il ſe pourroit bleſſer de ſon bec en le maniant. Il luy faut deux ſonnettes, afin qu'on le puiſſe mieux trouuer, ouyr remuer, & gratter. Il doit auoir vn chapperon de bon cuir, bien fait, & bien en forme, fort eſleuée & boſſuë endroit les yeux, bien profonci, aſſez eſtroit par deſſous, afin qu'il tienne bien à ſa teſte, mais qu'il ne le bleſſe. On luy doit auſſi vn peu eſpointer les ongles, & le bec, non pas tant qu'ils ſaignent.

Comme on doit affaiter vn Faucon, & mettre hors de ſauuagine.

O N dit que le Faucon ſor, qui a eſté prins bien à heure ſur la falaiſe, & eſtoit paſſé la mer, eſt celuy où y a plus d'affaire, auſſi eſt-il le meilleur. Faut donc apres l'auoir mis en tel ordre que deſſus, paiſtre ceſt oyſeau de bonne chair, & chaude, de Coulós & autres oyſeaux vifs à pleine gorge, deux fois le

iour,iufques àtrois iours:car il ne luyfaut ofter tout àvn coup lavie dequoy il vfoit:& eftant nouueau,il mange plus volontiers la chair chaude,que autre. En luy bàillant à mäger, on le doit hucher,afin qu'il co-
gnoiffe quand on luy voudra donner à manger, en luy oftant le chapperon en paix: puis on luy doit dôner deux bequees de chair ou trois,
& apres luy auoir remis fon chapperon, baille luy en encore autant:
mais prens garde qu'il foit tellement chillé qu'il n'y voye goutte. Les
trois iours paffez, fi tu le vois friand à la chair,& qu'il mange volôtiers,
reftrains luy fa viande, c'eftà dire, que tu luy donnes moins & fouuët,
qu'il n'aye en gorge qu'vn bien peu vers les vefpres, en le tenant longuement la nuiçt auant que tu le couches, le mettant couché fur vn
treteau bien feant, afin qu'on le puiffe la nûiçt refueiller. Puis fe doit
leuer deuant le iour fur le poing, auec la chair d'oifelet vif. Quand on
luy aura tenu cefte reigle deux ou trois nuiçts, & qu'on voye que le
Faucon foit plus mat qu'il ne fouloit, & qu'il face figne de feureté &
foit aigre de la bonne chair,fi luy muë fa viande, en luy donnant petit
& fouuent chair de cœur de Porc, ou de Mouton. Sur le foir quand
il fera nuiçt, fans le prendre, l'œil luy foit vn peu lafché du fil dequoy
il eft chillé, en luy iettant de l'eau au vifage quand on le mettra coucher,afin qu'il ait moins de fommeil, & le veillant toute la nuiçt, en le
tenant fur le poing le chapperon hors la tefte. Que s'il auoit trop veu,
& qu'il feift figne d'eftre vn peu effroyé,foit porté en lieu obfcur,fors
qu'on voye mettre le chapperon: puis foit abeché de bonne chair, &
foit veillé par plufieurs nuiçts, tant qu'il foit mat, & qu'il dorme fur le
poing par iour: combien que le laiffer vn peu dormir feurement, eft
vne chofe qui bien l'affeure.Au matin au point du iour,qu'il trouue la
chair chaude dequoy il fera abeché. Or parce qu'il y a des Faucons de
diuerfes fortes, car l'vn eft mué de bois, l'autre eft prins de repaire, &
a efté à luy longuement, l'autre eft for, duquel auons parlé, encores
qu'ils foient ou forts, ou muets, ou niais, fi font ils de diuerfe nature,
parce les faut gouuerner diuerfement:qui eft la caufe qu'on n'en peut
bailler reigles propres: car ceux qu'on trouue amiables,de doux affai-
tement, & de bonne fin, doiuent eftre affaitez fans leur donner grand
peine. Et quand l'auras mis en tel eftat, tant pour voller, comme de
luy faire auoir faim, fi tu vois figne de feureté,tu luy pourras ofter fon
chaperon de iour,loin de gens, en luy donnant vne bequée de bonne chair, puis luy remets tout en paix, en luy en donnant encores vn
peu. Sur tout,faut fe garder de luy ofter fon chaperon ou remettre,en

H h iij

lieu où il puiſſe auoir effroy, car cela perdroit ton oyſeau. Quãd il aura
apprins à voir les gens, ſi tu vois qu'il euſt faim, oſte luy le chapperon,
& luy donne vne becquée de chair, luy monſtrant droiɛt à ton viſage,
car par cela il n'aura peur des perſonnes. Et quand il ſera nuiɛt, luy ſoit
coupé le fil dequoy il ſera chillé, & ne ſoit veillé, ſi tu le vois aſſez aſſeuré entre les gens, mais ſoit mis ſur vn treteau aupres de toy, afin d'eſtre
réueillé la nuiɛt deux ou trois fois, & le mets ſur le poing deuant iour:
çar trop veiller ſon Faucon n'eſt pas bon, qui aſſeurer le peut par autre
voye. Que ſi par bon gouuernemẽt & pour luy auoir eſté courtois, &
gaidé d'effroy, & veillé ton oyſeau ſe trouue ſeur, & qu'il mange & ſe
batte à la chair deuant les gens, donne luy lors de la chair lauée en l'a-
bechant au matin, ſi qu'il ait la foſſe de la gorge pleine: laquelle mettras tremper en eau claire vn demy iour, & luy feras battre deuant les
gens, en luy baillant au matin à Soleil leuant l'aiſle d'vne poulle. Et au
ſoir en luy remettãt le chapperon, prens le pied d'vn Connil, ou d'vn
Lieure, qui ſoit coupé au deſſus des orteils, & eſcorché, en oſtant les
ongles, le faiſant tremper en bonne eau, & vn peu eſpraint, que tu luy
donneras auec vne ioinɛte du gros de l'aiſle d'vne geline. Se faut bien
donner de garde de bailler plumes à ton oyſeau, s'il n'eſt bien ſeur, autrement il ne s'oſeroit ietter ſur ton poing, car il faut qu'il ſoit tenu, &
alors qu'il fera ſigne de ietter, oſte luy le chapperó tout en paix, par la
tirouëre, en luy donnant par deux fois de la chair lauée, & l'autre iour
de la plume, ſelon que ton oyſeau ſera net dedans le corps: quand il
aura ietté ſa plume, ſi luy remets le chapperon ſans luy dóner à manger afin qu'il iette ſa glette. Eſtant curé de plume & de glette, ſoit abeché de chair chaude, deuant les gens, deux ou trois bechées à la fois:
& au ſoir fais luy tirer l'aiſle d'vne geline, auſſi deuant les gens. Si tu le
trouues bien ſeur, & de bonne fin & aigre, adonc eſt temps de le faire
mãger ſur le leurre. Il faut regaider ſi les plumes que ton Faucon iette
ſont ordes & gletteuſes, & ſi l'ordure eſt de couleur iaune, car alors faut
mettre peine de le rendre net par dedans, auec plumes & chair lauée.
Que s'il eſt net, ne luy donnes pas ſi fortes plumes, qui ſont pieds de
Lieures & de Connils, mais luy faut donner plume qui eſt prinſe ſur
la ioinɛte de l'aiſle d'vne vieille geline, ou la ioinɛte meſme de l'aiſle, ou
bien celle du col, deſouppée par entre les ioinɛtures, quatre ou cinq
fois lauée & trẽpée en eau froide. Pour la fin de ce chapitre il eſt treſ-
certain qu'il faut plus long temps à affaiter & veiller vn Faucon mué
de bois, qu'il ne faiɛt vn ſor, qui a eſté prins en paſſant: & auſſi qu'il

y a plus d'affaire à vn Faucon prins de repaire, & qui à esté bien longuement à luy, qu'il n'y a vn qui à esté aeuré.

Comme on doit leurrer vn Faucon nouueau affaité.

Vant que monstrer le leurre à vn Faucon nouueau, faut
considerer trois choses. La premiere qu'il soit bien seur
de gens, de chiens & de cheuaux. La seconde, qu'il ait
grand faim, en regardant l'heure du matin & du soir. La
tierce, qu'il soit net dedans. Il faut que le leurre soit bien
encharné d'vn costé & d'autre, & estre en lieu secret, quand tu voudras
alonger la lesse à ton Faucon & le deschapperonner, en l'abeschant
sur le leurre sur ton poing, puis luy faut oster, & le cacher qu'il ne le
voye. Et quand ton Faucon sera descharné, iette ton leurre si pres de
toy qu'il le puisse prendre, de la longueur de la lesse, & s'il le prend seurement, on doit crier hae, hae, & le paistre sur le leurre contre terre,
en luy donnât dessus, la cuisse d'vne poulette toute chaude, & le cœur.
Si tu l'as ainsi leurré au vespre, ne luy donne qu'vn peu à manger: &
soit leurré si à heure, que quand il aura esté accoustumé, tu luy puisses
donner de la plume, & vn osset d'vne ioincte, & le lendemain soit mis
sur le poing au poinct du iour: & lors qu'il aura ietté sa plume, & sa
glette, soit abeché d'vn peu de bône chair chaude. Le lendemain quâd
il sera grand iour, & temps de le paistre, prens vne corde, & l'attache à
sa lesse, & t'en va en vn pré bien net & bien vny, & l'abeche sur le leurre, comme deuant est dit, puis le descharne & si tu voy qu'il ait bonne
faim, & ait prins le leurre roidement, si le baille à tenir à quelqu'vn qui
bien le lasche au leurre. Adonc tu dois desployer la corde, & le traire
arriere quatre ou cinq fois: & celuy qui le tiêt doit tenir à la main dextre le chapperô dudit Faucon. Que si le Faucon vient bien au leurre, &
qu'il le prêne incôtinent & roidemêt, laisse le mâger deux ou trois be-
quées, puis le descharne, & l'oste de dessus le leurre, & luy mets le chapperon: & puis le rebaille à celuy qui le tenoit, & l'eslongne, & le leurre
ainsi de plus loing, & le pais côtre terre sur le leurre, en huant & criant
hae, hae, & ainsi le leurreras chacun iour de plus loing en plus loing,
tât qu'il soit bien duit de venir au leurre, & de le prendre seurement:
apres soit leurre entre les gês, en se gardant qu'il ne vienne Chiens ou
autre chose dequoy il ait effroy. Et en l'ostant de dessus le leurre, mets
luy le chapperon sur le leurre. Et estant bien leurré à pied, faut le
leurrer à cheual : ce qui se fera plus aisément, si quand tu le leurre

à pied, tu fais venir des cheuaux aupres de ton Faucon, afin qu'il les
voye en les approchant de luy quand il mãgera sur le leurre, en les faisant tourner autour de luy, mais que les cheuaux soient paisibles, afin
qu'ils ne luy facent peur. D'auantage, pour mieux dire l'accouftumer a-
uec les cheuaux, & qu'il les cognoisse, porte le Faucon sur le leurre,
quand il mangera, en haut pres du cheual: ou le porte à cheual, & le fais
manger entre les cheuaux. Et quand il les aura bien accouftumez, &
qu'il ne fera nul semblant de les craindre, tu le pourras bien facilement
leurrer à cheual en cefte maniere. Faut que celuy qui tiẽdra le Faucon
pour le laiffer aller au leurre soit pied, & celuy qui aura leurre fera à
cheual: & quand il branflera son leurre, celuy qui tient le Faucon luy
oftera le chaperon par la tirouëre, & celuy qui tient le leurre doit huer
& crier, Hae, hae. Que s'il prend le leurre roidement par deffus, & ne
doute ny gens ny cheuaux, ofte luy la obecanne, & soit leurré de plus
loing, & en plus lõgue tirée. Et pour faire venir le Faucon nouueau, &
l'accompargner en la compagnie des autres, faut neceffairement que
deux tiẽnent les Faucons, & deux qui les leutrent: mais celuy qui tiendra le Faucon nouueau, ne laiffera pas fi toft aller le fien au leurre comme fera l'autre. Adon fera iettd au Faucon nouueau le leurre, & quãd
il fera cheut sur leurre, son maiftre le doit porter sur son leurre, manger auec les autres Faucons. Cela faifant trois ou quatre fois il les suy-
ura incõtinent, & les aymera. Et fi voulez qu'il aime les Chiens, ce qui
eft neceffaire, les faut appeller autour de luy, quand on fera tirer, plumer, ou manger son Faucon.

Vand ton Faucon aura bien efté leurré à pied & à cheual,
& qu'il fera preft d'eftre ietté à mont, & il aura mangé de
bonne chair sur le leurre, & qu'il fera tout hors de fauuagi-
ne, & fera vn peu recouuré & efforcé de la peine qu'on luy
aura donnée, & aura les cuiffes plus pleines de chair, offre luy de l'eau
pour fe baigner. Regarde quand le temps fera beau, clair & temperé:
puis prés vn baffin fi profõd que l'oifeau foit en l'eau iufques aux cuiffes, foit emply d'eau, & mis en lieu secret: puis ayant donné chair chaude à ton Faucon, & leurré au matin, apporte le en lieu haut, & là le tiés
au Soleil iufques à ce qu'il ait enduit fa gorge, luy ayant ofté fon chapperon,

peron, afin qu'il fe manie : cela faict, remets luy le chapperon, & le
mets bien pres du baffin. S'il veut faillir fur l'herbe ou dedans l'eau, fi
le laiffez aller : & afin qu'il fente l'eau, frappe d'vne vergette dedans, &
le laiffe là baigner tant comme il voudra. Quand il fera femblant de
s'en aller, mets de la chair en ton poing, & luy tends : & te garde qu'il
ne faille hors, fans faillir fur ton poing, afin de luy donner vne bechée.
Puis leue-le, & le tiens au Soleil, & il fe maniera & pourrondra fur ton
poing ou fur ton genoüil. S'il ne fe veut baigner au baffin, effaye de le
baigner en eau de riuiere. Le baing donne à l'oifeau grand' feureté, afpre faim, & bon courage, le iour qu'il fera baigné, ne luy donne chair
lauée. Pour bien ietter en haut, & faire voller vn Faucon nouueau, le
lendemain qu'il fe fera baigné, monte à cheual le matin, ou au vefpre,
alors qu'il a grand faim, & choifis les champs, & le pays où il n'y ait ne
Coulombs ne Corneilles puis prend ton leurre bien encharné d'vn
cofté & d'autre, & ayant ofté le chapperon, abeche-le fur le leurre, l'a-
yant ofté de deffus, remets luy le chapperon, puis t'en allant tout bellement contre le vêt, ofte luy le chapperon. Mais auant qu'il choififfe
aucune chofe, ne qu'il s'esbatte, mets le hors de deffus tõ poing tout
en paix, & cõme il tournoyera, en allant lê trot du cheual, iette luy le
leurre, & ne le laiffe gueres tournoyer. Et continue cela tous les iours
tant au foir qu'au matin. Que fi tu vois que ton Faucon ne foit bien
duict de tournoyer enuiron toy, & de choir au leurre, & ne fait femblant d'aymer les autres Faucõs, faut le faire voller auec vn qui ayme
les autres, & qui ne fe bouge de nul change, premierement aux Perdrix : car les Faucons ne les chaffes gueres loing. Et fi ton Faucon a
chaffé, & il reuient, vne, deux, ou trois fois, iette luy le leurre, & le
paifts fur le deftren de ton cheual, & puis le paifts fur le leurre contre
terre, de bonne chair chaude, pour le refoudre en vollant, afin qu'il
reuienne plus legerement de fa chaffe. Et fi l'oifeau à quoy tu volles
eft prins, fais luy en manger auec l'autre Faucon : & quand il en aura
vn peu mangé, ofte-le, & le pais fur le leurre.

Si tu volles de ton Faucon aux oifeaux de riuiere, & qu'il en foit vn
bien prenable : demeure, & le mets fous le vent, & ofte à ton Faucon
le chapperon, & le laiffez aller auec les autres. Quand tu veux faire tõ
Faucon hautain, & qu'il prenne fon haut, il faut faire voller auec le
tien vn Faucon bien hautain : mais que le tien foit bien duict de retourner fes chaffes, & qu'il ayme bien les Faucons qu'il trouue. Que fi

les oiseaux de riuiere sont dedans vn estang, qui ne soit pas grãd, ou en
vne belle fraiche, on doit laisser aller le Faucon hautain, & celuy qui
tient le nouueau, doit estre bien arriere au dessus du vent: & quand verra son bon, il le doit dechapperonner, que s'il se bat, c'est pour aller à
l'autre : lors le doit aller, si tirera contre le vent droit à l'autre au contremont. Et auant qu'il s'amatisse d'aller apres l'autre, qu'on luy sourde
les oiseaux, quand le Faucon hautain sera à poinct, & luy face soudre
sur la queuë. S'il prend l'oiseau, donne luy à manger le cœur & la poitrine auec l'autre. Si ton Faucon va au change, & il prend Coulomb ou
Corneille, ou autre oiseau de change, qu'il mange, ou la mange, ne le
rudoye: mais reprens le au leurre, en luy donnãt vne becquee de chair,
& luy mets le chapperon, & apres n'en volle de deux iours : & quand
tu en volleras, n'en volle à faute, si tu peux. Que si par aucune maniere
tu ne le pouuios garder d'aller au change, fais pour le dernier remede
ce qui s'ensuit. Si ton Faucon a prins oiseau de change, & arriues auant
qu'il ait mangé, aye du fiel de geline & en oincts la poictrine de l'oiseau
qu'il aura prins, qui sera escorchee & descouuerte, & luy en baille à
manger peu, afin qu'il ne soit greué, car il la jettera, & s'il ne la iette, si
n'aura-il courage de voller tel oiseau, & en haira la chair. Ou bien mets
dessus quelque autre chose amere, comme poudre de myrre, ou ieunes
nes vers menus detranchez, mais que l'amertume ne soit trop forte.
Que si l'amertume auoit dehaitté ton oiseau, moüille luy sa chair en
eau succree. Aucuns leur mettent deux sonnettes à chacun pied, ou
leur cousent les grosses pennes des aisles. Et est bon, encores qu'il
vienne du change, luy ietter le leurre, ou faire soudre vn oiseau de riuiere blessé, afin qu'il le prenne.

Comme on faict prendre le Heron à son Faucon.

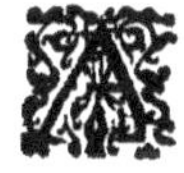Faire son Faucon bon Haironnier, faut que tu luy mettes en
aspre faim, & auoir vn Heron vif, duquel tu feras vne tome
à ton Faucon, ainsi. Au matin quand il sera heure de paistre
ton oiseau si tu vois qu'il ait faim, va à vn pré, & laisse aller le
Heron, apres luy auoir b isé les pieds & le bec, & te cache derriere vn
buisson : & lors celuy qui tiendra le Faucon luy ostera son chapperon,
lequel sera au dessous du vent : & s'il ne veut prendre le Heron, iette
luy le leurre que tu auras tout prest : s'il le prend, fais luy la cure, en
luy donnant premierement le cœur, & quand il aura mangé, baille le

Heron à celuy qui a laiſſé aller le Faucõ, lequel en ſe tirant vn peu loing,
le tournoyera par l'aiſle. Lors oſte le chapperon à ton Faucon, & le laiſſe
aller au branle : & que celuy qui branle le Heron ne le iette : mais qu'il
attende à le laiſſer cheoir iuſques à ce que le Faucon le prenne au branle, puis deſcouure la poitrine au Hairon, & la fais manger à ton Faucon, & auſſi la mouëlle qui ſortira de l'os de ſon aiſle couppee par le
bout, que nous appellons la garde. Cela faiƈt, iette luy le Hairon, en
continuant deux ou trois iours, tu l'acharneras à prēdre le Hairon, &
à l'aimer : ce qui ſera encore mieux ſi au commencement il eſt accom-
pagné d'vn bon Faucon Haironnier. Lors ayant trouué le Hairon
ſeant, faut que tu le mettes auec ton Faucon nouueau en haut lieu, au
deſſus du vent, & que celuy qui a le Faucon Haironnier face charier le
Hairon : & quand il aura laiſſé aller ſon Faucon au Hairon, qu'il regarde ſi le Hairon qui vollera prendra ſa monſtre, car alors ne laiſſe
pas aller ton Faucon apres, & ne luy oſte pas le chapperon : mais ſ'il ſe
deſconfit, & qu'il fonde en l'eau, & que le Faucon Haironnier le debatte, adonc oſte le chapperon à ton nouueau Faucon, & le leue, & ſ'il ſe
bat, laiſſe le aller au debatis.

Comme on fera aymer à ſon Faucon les autres quand il les hait.

I L y a aucuns Faucons qui ne veulent voller auec les autres, ſe
tirēt arriere, & ne bougent : les autres les vont prendre en vollant au hauelonnier. Vn Faucon hait à ſeoir & voller auec les
autres, ou pour doute qu'il a deux, ou qu'il ne les aime : celuy qui les hait, les prend, qui les craint, ſ'enfuit. Pour remede, faut auoir
vn Lanier amiáble, qui ſoit mis ſur la perche auec celuy qui hait les autres, aſſez loing, & de iour, en leur baillant à tous deux vne bequee
de chair en paſſant, les approchant peu à peu : & eſtant pres l'vn de l'autre, mettre de la chair entr'eux, afin que l'vn & l'autre la becquent :
puis quand il ne fera nul ſemblant de courir ſus au Lanier, faut au ſoir
le paiſtre de bonne chair, & le mettre geſir hors à la gelee, ſur vne perche, ſ'il eſt gras & fort, & le laiſſer la trois ou quatre heures, cependant
tenez voſtre Lanier pres du feu : puis mettez le ſur le poing, cependant
faiƈtes apporter le Faucon, & luy mettez le chapperon, & le mettez entre le Lanier & voſtre coſté : & lors le Faucon qui ſentira la chair du
Lanier, ſe tirera contre luy, & ſ'approchera pour la chaleur. Et ſoient
ainſi laiſſez ſans dormir l'vn & l'autre, iuſques à ce que vous voyez que
le Faucon ait grãd'faim de dormir, puis luy oſtez tout bellemēt le chaperon, & ſoit en lieu qu'il ne voye tout ainſi toute la nuiƈt ſur voſtre

poing.Et quãd il fera iour,faut les remettre à la perche l'vn aupres de l'autre,toutesfois qu'ils ne puifsẽt aduenir l'vn à l'autre. Cela fait par deux nuiĉts, mettez l'vn & l'autre gefir hors à la gelée, la troifiefme nuiĉt pres l'vn de l'autre,qu'ils fe puifsẽt ioindre fur la perche.E quãd vous verrez qu'ils fe feront approchez l'vn aupres de l'autre pour a-uoir chaleur, oftez leur les chaperons puis faiĉtes les manger, gefir & leurrer enfemble, & mettez peine de luy querir fon aduantage.

Comme on doit effemer, c'eft à dire, bailler la cure à vn Faucon.

Es Faucons font plus forts a effemer les vns que les autres: car tant plus vn Faucon a efté à maiftre, il eft plus fort à ef-femer: & vn Faucon vieil mué de bois, qui n'a qu'vne muë par main d'homme, eft de plus leger effement que n'eft vn Faucon moins vieil,qui a efté plus longuement à main d'homme : la raifon eft qu'vn Faucon eftant à lui,fe nourrit plus nettemẽt & mieux felon fa nature, & de meilleures chairs, qu'il ne faiĉt par le gouuerne-ment d'homme. Ce n'eft donc pas de merueilles s'il n'eft fi ord dedãs, quand luy-mefme fe paift,que quand on le paift:car le Faucon qui eft à toy,mange gloutement plume & cuir, & n'eft repeu en la mue de fi nettes viandes,& ne digere fi bien,& n'a l'air en fes neceffitez,comme celuy qui eft à foy-mefme.

Quand tu mets ton Faucon hors la mue,s'il eft gras (ce que cognoi-ftras s'il à les cuiffes graffes & pleines de chair,& que la chair de la poi-ĉtrine foit auffi haute comme en eft l'os)& s'il eft bien mué, & qu'il ait fes pennes fermes,donne luy a manger quand il voudra mordre en la chair, au matin,vne becquée ou deux de chair chaude,ne luy en dõ-nant au vefque que bien peu,s'il ne faifoit trop froid. S'il mange bien fans qu'on l'efforce,baille luy la chair lauee ainfi preparée.   Prens les aifles d'vne Poulette pour le matin,& laue en deux eaux,fi c'eft chair de Lieure ou de Bœuf en trois. Le lendemain matin, donnez luy vne cuiffe de geline bien chaude, & à midy chair trempée, bonne groffe gorge,le laiffant ieufner iufques au vefpre bien tard:& s'il a mis fa viã-de aual,& qu'il ne foit rien demeuré en la gorge, dõne luy vn peu de chair chaude,cõme tu as fait au matin : & ainfi foit gouuerné iufques à ce qu'il foit temps de luy donner plume:ce que fçauras par trois fi-gnes.Le premier, quand trouueras au bout de l'aifle du Faucon vne chair plus ieune & molle qu'auparauant qu'il mangeaft chair lauée.Le second, si les esmeuts sont clairs & blancs, & que le noir qui est parmy soit bien noir, sans autre ordure meslee parmy. Le tiers, s'il a grand' faim & aspre, & qu'il plume volontiers. On baille plume faicte, ou de pieds de Lieure, ou de Connil, ou de cotton de la plume qui est sur la ioincte de l'aisle d'vne vieille Geline. Prens donc le pied de deuant d'vn Lieure, & soit escorché du dos d'vn cousteau, tant que les os & les ongles en tombent : afin de moudre les os des ottelets, qu'il faut couper & mettre en belle eau froide & claire, puis l'esprains, & luy en donnes deux bequees. Et quand tu le mettras à la perche, nettoye le dessoubs, afin de voir si l'esmeut est enueloppé de tayes, & plein de glete & d'ordure : que s'il est ainsi, continuë ceste plume iusques à trois nuicts ou quatre, & de la chair lauee, comme dessus est dict. Et si tu vois les plumes digerees & mouluës, & qu'il y ait grande cure & ordure, prens le col d'vne vieille Geline, & le couppe tout au long, par entre deux ioinctes, & mets les ioinctes en eau froide, & les donnes à manger à ton Faucon, sans autre chose : & on luy donne ces ioinctures parce qu'il met aual en la meule la chair qui est sur les ioinctes, & la confit, & les os demeurent, qui sont aigus & cornus, qui desrompent les tayes & l'ordure, & portent auec eux : Et luy en donnez par trois nuicts, en luy baillant sur iour chair lauee, comme il est dit. Et puis retourne à luy donner plume, selon la force & necessité de ton Faucon. Et ne t'esbahis si le Faucon qu'on esseme est aucunesfois quinze iours auant qu'il vueille mãger plume : aussi qu'aucuns Faucons prennent en vn mois plustost essement que d'autres en cinq semaines, selon qu'ils sont de plus forte nature, ou nourriz de plus nettes viandes, ou qu'ils ont esté plus longuement en main d'homme. Quand tu auras traict le Faucon de la muë, & il a ses grosses pennes sommees, ou il en a encor au tuyau, ne luy donnes chair lauee, mais chair d'oiseaux vifs a bonne gorge, & le tiens en l'air, autrement ses plumes se pourroient affaiter & aneantir.

FIN.

I i iij

TABLE GENERALE CON-
TENANT LES CHOSES PRINCI-
PALES TRAITEES EN CE PRE-
sent volume de la Fauconnerie.

Le chiffre signifie le fueillet, & la lettre la page.

Kk

N

Fin de la Table de la Fauconnerie.

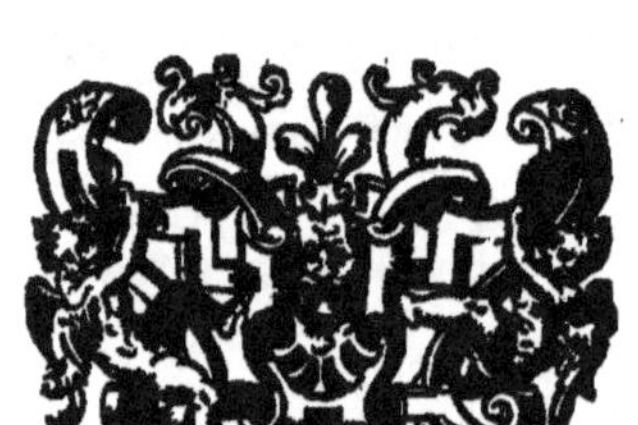

TABLE DE LA FAVCONNERIE DE F. IEAN DE FRANCHIERES, GRAND Prieur d'Aquitaine.

Le premier liure.

Le second Liure.

FIN.